国际法专题研究

李 英 赵碧瑶 著

知识产权出版社
全国百佳图书出版单位

图书在版编目（CIP）数据

国际法专题研究 / 李英，赵碧瑶著 . —北京：知识产权出版社，2019.6（2020.1 重印）
ISBN 978 – 7 – 5130 – 6309 – 8

Ⅰ . ①国… Ⅱ . ①李… ②赵… Ⅲ . ①国际法—专题研究 Ⅳ . ①D99

中国版本图书馆 CIP 数据核字（2019）第 117350 号

责任编辑：彭小华　　　　　　　　　　责任校对：潘凤越
封面设计：韩建文　　　　　　　　　　责任印制：孙婷婷

国际法专题研究

李　英　赵碧瑶　著

出版发行：	知识产权出版社 有限责任公司	网　　址：	http://www.ipph.cn
社　　址：	北京市海淀区气象路 50 号院	邮　　编：	100081
责编电话：	010 – 82000860 转 8115	责编邮箱：	huapxh@sina.com
发行电话：	010 – 82000860 转 8101/8102	发行传真：	010 – 82000893/82005070/82000270
印　　刷：	北京九州迅驰传媒文化有限公司	经　　销：	各大网上书店、新华书店及相关专业书店
开　　本：	710mm×1000mm　1/16	印　　张：	15.5
版　　次：	2019 年 6 月第 1 版	印　　次：	2020 年 1 月第 2 次印刷
字　　数：	300 千字	定　　价：	68.00 元
ISBN 978 – 7 – 5130 – 6309 – 8			

出版权专有　　侵权必究
如有印装质量问题，本社负责调换。

前　言

　　国际法主要是调整国家之间的法律。随着国际社会的发展，特别是第二次世界大战后，国际组织层出不穷，人权的国际保护也蓬勃兴起，国际法主体发生了变化。现代国际法主要是调整国家之间、国家和国际组织之间以及国际组织间关系的习惯、条约规则、制度的总称。在此背景下，各国学者对国际法的研究向广度和深度发展，并出版了诸多有关国际法专题研究的著作。

　　作为国际法专题研究，本书侧重于国际法的新发展，对国际法的新问题展开了较为深入的讨论。本书共分为六个专题，主要从国际法的基本原则、国家责任和国家豁免、国际法上的个人、海洋法、国际刑法和国际争端的和平解决六个专题展开论述，总结相关专题现有的国际立法和司法实践，结合相关热点和难点问题进行分析，探讨国际法实践过程中存在的争议，并在此基础上探究相关制度的发展趋势。

　　本书在上述六个专题中重点探讨了人道主义干涉、保护的责任、先发制人战略；全人类共同利益原则、可持续发展原则、多样性原则等国际法基本原则的新发展；国际赔偿责任和国家刑事责任的分析；国家豁免和国际强行法的关系；难民保护的困境及其应对；引渡制度的新发展；专属经济区的剩余权利；海洋环境污染的国际法保护；国际犯罪构成要件；联合国、区域组织和国际争端的解决等内容。

　　对于本书中存在的不足之处，望读者批评指正。

目 录
CONTENTS

第一章 国际法的基本原则 ·· 1
　第一节 概述 ·· 1
　　一、国际法基本原则的概念和特征 ························· 1
　　二、国际法基本原则的历史发展 ····························· 1
　第二节 现代国际法基本原则 ·· 4
　　一、国家主权平等原则 ··· 4
　　二、禁止使用武力或武力威胁原则 ·························· 5
　　三、和平解决国际争端原则 ···································· 6
　　四、不干涉内政原则 ··· 7
　　五、善意履行国际义务原则 ···································· 8
　　六、民族自决原则 ··· 10
　　七、国际合作原则 ··· 11
　第三节 国际法基本原则面临的挑战 ······························ 12
　　一、人道主义干涉 ··· 13
　　二、保护的责任 ·· 16
　　三、先发制人战略 ··· 21
　第四节 国际法基本原则的新发展 ································· 25
　　一、全人类共同利益原则 ······································ 25
　　二、可持续发展原则 ·· 30
　　三、多样性原则 ·· 34

第二章 国家责任与国家豁免专题 ·································· 39
　第一节 国家责任 ·· 39
　　一、国家责任概述 ··· 39

二、国际不法行为的国家责任 ……………………………………… 41
　　三、国家责任的形式 ……………………………………………… 50
　　四、国家责任的新发展 …………………………………………… 53
第二节　国家豁免 …………………………………………………………… 59
　　一、国家豁免概述 ………………………………………………… 59
　　二、国家豁免的主体 ……………………………………………… 62
　　三、国家豁免的例外 ……………………………………………… 67
　　四、国家豁免与国际强行法 ……………………………………… 72

第三章　国际法上的个人 ………………………………………………………… 78
　第一节　国籍与外交保护 ………………………………………………… 78
　　一、国籍 …………………………………………………………… 78
　　二、外交保护 ……………………………………………………… 80
　第二节　庇护 ……………………………………………………………… 87
　　一、庇护概述 ……………………………………………………… 87
　　二、外交庇护 ……………………………………………………… 89
　第三节　难民 ……………………………………………………………… 93
　　一、概述 …………………………………………………………… 93
　　二、难民的确定 …………………………………………………… 93
　　三、难民的待遇 …………………………………………………… 97
　　四、难民保护的困境及其对策 …………………………………… 101
　第四节　引渡 ……………………………………………………………… 105
　　一、引渡制度概述 ………………………………………………… 105
　　二、引渡制度的新发展 …………………………………………… 112

第四章　海洋法专题 ……………………………………………………………… 119
　第一节　现代海洋法体系概述 …………………………………………… 119
　　一、海洋法的概念及其发展历程 ………………………………… 119
　　二、《海洋法公约》的发展及其基本内容 ……………………… 120
　第二节　领海和毗连区问题研究 ………………………………………… 122
　　一、领海问题研究 ………………………………………………… 122
　　二、毗连区问题研究 ……………………………………………… 127

第三节 专属经济区权利和义务问题研究 128
- 一、专属经济区概述 128
- 二、国家在专属经济区的权利和义务 129
- 三、专属经济区的剩余权利问题 131

第四节 国际海底区域资源开发问题研究 135
- 一、国际海底区域资源概述 135
- 二、海底区域资源开发制度 138

第五节 国际海洋争端解决机制 143
- 一、国际海洋争端解决机制的适用 143
- 二、国际海洋争端解决机制的具体内容及其存在的问题 144

第六节 国际海洋环境保护 150
- 一、国际海洋环境保护的立法进程 150
- 二、海洋环境污染的国际法保护 152

第五章 国际刑法专题 157

第一节 国际刑法的概述 157
- 一、什么是国际刑法 157
- 二、国际刑法和国内刑法 158
- 三、国际刑法的发展历程 158

第二节 国际刑法的基本原则 161
- 一、基本原则概述 161
- 二、基本原则的相关问题分析 167

第三节 国际犯罪及其犯罪构成 170
- 一、种族灭绝罪 172
- 二、危害人类罪 175
- 三、战争罪 177
- 四、侵略罪 179

第四节 国际刑事合作 181
- 一、引渡和移交 182
- 二、刑事司法协助 183
- 三、刑事诉讼移管 186
- 四、外国判决的承认与执行 188

第六章 国际组织与国际争端的和平解决 ………………… 191
第一节 和平解决国际争端概述 …………………………… 191
一、国际争端及其解决 ………………………………… 191
二、国际争端的和平解决 ……………………………… 195
第二节 联合国和国际争端解决 …………………………… 200
一、联合国国际争端解决机制概述 …………………… 200
二、安理会和国际争端解决 …………………………… 205
三、国际法院和国际争端解决 ………………………… 208
第三节 区域组织和国际争端解决 ………………………… 210
一、联合国争端解决机制中的区域组织和区域办法 … 211
二、主要区域组织及其在解决国际争端中的职能 …… 214
三、区域办法争端解决的实践分析 …………………… 217

附录 《联合国宪章》 ………………………………………… 219

第一章 国际法的基本原则

第一节 概　述

一、国际法基本原则的概念和特征

国际法基本原则是指那些被各国公认的、具有普遍意义的、适用于国际法一切效力范围、构成国际法基础的法律原则。[①]

"各国公认"是国际法基本原则的基本特征。国际法某一原则在提出后往往不能直接成为基本原则。只有当这一原则在国际条约或公约中反复出现，或者作为国际惯例得到多数国家的认可后，才有可能成为基本原则。"具有普遍意义"是指国际法基本原则对所有国际法主体都具有约束力。而根据《维也纳条约法公约》（1969）第53条的规定，国际强行法是指国际社会普遍接受并且公认不得损害的国际法规则。从这一意义上看，国际法基本原则也满足强行法的要求。"适用于国际法一切效力范围"，是国际法基本原则和其他具体规则的重要区别，具体规则一般针对特定领域或部门，而基本原则的调整范围则是国际法律关系的所有领域。国际法基本原则是国际法的基础，国际法基本规范必须符合国际法的基本原则的要求，其内容不能与国际法基本原则相违背。

二、国际法基本原则的历史发展

国内法的基本原则是由国内立法机关通过制定本国法律来体现的。但是在国际社会上，主权国家之间是相互平等的，不存在一个高于国家的立法机关来制定国际法基本原则，因此不同于国内法基本原则的形成过程，国际法基本原则往往是在国家的交往中逐渐形成的。

[①] 梁西主编：《国际法》，武汉大学出版社2015年第3版，第50页；邵沙平主编：《国际法》，中国人民大学出版社2010年第2版，第72页；白桂梅：《国际法》，北京大学出版社2015年第3版，第166~167页。

18世纪，随着资本主义的发展，为了反对封建压迫和禁锢，资产阶级提出了国家主权、不干涉内政、国家平等等原则。1899年和1907年的两次海牙和平会议，正式提出了和平解决国际争端这个重要原则。第一次世界大战后国际法基本原则进一步丰富。《国际联盟盟约》(1919)要求会员国尽量用和平方法解决国际争端，并对会员国的战争权进行限制。《巴黎非战公约》(1928)明确废弃战争作为解决争端的手段，倡导和平解决争端。① 综上可知，在这一期间，国家主权、不干涉内政、国家平等、反对侵略战争、和平解决国际争端等一系列国际法基本原则已经产生，但是这些原则相对分散，并未形成统一完整的体系。

但是随着"二战"的爆发，国际法基本原则受到严重破坏。为重建国际秩序，谋求世界和平，联合国组织应运而生。《联合国宪章》(1945)首次系统地确立了七项国际法基本原则。之后，随着民族解放运动的发展和发展中国家的崛起，和平共处五项原则、亚非会议十项原则②等指导国家间关系的基本原则逐渐发展起来。20世纪60年代之后，顺应国际格局的变化和时代的要求，联合国又相继出台了《给予殖民地国家和人民独立宣言》(1960)、《关于各国内政不容干涉及独立与主权之保护宣言》(1965)、《关于各国依联合国宪章建立友好关系及合作之国际法原则宣言》(1970)（以下简称《国际法原则宣言》）等一系列文件，初步形成了现代国际法基本原则的体系。此后，联合国又通过了《不容干涉与干预别国内政宣言》(1981)、《关于和平解决国际争端的马尼拉宣言》(1982)、《加强在国际关系上不使用武力或进行武力威胁原则的效力宣言》(1987)等阐述国际法基本原则的重要决议，极大地充实了现代国际法基本原则的内容。

（一）《联合国宪章》与《国际法原则宣言》

《联合国宪章》中规定的基本原则包括各会员国主权平等、善意履行宪章

---

① 《巴黎非战公约》郑重声明，缔约各方谴责以战争方式解决争端，并在相互关系上废弃以战争作为实行国家政策的工具；缔约各国之间若发生争端和冲突，不论性质如何，永远不得用和平方式以外的方式解决。

② 1955年4月24日通过的亚非会议最后公报阐明了处理国际关系的十项原则：(1) 尊重基本人权、尊重联合国宪章的宗旨和原则。(2) 尊重一切国家的主权和领土完整。(3) 承认一切种族的平等，承认一切大小国家的平等。(4) 不干预或干涉他国内政。(5) 尊重每个国家按照联合国宪章单独地或集体地进行自卫的权利。(6) 不使用集体防御的安排来为任何一个大国的特殊利益服务；任何国家不对其他国家施加压力。(7) 不以侵略行为或侵略威胁或使用武力来侵犯任何国家的领土完整或政治独立。(8) 按照联合国宪章，或通过谈判、调停、仲裁或司法解决等和平方法以及有关方面自己选择的任何其他和平方法来解决一切国际争端。(9) 促进相互的利益和合作。(10) 尊重正义和国际义务。

义务、和平解决国际争端、不得使用武力或武力威胁或其他与联合国宗旨不符的方法侵害国家领土完整和政治独立、协助联合国行动、保证非会员国遵守上述原则、不干涉任何国家国内管辖的事件等。① 《联合国宪章》作为联合国的组织章程，无疑是最具公认性、权威性的，其所确立的原则是国际社会普遍接受的原则，其效力早已超出国际组织文件的范围，成为公认的国际法基本原则。

为了更好地适用《联合国宪章》所确立的国际法基本原则，1962 年 12 月 18 日联合国大会通过第 1815（17）号决议，审议关于各国依联合国宪章建立友好关系及合作之国际法原则。该决议在重申了《联合国宪章》所确立的基本原则后，指出决定依照宪章第 13 条着手研究关于各国依照《联合国宪章》建立友好关系及合作之国际法原则，对其加以发展编纂，使之更为有效地适用。在 1962—1969 年，联合国通过了一系列有关发展、编纂和研究国际法基本原则的决议，并且在 1970 年通过的《国际法原则宣言》中得到了集中体现。② 《国际法原则宣言》中明确地宣布了七项国际法基本原则，包括禁止以武力相威胁或使用武力、和平解决国际争端、不干涉任何国家国内管辖事件、国际合作、各民族权利平等与自决、各国主权平等、善意履行宪章义务等。此外，《国际法原则宣言》在总结部分指出宣言中所规定的原则是国际法基本原则，并呼吁在国际交往中遵循这一原则。③

（二）和平共处五项原则

1953 年，周恩来在中印两国就中国西藏地方的关系问题进行谈判时，首次提出和平共处五项原则，并作为《中华人民共和国与印度共和国关于中国西藏地方和印度之间的通商和交通协定》（1954）的基础在序言中明确规定。1954 年 6 月，中印、中缅联合声明中都重申了和平共处五项原则，其中中印联合声

---

① 《联合国宪章》第 2 条规定，为求实现第 1 条所述各宗旨起见，本组织及其会员国应遵行下列原则：(1) 本组织系基于各会员国主权平等之原则。(2) 各会员国应一秉善意，履行其依本宪章所担负之义务，以保证全体会员国由加入本组织而发生之权益。(3) 会员国应以和平方法解决其国际争端，俾免危及国际和平、安全及正义。(4) 各会员国在其国际关系上不得使用威胁或武力，或以与联合国宗旨不符之任何其他方法，侵害任何会员国或国家之领土完整或政治独立。(5) 各会员国对于联合国依本宪章规定而采取之行动，应尽力予以协助，联合国对于任何国家正在采取防止或执行行动时，各会员国对该国不得给予协助。(6) 本组织在维持国际和平及安全之必要范围内，应保证非联合国会员国遵行上述原则。(7) 本宪章不得认为授权联合国干涉在本质上属于任何国家国内管辖之事件，且并不要求会员国将该项事件依本宪章提请解决；但此项原则不妨碍第七章内执行办法之适用。

② 邵沙平主编：《国际法》，中国人民大学出版社 2010 年版，第 74 页。

③ 《国际法原则宣言》总结，本宣言所载之各项宪章原则构成国际法之基本原则，因之吁请所有国家在其国际行为上遵循此等原则，并以严格遵守此等原则为发展其彼此关系之基础。

明指出："与亚洲以及世界其他国家的关系中也应该适用这些原则。"此后，随着国际格局的变化和大批独立国家的出现，和平共处五项原则得到了世界范围内许多国家的认可，并且在亚非会议最后公报（1955）、《各国经济权力与义务宪章》（1974）等重要的多边文件中有所体现。

和平共处五项原则包括：互相尊重领土和主权完整、互不侵犯、互不干涉内政、平等互利、和平共处。该原则与《联合国宪章》的宗旨和原则一脉相承，具有一致性，高度概括了现代国际社会中各国彼此合作、和平发展的基本特征，是现代国际法基本原则的重要组成部分。

第二节 现代国际法基本原则

一、国家主权平等原则

国家主权平等原则包括主权原则和平等原则两方面的内容。其中，主权是国家所固有的最重要的属性，表现为对内的最高权、对外的独立权和对外来侵略的自卫权。对内的最高权是指国家有权对其领土内的所有人、事、物以及领土外的本国人实行管辖。对外的独立权则意味着国家在处理国际关系时可以不受他国的干涉，独立自主地行使权力。而在面对外国的侵略时，国家还可以通过行使自卫权维护自身领土和主权的完整。换言之，任何国家都有权依照其本国的自由意志，根据自身国情选择适合本国发展的经济、政治及其他社会制度，不受外国的干涉独立地管理本国的国内事务以及外交事务。

但是，国家主权并不是绝对的。根据《联合国宪章》的相关规定，联合国会员国承担宪章规定的权利和义务，需要履行联合国相关机构，例如安理会、国际法院作出的决定，也就意味着其行动自由和权利行使在某些方面会受到限制。例如，根据《联合国宪章》第39~42条的规定，对于威胁、破坏和平的行为以及侵略行为，安理会可以采取强制办法，甚至是武力办法，来维持或恢复国际和平与安全。

主权平等原则还包含着国家平等原则。国家平等实质上是一种法律上的平等。国家之间尽管在领土面积、社会制度、经济发展水平等方面存在着区别，但是各国在国际法上的法律地位和主权权利都是平等的，都享有国际法上的权益，都必须遵守国际法和国际关系的基本准则。

《联合国宪章》的序言中表述了"大小各国平等权利"的信念，第2条明确规定了"本组织系基于各会员国主权平等之原则"，并且在第78条中再次肯定了"联合国会员国间之关系，应基于尊重主权平等之原则"。而《国际法原则宣言》重申了宪章中所规定的主权平等原则的重要性，并强调只有各国享有主权平等并在其国际关系上充分遵从此一原则的要求才能实现联合国的宗旨。《国际法原则宣言》指出主权平等包括下列要素：法律地位平等，享有主权，互相尊重国家人格，互不侵犯领土完整和政治独立、自由选择国家政治、社会、经济及文化制度、善意履行国际义务。① 国家主权平等原则作为国际法的一项重要原则，在现代国际法基本原则体系中居于核心地位，禁止使用武力或以武力相威胁、不干涉内政等一系列原则都是在这一原则基础上衍生出来的。

二、禁止使用武力或武力威胁原则

早在《巴黎非战公约》就已经指出废弃战争作为推行国家政策的工具，各国只能用和平的方式解决国际争端，但是直到《联合国宪章》才首次将禁止使用武力或武力威胁原则作为一项国际法原则加以明文规定。② 此后，联合国大会又在《关于各国内政不容干涉及其独立与主权之保护宣言》《国际法原则宣言》《关于侵略定义的决议》（1974）、《加强在国际关系上不使用武力或进行武力威胁原则的效力宣言》（1987）等文件中多次重申禁止使用武力或武力威胁原则，进一步指出使用武力或武力威胁是对各国建立友好关系和合作的国际法原则的背离，是对国际法和《联合国宪章》的违反，永远不应作为解决国际争端的方法。

从司法实践看，联合国对于违反禁止使用武力原则而建立的国家或造成的情势采取不承认原则，并建立国际司法机构追究发动战争的个人的国际刑事责任。例如，安理会就 1990 年伊拉克入侵并吞并科威特事件通过的第 662 号决议中就宣布伊拉克吞并科威特的行为是无效的，并且号召所有国家和组织对此不予承认。"二战"后国际社会针对发动战争的行为追究个人的国际刑事责任，并于 1945 年建立了纽伦堡国际军事法庭，以破坏和平罪、战争罪、危害人类罪追究个人的刑事责任，1946 年联合国大会又通过第 95（1）号决议"确认纽伦堡法庭组织法所认定的国际法原则"。

为了维护世界的和平与安全，在某些特定情况下应当允许使用武力，但武

---

① 《国际法原则宣言》中指出主权平等尤其包括下列要素：(a) 各国法律地位平等；(b) 每一国均享有充分主权之固有权利；(c) 每一国均有义务尊重其他国家之人格；(d) 国家之领土完整及政治独立不得侵犯；(e) 每一国均有权利自由选择并发展其政治、社会、经济及文化制度；(f) 每一国均有责任充分并一秉诚意履行其国际义务，并与其他国家和平相处。

② 《联合国宪章》第 2 条第 4 款规定，各会员国在其国际关系上不得使用武力威胁或武力或者其他与联合国宗旨不符的方法，侵害其他国家的领土完整或政治独立。

力的行使必须要在现代国际法所许可的范围内。《联合国宪章》有关许可使用武力的条款，主要规定在第 39～42 条和第 51 条。其中第 39 条规定由安理会决定威胁、破坏和平或侵略行为是否存在以及是否采取行动。① 第 41 条规定安理会可以通过决议，采取非武力的措施来恢复和平与安全。② 第 42 条规定在非武力的措施不足以维护和恢复国际和平与安全时，安理会可以决定使用武力来恢复国际和平与安全。③ 第 51 条规定了联合国任何会员国受武力攻击时所享有的自卫的权利。④ 由此可见，从《联合国宪章》的规定出发，禁止使用武力原则存在两个例外：一是安理会采取的或经安理会授权采取的武力行动；二是自卫。根据《联合国宪章》第 42 条的规定，安理会采取武力行动需要满足以下条件：存在"和平之威胁、和平之破坏或侵略行为"，用尽非武力的办法，根据安理会的决议。在海湾战争期间，联合国安理会通过多项决议要求伊拉克撤出科威特均告无效后，于 1990 年通过第 678 号决议，授权和科威特政府合作的会员国，可以使用武力恢复科威特的和平与安全。1991 年 2 月 24 日，多国部队向在科威特的伊拉克军队发动进攻，3 天后，伊拉克宣布无条件接受安理会关于海湾危机的决议。国家享有行使单独自卫或集体自卫之自然权利，国家的行为构成自卫应当符合下列条件：受到武力攻击；在安理会采取必要办法之前行使；立即向安理会报告；武力反击的规模和强度相适应。自卫必须严格按照《联合国宪章》的规定行使，否则一旦滥用，就会成为侵犯他国主权，干涉他国内政的借口。

三、和平解决国际争端原则

和平解决国际争端原则，发源于 1899 年和 1907 年的两次海牙和平会议，

---

① 《联合国宪章》第 39 条规定，安全理事会应断定任何和平之威胁、和平之破坏或侵略行为之是否存在，并应做成建议或抉择依第 41 条及第 42 条规定之办法，以维持或恢复国际和平及安全。

② 《联合国宪章》第 41 条规定，安全理事会得决定所应采武力以外之办法，以实施其决议，并得促请联合国会员国执行此项办法。此项办法得包括经济关系、铁路、海运、航空、邮、电、无线电及其他交通工具之局部或全部停止，以及外交关系之断绝。

③ 《联合国宪章》第 42 条规定，安全理事会如认第四十一条所规定之办法为不足或已经证明为不足时，得采取必要之空海陆军行动，以维持或恢复国际和平及安全。此项行动得包括联合国会员国之空海陆军示威、封锁及其他军事举动。

④ 《联合国宪章》第 51 条规定，联合国任何会员国受武力攻击时，在安全理事会采取必要办法，以维持国际和平及安全以前，本宪章不得认为禁止行使单独或集体自卫之自然权利。会员国因行使此项自卫权而采取之办法，应立向安全理事会报告，此项办法于任何方面不得影响该会按照本宪章随时采取其所认为必要行动之权责，以维持或恢复国际和平及安全。

最早反映这一原则的国际法律文件是在这两次海牙会议上形成的《和平解决国际争端公约》（1899）。该公约指出各缔约国同意尽力和平解决国际争端，即使遇到严重分歧或争端，在情势允许的情况下，在采取武力手段之前应通过斡旋、调停、国际调查、国际仲裁的和平手段解决争端。"一战"后，和平解决国际争端原则就已经得到了广泛承认。《国际联盟盟约》第12条规定了会员国有义务以和平方法解决彼此之间的争端，并在第15条指出会员国承诺将通过外交途径、仲裁或司法途径无法解决的争端提交给国联行政院。《巴黎非战公约》也斥责并废弃了用战争来解决国际纠纷而要求用和平方法解决国际争端，明确规定处理或解决缔约国之间所有的争端或冲突，永远只能采取和平的方式。

以和平的手段解决国际争端，防止战争是《联合国宪章》的宗旨之一。宪章第2条第3款明确规定，各会员国应以和平方法解决国际争端，避免危及国际和平、安全及正义。《国际法原则宣言》进一步规定，如果当事国未能通过上述的其中任何一种和平方法解决争端时，有义务继续以其所商定的其他和平方法寻求争端的解决。此后，联合国又通过《各国经济权利和义务宪章》（1974）、《关于和平解决国际争端之马尼拉宣言》、《预防和消除可能威胁国际和平与安全的争端和局势以及关于联合国在该领域的作用的宣言》（1988）、《关于联合国在维持国际和平与安全领域中的实况调查宣言》（1991）等重要决议和宣言确认和重申了和平解决国际争端原则。其中《关于和平解决国际争端之马尼拉宣言》规定任何争端国不得因为争端的存在，或者某一项和平解决争端程序的失败，而使用武力或武力威胁。

战争、使用武力或者武力威胁等强制办法并不能从根本上解决国际争端，反而可能会造成当事国之间的矛盾激化，扩大和升级争端，因此现代国际法中明确将禁止使用武力或武力威胁原则规定为国际法的基本原则。只有和平解决争端，才能真正促进国际和平与安全。在长期的国际实践中，逐步形成了和平解决国际争端的各种途径，如谈判、协商、斡旋、和解等外交手段，国际仲裁和诉讼等法律方法，利用国际组织、区域组织或区域协定等。

四、不干涉内政原则

不干涉内政原则中的内政是指未经国际法确认为某国的国际义务，而可由该国自由处理的任何事项，其不同于传统上所理解的一国国内事务，也包括对外事务。[①] 而干涉则一般理解为某一国家或者国际组织以直接或间接的违反国际法基本原则的手段强迫他国在特定的内政事项上接受其意志或立场采取措施

[①] 王虎华主编：《国际公法学》，北京大学出版社2015年版，第58页。

的行为。因此，不干涉内政是指国家在国际交往过程中不得以任何理由或方式，直接或间接地干涉他国主权范围内的国内事务和对外事务，同时国际组织也不得干涉属于成员国国内管辖的事务。从定义上可知，不干涉内政一方面肯定了国家有权完全自主地合法行使主权权利，另一方面否定了对国家主权范围内任何事务的外来干涉。

法国资产阶级革命胜利后，为了反对欧洲封建势力对其国家内部事务的干涉，1793年的法国宪法中第一次规定了不干涉内政原则。① 此后，该原则得到世界各国的普遍认可，逐渐发展成为处理国际关系的基本准则。《国际联盟盟约》第一次在国际条约中明确提出了不干涉内政原则。②

《联合国宪章》在《国际联盟盟约》的基础上进一步发展了不干涉内政原则，并将其作为国际法七项基本原则之一。《联合国宪章》第2条第7项规定联合国不得干涉在本质上属于会员国国内管辖的事项，该事项也无须依宪章提请解决。《关于各国内政不容干涉及其独立与主权之保护宣言》中重申任何国家不得以任何理由干涉他国的内政外交。《国际法原则宣言》中则进一步明确任何使用武力或其他形式干涉他国内政的行为都是违反国际法的行为。

此后，1981年联合国大会第91次全体会议通过了《不容干涉和干预别国内政宣言》，在《宣言》中明确指出充分遵守不干涉内政原则对维持国际和平与安全及实现宪章宗旨和原则都最为重要，认为任何违反不干涉内政原则的情事都威胁到各国人民的自由、国家的主权以及国际和平与安全，并且较为系统地规定了不干涉内政原则应该包含的各项权利和义务，涵盖政治独立、领土完整、不受外来干涉、自由进行文化传播等方面的权利，以及避免对他国内政采取任何干预行动、避免支持其他国家内部的叛乱或脱离主义活动、避免同其他国家缔结旨在干涉或干预第三国内政和外交的协定等方面的义务。

五、善意履行国际义务原则

国际法是通过平等互利的国家间签订的协议而形成的，其约束的对象主要是国家。国际法并不像国内法一样有强制机关来保证执行，因此就更为强调善意履行义务原则。可以说，国家是否忠实遵守国际法规范和善意履行国际法上的义务，在很大程度上影响着国际法的有效性和权威性。客观而言，善意原则

---

① 《1793年法国宪法》第119条规定，法国人民不干涉其他国家政府事务，也不允许其他国家民族干涉法国的事务。

② 《国际联盟盟约》第15条第8项规定，如果争端一方认为，或行政院认定，争端事项根据国际法完全属于一国国内管辖，那么行政院就不应对解决该争端作出任何报告，或作出任何建议。

可以促使国家积极履行义务，弥补国际法强制性不足的问题，减少恶意行为对国际法的破坏，从而减少由此产生的对公平正义的国际法秩序的破坏。

《联合国宪章》在序言中指出，会员国应尊重由条约和其他国际法渊源而起的义务，并在第 2 条规定各会员国应履行其依宪章所担负之义务。由此可见，《联合国宪章》所规定的善意原则包含两层含义，首先，各国应该客观地、实事求是地解释自己所担负的国际义务；其次，在履行义务，适用具体的法律规则时，各国应当严守条约的规定，理性地进行自我约束。《国际法原则宣言》中更是再次强调各国均有义务善意履行《联合国宪章》的义务。随后，《维也纳条约法公约》第 18、第 26、第 31 条①表明善意原则覆盖条约的缔结、履行和解释等全过程，缔约国在这些过程中都要遵循善意原则的要求，善意原则得到进一步确立。同样地，《海洋法公约》（1982）第 157 条②也规定了管理局所有成员应善意履行义务。

从司法实践看，善意履行义务原则也在司法判决中得以适用。国际法院在 1974 年"法国核试验案"③ 的法律判决中指出善意原则是支配法律义务创立和履行的基本原则之一。在 1997 年"加布奇科沃—大毛罗斯工程案"④ 的判决中指出善意履行条约是有关条约的目的，是缔结该条约的当事国的意图，并且优先于条约字面含义的适用。由此可见，善意履行义务原则是国际法院作出裁决时必须要考虑的因素，善意履行义务原则在实践中规制各国如何承担义务。

---

① 《维也纳条约法公约》第 18 条规定，一国负有义务不得采取任何足以妨碍条约目的及宗旨之行动：（甲）如该国已签署条约或已交换构成条约之文书而须经批准。接受或赞同，但尚未明白表示不欲成为条约当事国之意思；或（乙）如该国业已表示同意承受条约之拘束，而条约尚未生效，且条约之生效不稽延过久。

第 26 条规定，凡有效之条约对其各当事国有拘束力，必须由各该国善意履行。

第 31 条第 1 款规定，条约应依其上下文并参照条约之目的及宗旨所具有之通常意义，善意解释之。

② 《海洋法公约》第 157 条第 4 款规定，管理局所有成员应诚意履行按照本部分承担的义务，以确保其全体作为成员享有的权利和利益。

③ 法国核试验案：1966~1972 年，法国曾多次在南太平洋法国领土波利尼亚的上空进行大气层核试验，1973 年还进一步计划进行空中核试验。鉴于此，1973 年 5 月 9 日，澳大利亚和新西兰分别向国际法院提起诉讼，澳大利亚请求国际法院命令法国不得在该地区进行进一步核试验，新西兰请求法国判定和宣布法国在南太平洋地区进行核试验的行为已经构成对新西兰权利的侵犯。后来由于法国表示不准备继续进行空中核试验，国际法院认为不必对本案作进一步的判决。

④ 加布奇科沃—大毛罗斯工程案：1977 年，匈牙利和捷克斯洛伐克就开发利用多瑙河水资源缔结了"修建和运行加布奇科沃—大毛罗斯水利设施"的双边条约，后来匈牙利政府认为多瑙河的生态利益高于经济利益，于是终止该条约，这一行为引起捷克斯洛伐克的反对。在双方多次谈判未果的情况下，1992 年，匈牙利驻荷兰大使向国际法院提出一项关于针对捷克和斯洛伐克的有关计划中多瑙河改道事项的请求书，捷克和斯洛伐克同意接受国际法院管辖。国际法院判决指出匈牙利无权中止以及后来在 1989 年放弃大毛罗斯项目的工程及各项有关文书中归匈牙利负责的加布奇科沃部分工程。

六、民族自决原则

1914年，列宁发表了《论民族自决权》，在文章中正式提出了民族自决的概念，指出"从历史—经济的观点看马克思主义者的纲领上所谈的'民族自决'除了政治自决，即国家独立，建立民族国家以外，不可能有别的什么意思"①。至此，民族自决在国际社会上都是作为一项政治权利存在的。

《联合国宪章》第1条指出发展国家间以尊重人民平等权利及自决原则为根据之友好关系，以增强普遍和平。国际法上的民族自决的核心是人民自己决定自己的命运，而不是受外来的统治、剥削和压迫。②"二战"后，随着殖民体系的瓦解和民族解放运动的发展，该原则为殖民地人民摆脱殖民统治，争取民族独立提供了强有力的法律武器。

此后，联合国通过了《关于人民与民族自治权的决议》(1952)、《给予殖民地国家和人民独立宣言》(1960)、《公民权利和政治权利国际公约》(1966)、《国际法原则宣言》、《各国经济权利和义务宪章》等一系列国际法文件，进一步明确和发展了民族自决原则。以《公民权利与政治权利国际公约》为例，该公约第1条从三个方面规定了民族自决权的内容：自决权属于人民，他们可以自由决定政治、社会等发展；在不损害国际经济合作和国际法的基础之上，人民可以不设限地处置其资源；缔约国的义务等。

尽管民族自决作为国际法基本原则已经得到了国际社会的普遍认可和接受，但是，在该原则的具体适用上还是存在诸多争议。首先，"民族"应该如何界定，目前在"殖民统治下的人民和被压迫、被外国占领的人民"属于民族自决的主体的问题上已经不存在异议，而对"少数民族""国内的部分人民"是否属于民族自决的主体存在争议。民族自决的目的在于摆脱压迫、剥削，获得独立，如果不符合这一目的，而试图以民族自决为借口，制造、煽动或支持民族分裂，破坏主权国家的主权和领土完整的行为，不仅违背了民族自决原则的真实意图，还违反了国家主权原则和不干涉内政原则。其次，民族自决权的适用条件，如果一个民族处于被压迫、被殖民统治或者被占领的情况之下或者一个民族援引民族自决原则符合国际法或者国内法的规定或者受种族歧视的民族争取政治地位的情况下才可以适用民族自决原则，否则不仅无助于民族自决的实现，反而只会加剧国际局势的紧张和冲突。

---

① 《列宁全集》第25卷，人民出版社1985年版，第228页。
② 白桂梅：《国际法》，北京大学出版社2015年第3版，第193页。

七、国际合作原则

国际合作随着国家的出现而产生。近代以来，随着经济和科技发展，国际合作的形式不断丰富，范围不断扩大，逐渐出现了全方位、长期性的合作。但是，在20世纪前，国际合作大多局限在两个或几个国家之间，并不能作为国际法的基本原则。

"一战"后，国际合作的重要性开始凸显，《国际联盟盟约》指出会员国必须增进国际合作以保证其和平与安全，但是从实践看，该时期的国际合作往往带有大国强权主义色彩。"二战"后，在国家主权平等的基础上，国际合作原则迅速成了国际法基本原则，《联合国宪章》序言中指出为维护国际和平与安全，促进人类经济与社会的进步与发展，会员国"务当同心协力"，同时在宗旨中明确规定"促成国际合作"，并在第九章对"国际经济及社会合作"进行了专章规定。此后，《国际法原则宣言》明确将"各国依照宪章彼此合作之义务"作为国际法基本原则，将"国际合作"作为各国的义务，指出各国无论在政治、经济和社会制度上存在何种差异均应在国际关系的方方面面加强合作，以维护国际和平与安全，促进国际社会经济、政治、文化、科技等方面的发展。

国际合作原则，体现了现代国家间相互依存、互利共赢的关系。在国际合作原则的指引下，国际合作的发展趋势主要表现为合作形式多种多样、合作层次愈发丰富、合作领域不断扩宽。合作形式多种多样，除了传统的双边、多边合作外，还出现了区域性合作、跨区域性合作、全球性合作等合作形式。欧盟、非盟、东南亚国家联盟等区域性合作，八国集团、二十国集团等跨区域性合作以及以联合国为代表的全球性合作都在很大程度上增进了相关国家的交流和合作，对国际和平与发展有着重要意义。

合作层次愈发丰富。除了国家间的合作，国家和国际组织之间、国际组织之间的合作也不断发展。以"'一带一路'倡议"为例，自2013年9月7日，习近平主席提出共建丝绸之路经济带重大倡议以来，截至2018年10月，已有130多个国家和国际组织同中国签署"一带一路"合作文件。[①] 此外，安理会通过的第2344号决议中指出，呼吁国际社会通过实施"丝绸之路经济带"和"21世纪海上丝绸之路"（"一带一路"）等区域发展倡议，加强区域经济合作，促进区域经济发展。2018年中非合作论坛北京峰会上，中非双方一致同意将"一带一路"同非洲联盟《2063议程》以及非洲各国发展战略紧密对接，促进

---

① "习近平主席提出'一带一路'倡议5周年：构建人类命运共同体的伟大实践"，载http://www.gov.cn/xinwen/2018-10/05/content_ 5327979.htm. 2019-3-31。

双方在基础设施和工业化发展领域上的合作，实现中非合作共赢。①

合作领域不断扩宽。传统的国际合作往往局限于政治合作，而现在国际合作逐渐扩展到文化、经济、科技、宗教等人类生活的各个方面。以国际反恐合作为例，1972 年联合国大会通过的第 3034 号决议首次专门讨论了恐怖主义问题，呼吁成员国采取合作性的治理行动，并设立了国际恐怖主义委员会。2001 年安理会通过第 1373 号决议，吁请成员国通过开展行政和司法合作、情报交流、加入国际反恐公约和议定书等形式，在防止恐怖主义袭击，打击恐怖分子上加强合作。除了联合国层面上的反恐合作外，美洲国家组织、欧盟、非盟、东南亚国家联盟、上海合作组织（以下简称"上合组织"）等区域性国际组织也开展了诸多反恐合作行动。上合组织是最早提出反恐口号的国际组织之一，其成员国签署了《打击恐怖主义、分裂主义和极端主义上海公约》（2001）、《上海合作组织宪章》（2002）、《上海合作组织关于地区反恐怖机构的协定》（2002）、《上海合作组织反恐怖主义公约》（2009）等一系列涉及反恐合作的法律文件，并于 2004 年成立了应对和打击恐怖主义的常设机构——地区反恐怖机构。

从整体上看，上述的七项国际法基本原则是相互有机联系的。国家主权平等原则是整个国际法基本原则体系的基础与核心，是整个国际法赖以确立并存在的基础。善意履行国际义务原则是促进国家交往，维持国际秩序所不可或缺的原则，其与国家主权平等原则共同构成处理国家间关系的基本准则。和平解决国际争端原则和禁止使用武力或武力威胁原则一脉相承，都是对国家处理国际关系的要求，和平解决国际争端是一般要求，禁止使用武力或武力威胁则是和平解决争端的禁止性要求。不干涉内政原则、民族自决原则和国际合作原则体现了国家主权平等和善意履行国际义务原则，违反民族自决原则会产生侵犯国家主权或干涉内政的法律后果，国家合作在现代国际法中的发展也得益于国家主权平等。

第三节　国际法基本原则面临的挑战

20 世纪 90 年代以来，国际上出现了"主权过时""主权多元""人权高于主权"等观点，特别在科索沃危机之后，西方国家以人道主义干涉、人道主义保护以及人权高于主权为理由对他国实行武装干涉的行为不断发生，威胁到了

---

① "中非友好牢不可破（钟声）"，载 http://paper.people.com.cn/rmrb/html/2019 - 01/10/nw.D110000renmrb_20190110_2 - 03.html. 2019 - 3 - 31。

他国国家主权和领土完整。2005年,加拿大"干预主权委员会"指出国家负有保护国民的首要任务,当国家不能保护其国民安全时,不干涉原则要让位于保护责任,国际社会可以对这些国民实施保护。另外,美国一直在国际交往中主张先发制人战略,积极推行预防性自卫以扩大自卫权的适用范围,并意图通过修改《生化武器公约》(1972)使预防性自卫合法化,这一行为无疑会对禁止使用武力或武力威胁原则形成巨大冲击。

一、人道主义干涉

(一)什么是人道主义干涉

人道主义干涉的思想最早可以追溯到格劳秀斯的《战争与和平法》,他指出如果出现统治者残暴地迫害人民的情况,不能排除行使自然法赋予人类社会保护他国人民免受其统治者犯罪行为残害的权利。①《奥本海国际法》将人道主义干涉界定为当一国国内存在着有组织地践踏基本人权的行为,而该国政府又无力制止这类行为的采取者、主使者或者纵容者时,或一国政府无力或不愿承担在保障国内广大人民最基本的生存需要方面的其他应有责任时,国际社会未经该国同意所采取的针对该国政治权力机构、旨在制止这类践踏人权行为和满足该国人民最基本生存需要的强制性干预行动。② 中国亦有学者指出人道主义干涉是指一国单方面或者数国集体地在没有联合国授权的情况下为人道的目的使用武力对他国进行的干预行为。③

结合上述关于人道主义干涉的界定可知,人道主义干涉的特点包括:未经联合国授权或被干涉国同意;表现为武力干涉或以武力干涉相威胁;出于实施人道主义保护的目的;被干涉国国内存在大规模侵犯该国国民基本人权的行为。综上,人道主义干涉是指在一国内部存在大规模侵犯其国民基本人权的情形时,外国在未经联合国授权且未取得该国同意的情况下出于人道主义目的对该国进行武力干涉或以武力干涉相威胁的行为。

(二)人道主义干涉的思辨

1. 人道主义干涉与国家主权原则的冲突

人道主义干涉与国家主权原则的关系实质上就是人权和主权的关系。基本人权是人之所以为人而享有的最基本的权利,主权则是国家固有的最重要的属

---

① [荷]格劳秀斯:《战争与和平法》,马呈元、谭睿译,中国政法大学出版社2016年版,第561页。
② *Oppenheim's International law*, 9th edition, vol. 1, Introduction and Part I, edited by Robert Jennings and Arthur Watts, London: Harlow Essex, 1992, p. 430, p. 432.
③ 白桂梅:《国际法》,北京大学出版社2015年版,第183页。

性。在两者关系上，一方面，国家主权是一国的最高权力，国家主权原则是现代国际法公认的基本原则，而尊重人权也是国家的一项基本的国际义务。一旦人权和主权发生根本冲突，将危及民族国家的存在，历史证明，没有一个不注重人权的国家主权能够长久维持，也没有哪一个国家在主权丧失的前提下能够切实地保障公民的人权。另一方面，人道主义干涉是与国家主权相矛盾的：其一，人道主义干涉会构成对国家主权的侵犯，一国违反国际法派遣军队到他国领土实施军事行动毫无疑问是对他国领土完整和政治独立的侵犯，同时也侵犯了他国对人权事务乃至其他领域的相关事务的自主处理权。其二，人道主义干涉违反了主权平等原则，不论国家间在社会制度、发展水平上存在何种差异，在主权上都是平等的。而一旦一国或区域组织对他国行为进行人道主义干涉，意味着实施干涉行为的国家或组织凌驾于被干涉国主权之上，从根本上违背了主权平等原则，是对他国主权的侵犯。

主权作为现代国际法的基石，是国家交往的基础与前提。尊重他国主权是国家的国际义务，国家不得实施侵犯他国主权的行为。根据《联合国宪章》第42条的规定，安理会如果认为除武力之外的强制措施为不足或已经证明为不足时，得采取必要之空海陆军行动，以维持或恢复国际和平及安全。但是安理会采取或授权采取武力行为的前提是和平之威胁、和平之破坏或者侵略行为的存在，不能对该前提进行扩大解释，使得该条款成为人道主义干涉的依据。从本质上讲，人权的国内保护，属于一国国内管辖事项，他国以人道主义为借口进行干涉，实际上违背了国家主权原则，是对国际法基本原则的破坏。对于发展中国家而言，面对西方国家"人权高于主权"的新干涉主义，应当明确从国际法意义上来讲，任何以人道主义为借口对他国进行干涉的行为，都是对国家主权的侵犯，都是违反国际法的行为。

2. 人道主义干涉与不干涉内政原则的冲突

人道主义干涉和不干涉内政原则的关系，从本质上看，关键在于界定"保护人权"是不是属于"内政"的范围。首先，正如前文所述，内政并不是一个地域概念，它不仅包括国内事务，还与国际事务密切相关。其次，内政的判断应该是基于国际法而非国内法。依据主权平等原则，一个国家的对内政的判断标准在另一个国家是不适用的，除非经过该国家许可。再次，内政范围并非一成不变，随着国际法的发展，一些本属于国内管辖范围的事项，也逐步纳入国际法的调整范围之中。此外，基本人权的保护已经国际化。《联合国宪章》便将"增进并激励对于全体人类之人权及基本自由之尊重"作为联合国的宗旨，此后在《世界人权宣言》《经济、社会及文化权利国际公约》《公民权利与政治权利国际公约》等法律文件中多次重申对基本人权的保护和尊重，可见尊重基本人权已经成为具有普遍约束力的国际规范。综上可知，基本人权保护不再仅仅局限于内政，而且也属于国际法调整范畴。

尊重基本人权在国际法上的发展，对人道主义干涉提出了更高的要求，在进行人权保护的同时不能干涉内政。由于尊重和保护人权作为一项国际义务在多个国际公约中得到确认，那么在公约范围内对人权的保护就不再仅仅是一国内政的管辖范围了，缔约国也就不能继续以干涉内政为由拒绝其他国家和国际组织依据相关公约实施干涉行为。但是公约中人权受到侵害的保护机制并不包括人道主义干涉，而更多的属于救济机制。换言之，基于人权保护被破坏而发起的人道主义干涉，既没有国际公约作为行动依据，也没有得到相关国家的许可，实质上属于对该相关国家内政的干涉，因而是不符合国际法的。

3. 人道主义干涉与禁止使用武力原则的冲突

战争给人类造成的伤害有目共睹，尤其是两次世界大战所带来的惨痛后果，使得国家在国际交往中逐渐形成限制和规范武力使用的共识。根据《联合国宪章》第42条的规定，只有安理会可以使用或授权使用武力。除了行使自卫权或经安理会授权外，国家对他国使用武力或者武力威胁属于违反国际法的行为。

人道主义干涉是一些国家为了使其对他国单方面使用武力或武力威胁的行为合法化而提出来的。就国际历史上的人道主义干涉实践来说，尽管干涉形式多样，包括舆论、经济、外交等方面，但是大多数干涉行为都采用了武力手段，并因此对被干涉国的政治主权和社会发展造成了很大不利影响。人道主义干涉导致战争频发，可能对相关国家人民造成巨大伤害，甚至危害国际秩序和世界和平。因此如果没有联合国授权或者被干涉国许可，以武力行为或者武力威胁行为对他国进行干涉的，都是违反国际法的不法行为。

以"库尔德难民安全区"事件为例。1991年海湾战争结束后，伊拉克政府采取武装行动镇压库尔德人发动的暴动，造成大量平民伤亡。以美国为首的西方多国部队未经安理会授权或伊拉克政府同意进入伊拉克北部地区为库尔德人设立了安全区。但是，该联合行动并未得到联合国授权，安理会第688号决议虽然正式谴责了伊拉克国内存在的大规模侵犯人权事件，并断定该行为威胁到了该区域的和平与安全，但是在具体的行动上安理会只是授权秘书长根据具体情况，运用一切资源以帮助当地难民。当时的联合国秘书长德奎利亚尔先生曾明确指出外国军事力量进驻伊拉克之前，必须得到安理会的明确授权或伊拉克政府的同意。保护人权并不能作为人道主义干涉行为违反《联合国宪章》进行武力威胁或使用武力的理由，因此在没有联合国授权和伊拉克政府许可的情况下，多国部队联合干涉行为违反了禁止使用武力或武力威胁原则。

总而言之，从《联合国宪章》和国际法基本原则看，即使出于保护人权目的的人道主义干涉行为，如果没有联合国授权或者被干涉国的同意是无法在现代国际法上得到任何法律支持的，因为其明显地违背了国家主权平等原则和禁止使用武力或武力威胁原则，从本质上讲是违反国际法的行为。

二、保护的责任

（一）什么是保护的责任

正如前文所言，"二战"后，人权观念取得飞速发展，人权保护开始突破一国内政范围，进入国际法领域，国际社会通过了一系列文件以强调对基本人权的保护和尊重。尤其是1994年卢旺达种族大屠杀和1999年的科索沃战争，使得国际社会深刻反思如何在国际法框架内应对一国国内的人道问题。卢旺达种族大屠杀中，联合国在事件发生前期仅在该区域保留260名维和人员调停停火和提供人道主义援助，其他国家的干预也仅仅表现为给卢旺达难民提供物资援助，结果100万卢旺达人民在3个月内惨遭屠杀的种族灭绝行径不能得到阻止。此外，在没有安理会授权下，北大西洋组织以前南斯拉夫联盟侵犯科索沃阿尔巴尼亚族居民的基本人权，而其有责任保护科索沃阿族人的人权为由，在未得到安理会授权的情形下就对南斯拉夫联盟实施了军事打击。实践表明，上述对人权问题的应对方法都不是国际社会应对一国国内人道问题的可行之策。在此背景下，面对"人道主义干预"在国际关系实践中与国际法基本原则的冲突引起的种种质疑和争议，"保护的责任"应运而生。

1999年9月，时任联合国秘书长科菲·安南在第54届联大会议上发表了《对下一世纪人类安全和平及干预的展望》的演说，他回顾了安理会未能在卢旺达和科索沃采取及时行动的教训，呼吁联合国会员国"在坚持联合国宪章原则方面找到共同的基础，并且采取行动保卫我们共同的人性"①。2000年联合国千年峰会上，安南在题为《我们人民：21世纪联合国的作用》的报告中进一步表达了对于这一问题的反思："如果人道主义干涉确实是一种无法接受的对主权的攻击，那么我们应该怎样对卢旺达，对斯雷布雷尼察作出反应呢？对影响我们共同人性的各项规则的人权的粗暴和系统的侵犯，我们又该怎样作出反应呢？"②

作为对安南的回应，"干预与干涉国家主权委员会"于2001年12月正式向安南提交了名为《保护的责任》的报告，首次提出了"保护的责任"。报告中

---

① 颜海燕："对于国际保护责任的思辨——以国际法的人本化理念为视角"，载《2008全国博士生学术论坛（国际法）论文集——国际公法、国际私法分册》，2008年版。

② 《我们人民：21世纪联合国的作用》，载 https://documents-dds-ny.un.org/doc/UNDOC/GEN/N00/388/96/pdf/N0038896.pdf? OpenElement.htm. 2019-4-7。

提到主权不仅赋予国家"控制"事务的权力，而且授予国家保护本国人民的首要"责任"。当一个国家由于缺乏能力或意愿而不能保护自己的人民时，责任转移到更广泛的国际社会，由国际社会采取援助处在危险中或受到严重威胁的人民的行动。

2004年12月，联合国"威胁、挑战和改革问题高级别小组"发表了名为《一个更安全的世界：我们共同的责任》的报告，报告在一定程度上承认了"保护的责任"的理念，但是在军事干预问题上，明确指出军事干预必须由安理会在万不得已的情况下批准进行。[1]

2005年，联合国大会通过的《世界首脑会议成果》再次确认了国际社会对于人权问题所承担的保护责任，该文件中将"保护的责任"，表述为"保护人民免受灭绝种族罪、战争罪、族裔清洗和危害人类罪之害的责任"[2]。该文件是在争取各国普遍承认的保护的责任上迈出的重要一步，并重申和肯定了安理会授权是履行保护的责任的唯一合法途径。[3]

2009年1月，时任联合国秘书长潘基文在第63届联大会议非正式互动对话期间做了《履行保护的责任》的报告，对2005年世界首脑会议成果文件规定的保护的责任中的三大支柱——国家的保护责任、国际援助和能力建设、及时果断的反应进行了详细阐述。[4] 此后，潘基文又在2010年发表的《预警、评估及保护责任》报告中指出将保护的责任与联合国现有机制相结合，将其研究引向深入；[5] 在2011年发表的《区域与次区域安排对履行保护责任的作用》报告中强调了有效的全球—区域合作对于实现保护责任的重要作用；[6] 在2015年发表的《一个重要和持久的承诺：履行保护责任》报告中总结了联合国10年来为推动保护的责任所作的努力，并提出了今后10年里保护责任的核心优先

---

[1] "一个更安全的世界：我们共同的责任"，载https://documents-dds-ny.un.org/doc/UNDOC/GEN/N04/602/30/pdf/N0460230.pdf?OpenElement.htm. 2019-3-31。

[2] "2005年世界首脑会议成果"，载https://documents-dds-ny.un.org/doc/UNDOC/GEN/N05/487/59/pdf/N0548759.pdf?OpenElement.htm. 2019-3-31。

[3] 李英、陈子楠："论'保护的责任'的滥用和防范"，载《国际法学论丛》（第8卷），中国方正出版社2012年版，第30页。

[4] "履行保护的责任"，载https://documents-dds-ny.un.org/doc/UNDOC/GEN/N09/206/09/pdf/N0920609.pdf?OpenElement.htm. 2019-3-31。

[5] "预警、评估及保护责任"，载https://documents-dds-ny.un.org/doc/UNDOC/GEN/N10/450/19/pdf/N1045019.pdf?OpenElement.htm. 2019-3-31。

[6] "区域与次区域安排对履行保护责任的作用"，载https://documents-dds-ny.un.org/doc/UNDOC/GEN/N11/391/42/pdf/N1139142.pdf?OpenElement.htm. 2019-3-31。

事项；① 并在 2016 年提交的最后一份关于保护的责任的报告——《动员集体行动：保护责任的下一个十年》中扩展了在 2015 年评估执行工作进展时提出的建议，再次肯定了集体行动在保护的责任中的巨大潜力。②

2017 年，联合国现任秘书长安东尼奥·古特雷斯在第 71 届联大会议上发表了《履行保护责任：对预防问责》的报告，指出要确保在实践中落实保护的责任，加强对落实保护责任的问责，并确保根据商定的原则对事件进行严格公开的审查。③

综上可知，从制度设计层面看，尽管国际社会对于保护的责任的具体实施程序还存在争议，但是其核心内容，即国家对于其本国公民的保护责任和国际社会应及时作出反应的责任已经得到广泛的认可。

（二）保护的责任的思辨

保护的责任自提出后就得到了国际社会的广泛关注。但是从实践看，仅有 2011 年利比亚问题一例。安理会针对利比亚危机的 1973（2011）号决议被广泛认为是保护的责任的第一次实践。2011 年 2 月，利比亚国内发生暴乱，群众游行示威，当时的卡扎菲政权采取武力方式进行镇压。安理会在 2011 年 3 月 17 日通过的第 1973 号决议中指出，当时在利比亚国内发生的针对平民人口的大规模、有系统的攻击构成危害人类罪，认定利比亚局势继续会对国际和平与安全构成威胁，授权会员国采取一切必要的行动保护平民，设立禁飞区以保护平民。虽然该决议被广泛认为是保护的责任的第一次实践，但决议中使用的措辞为"认定利比亚局势继续会对国际和平与安全构成威胁，从而根据《联合国宪章》第七章采取行动"。而第七章规定的内容是对于威胁、破坏和平或者侵略行为的应对办法，主要包括自卫和集体安全体制。因此，该项决议虽然出于履行保护的责任的目的，但是直接法律依据是集体安全体制。此外，国际社会在处理

---

① "一个重要和持久的承诺：履行保护责任"，载 https://documents-dds-ny.un.org/doc/UNDOC/GEN/N15/217/63/pdf/N1521763.pdf? OpenElement.htm. 2019-3-31。报告提出今后 10 年里保护责任的 6 个核心优先事项：在国家、区域和全球各级发出保护民众免遭暴行罪侵害的信号；将预防工作提升为保护责任的一个核心内容；明确说明在作出及时果断反应方面的选项并扩大选项范围；消除复发风险；加强区域行动以防止和应对暴行罪；以及加强专用于防止灭绝种族罪和推动保护责任的国际网络。

② "动员集体行动：保护责任的下一个十年"，载 https://documents-dds-ny.un.org/doc/UNDOC/GEN/N16/230/34/pdf/N1623034.pdf? OpenElement.htm. 2019-3-31。

③ "履行保护责任：对预防问责"，载 https://documents-dds-ny.un.org/doc/UNDOC/GEN/N17/251/37/pdf/N1725137.pdf? OpenElement.htm. 2019-3-31。

利比亚问题时,超越安理会授权的范围,最终使利比亚的政权更迭变成联合国集体武力行动的目的,也引发了人们对于保护的责任滥用问题的担忧。①

国际社会对于保护的责任滥用问题的担忧主要来源于三个方面:授权主体和标准不明确、缺乏有效的监督和限制机制、未规定履行保护的责任过当的法律责任。保护的责任在现实中遇到的首要问题是谁有权行使保护的责任,尤其是在涉及军事干预问题时,有权行使保护的责任的国际法主体是具体的国际组织还是个别国家。2001年《保护的责任》报告中承认了联合国和安理会在为保护人类采取行动或授权采取行动上的权威性,提出安理会授权是履行"保护的责任"的条件,特别是采取军事干预行为必不可少的条件。但是也指出安理会五个常任理事国"在未影响其本国利益时不得行使否决权""通过授权进行军事干预的决议得到大多数国家支持时不得阻挠",以及在安理会未作出决议时的替代方案,如联大紧急特别会议审议、由区域性组织采取行动等,这一切无疑将使问题更加复杂化,使得有权授权采取军事行动的主体范围再次陷入不明境地。此外,根据相关规定,保护的责任只有在一国国内发生"本来可以避免的灾难",负有使人民免受这些灾难的政府不能或不愿承担其对国民的保护责任时才能启动,其中争议焦点主要在于"本来可以避免的灾难"中"灾难"的范畴。2001年《保护的责任》报告中,并未对"本来可以避免的灾难"进行界定,仅在实施军事干预所需要满足的正当理由中规定了六种具体情形。② 2004年的《一个更安全的世界:我们共同的责任》报告中将灾难具体解释为面临大规模屠杀和强奸、采用强行驱逐或恐吓方式进行的族裔清洗、蓄意制造的饥馑和故意传播的疾病。③ 2005年《世界首脑会议成果》明确将可以引起保护的责任的情势规定为灭绝种族罪、战争罪、族裔清洗和危害人类罪。④ 由此可见,这些文件所列举的启动国际保护责任的情形并不相同,缺乏明确统一的标准,如此一来,在国际实践中就可能会出现国际保护责任启动条件宽泛化、随意化的情形。

保护的责任是在人道主义干涉的理论基础上发展而来的,其两者都面临同

---

① 白桂梅:《国际法》,北京大学出版社2015年版,第187页。
② 6种情形包括:1948年《防止及惩治灭绝种族罪公约》规定的灭绝种族行动;大规模丧生的威胁或发生;种族清洗;1949年《日内瓦公约》及其附加议定书规定的反人道罪和违反战争法的行为;国家崩溃而造成广大人民面临饥饿和内战的境地;面对无法抗拒的自然灾害或环境灾害,有关国家不愿意或无力应对或要求援助,而且正在发生或可能发生大量的人员伤亡。
③ "一个更安全的世界:我们共同的责任",载 https://documents-dds-ny.un.org/doc/UNDOC/GEN/N04/602/30/pdf/N0460230.pdf?OpenElement.htm. 2019-3-31。
④ "2005年世界首脑会议成果",载 https://documents-dds-ny.un.org/doc/UNDOC/GEN/N05/487/59/pdf/N0548759.pdf?OpenElement.htm. 2019-3-31。

一个问题——其与国家主权之间的冲突。关于一个主权国家对于另一个主权国家进行干预是否合法，根据《联合国宪章》的相关规定，主权是国家的根本属性，国际社会上所有国家一律平等，而唯一有权授权采取军事行动的是联合国安理会，国家不得对他国进行武力干预；但是因为保护的责任涉及人权问题，在人权和主权的争论下，该问题产生了广泛争议。正如2001年《保护的责任》报告中所承认的，将措辞从"干涉权"改变为"保护的责任"并不能解决涉及合法性、授权运作实效和政治意愿的问题，其仅仅有助于转移它从属的讨论焦点——将人们关注的焦点从潜在干预国的要求、权利和特权转移到潜在受益者的迫切需求，也即掩盖其干预的真实企图。[1] 如果干预的责任在国际法上得到承认，那么就意味着如果一国对另一国以保护的责任为名进行干预，包括采取武力干预措施，另一国也不能以"不干涉内政"为由进行对抗。换言之，避过不干涉内政原则和国家主权原则对保护的责任进行辩护，为军事干预正名时，仅仅强调了面对人类灾难时的国际社会应该采取干预行动，而并未对干预行动的监督体制和限制措施进行说明。而且，保护的责任中一直强调的都是保护责任的提起问题，却完全没有涉及国家或国际组织实施的行为背离《联合国宪章》宗旨和原则所应当承担的责任，而这种权利和义务不对应的表述，很容易导致一国以保护的责任为由对他国内政进行干涉，导致实质意义上的霸权主义、强权政治。

　　总而言之，授权主体和标准不明确，为某些国家以保护的责任为名绕过安理会集体安全机制，选择性地打击其不认可的国家和政权提供了借口，增加了军事干预行动发动的随意性和不确定性，对国家主权和国际和平构成严重威胁。而利比亚问题更是通过实践说明了由于缺乏监督机制和限制机制导致的保护的责任在国际社会上的滥用，并在此基础上构成的对国际秩序的危害。实践表明，某些国家根据"保护的责任"所采取的行动往往不是单纯的对事件本身的反应，而带有强烈的政治色彩，例如通过干预行为将自己的意志施加给别国，干预其国内政权的建立、控制当地能源资源等，而这必然会造成国际秩序的混乱和动荡。

　　面对保护的责任已经表现的和可能存在的滥用情形，我们不能坐视不理，应当尽快建立和完善相关的国际法机制，强调安理会在保护的责任的行使过程中的关键作用，明确滥用保护的责任所应当承担的法律责任。首先，在有权行使保护的责任的主体上，应明确将其限定为联合国安理会。根据《联合国宪章》的相关规定，安理会承担维持国际和平及安全之主要责任，而且其在国际

---

[1] 李英、陈子楠："从'保护的责任'到'负责任的保护'——以现代国际法发展为视角"，载《山西师大学报》（社会科学版）2013年第2期。

上具有广泛的公信力和权威性，因此，应明确安理会作为唯一有权行使保护的责任的主体地位，有权决定是否履行保护的责任以及如何履行该责任。

其次，应当完善保护的责任的授权与监督机制。不干涉内政是国际法基本原则之一，但根据《联合国宪章》第7章的规定，安理会有权对"和平之破坏、和平之威胁以及侵略行为"采取行动以恢复国际和平与安全。换言之，只有一国人民因为种族灭绝、战争等原因而遭受严重伤害的事件，已经超越了一国内政范围，而成为"和平之破坏、和平之威胁以及侵略行为"，安理会才有权根据相关规定采取行动，即履行保护的责任。而在具体的干预的行动选择上，尽管2001年《保护的责任》中一直在强调军事干预，但是从利比亚问题上就可以得知，武力干预既不是履行保护责任唯一的办法也不是最好的办法。根据《联合国宪章》的相关规定，军事行动的采取应该是所有和平手段均告失败之后的选择，即在军事干预前应该采取谈判、调解、司法解决物资禁运、经济制裁、断绝外交关系等和平措施。即使是在采取军事行动时也应当对其进行严格限制，例如必须经安理会授权，以保护人类作为目的，受安理会和国际社会的监督等。

最后，应当规定保护的责任行使过当的法律责任。正如前文所言，鉴于利比亚问题的经验，为了促进保护责任的履行，需要规定履行保护的责任过当的法律责任。而基于上文的讨论，国家在安理会授权下才有权行使保护的责任，因此就涉及在实践中保护的责任行使过当后，法律责任如何在联合国和成员国之间进行分担。关于这一问题，联合国秘书长在1996年第51届联大会议报告上指出，联合国部队与作战有关活动完全在联合国指挥和控制下的，由联合国承担责任，否则就根据联合国和部队提供国在进行行动中所行使的有效控制程度个别确定责任。而这一"实际控制"原则也得到了国际社会的广泛认可，基于此，在保护的责任的行使过程中，也可以根据具体行动的控制主体来决定责任承担主体，具体的责任承担方式则包括停止该行为、赔礼道歉、恢复原状、赔偿、补偿等。

三、先发制人战略

（一）什么是先发制人

先发制人战略，是美国前总统布什于2002年6月在西点军校毕业典礼上发表演讲时提出的军事战略。布什在演讲中指出，美国面临着前所未有的来自"恐怖分子和暴君"的生化或核袭击威胁，其中最严峻的危险在于危险的激进主义和技术的结合。当生化和核武器随着弹道导弹技术一起扩散时，即使弱国和小团体也能够获得打击大国的灾难性能力。因此，美国在反恐战争中必须准备发起"先发制人"的打击。① 2002年9月，布什在向国会提交的《美国国家安全战略》报告中再次明确了先发制人战略，报告宣称，为了保护美国免遭恐怖分子有预谋的袭击，必要时美国将实施先发制人的攻击，"在威胁到达美国国界之前识别并摧毁它"②。

美国提出的先发制人战略，引起了世界各国的广泛关注。2003年4月，印度外长辛哈针对印控克什米尔24人被杀的恐怖事件表示："如果拥有大规模杀伤性武器且支持恐怖主义是对一个国家实施先发制人打击的衡量标准，印度当然比美国更有理由这么做。"③ 2003年9月，针对朝鲜核危机，日本防卫厅长官石破茂称，如果发现朝鲜导弹瞄准日本并开始加注燃料，将提前摧毁上述发射装置。④ 此外，澳大利亚、法国、俄罗斯等国家也先后提出了先发制人战略。

结合上述国家所提出的先发制人战略可以得出，不同国家由于国情差异，其提出的先发制人战略所针对的对象难免存在差异，但是也存在一定的共性，即在确定他国对本国安全存在威胁的情况下，不经过安理会，对有关国家或地区进行军事打击。而先发制人战略的首次实践应该是2003年美国进行的伊拉克战争。美国认为伊拉克有大规模杀伤性武器、支持恐怖主义，当时的伊拉克总统萨达姆·侯赛因所领导的政权侵犯了伊拉克人民的民主和自由，并且威胁了美国国家安全，所以美国要在伊拉克使用大规模杀伤性武器之前，摧毁伊拉克的大规模杀伤性武器，以维护自身安全。以此作为理由，美国对伊拉克进行了军事打击。

（二）先发制人的思辨

先发制人战略的理论依据来源于"预防性自卫权"。预防性自卫权最早可以追溯到格劳秀斯的《战争与和平法》，其中指出国家有权对并非迫在眉睫，但看起来将会对本国构成威胁的武力行动采取先发制人的措施。⑤ 瓦特尔在《万国法》中也认为在自卫权的行使上，一国有权抵抗他国意图对其造成的伤害，并对侵略者使用武力。

---

① "布什声称：美面临前所未有的生化袭击威胁"，载 http://news.southcn.com/international/bestlist01/200206031372.htm. 2019-4-1。

② "军情观察：先发制人，得不偿失的核战略"，载 http://military.people.com.cn/GB/42969/3692974.html. 2019-3-31。

③ "'先发制人'危害无穷"，载 http://www.people.com.cn/BIG5/paper68/8932/833252.html. 2019-3-31。

④ "有专家担心：朝美对峙可能会'擦枪走火'"，载 http://sars.china.com.cn/chinese/HIAW/284946.htm. 2019-4-8。

⑤ 格劳秀斯：《战争与和平法》，马呈元、谭睿译，中国政法大学出版社2016年版，第19页。

而加罗林号案更是对于传统国际法中预防性自卫权地位的确立具有重要意义。1837年，英属加拿大殖民地发生叛乱，叛乱者从美国港口获得武器、物资，英属加拿大殖民当局获悉后派军队捕获并烧毁了运送用的船只，即加罗林号，造成了数名美国人伤亡。事后，美国政府抗议英国侵犯了美国的属地最高权，而英国政府认为它的行为是自卫所必要的，因为当时并没有时间请求美国政府来阻止对英国领土的急迫侵犯。美国政府承认，如果存在自卫的必要，英国政府的行为可以被认为是正当的，但是它并不认为在当时存在自卫的必要。最后，英国政府就该事件向美国表达了歉意，美国也并未要求进一步的赔偿。这一事件使得预防性自卫权在国际法上得到确认，即无须等到武力攻击切实发生，一国在面临遭受武力攻击的紧迫威胁时就可以采取适当的措施先发制人以保护自身安全。

根据预防性自卫理论，在传统国际法上，先发制人战略是具有合法性的。但是随着《联合国宪章》的生效，国家使用武力的行为受到国际法的严格限制。在这一背景下，国际社会对于预防性自卫理论本身就产生了广泛的争论，遑论在其基础上发展而来的先发制人的合法性。有学者认为根据《联合国宪章》第51条的规定，国家只有在遭受武力攻击时，才可以行使自卫权，可见国际法上明确地排除了预防性自卫。[①] 也有学者指出，在原则上，自卫权行使的条件不包括武力威胁，除非武力威胁到了不采取武力不能消除的程度，然而那也只能作为自卫的例外。[②] 对于预防性自卫的争论不仅存在于理论界，也屡屡出现在国际司法实践当中。1967年以色列声称有明显证据表明埃及和叙利亚已经着手部署军队准备对以色列发动攻击，因此以预防性自卫为由对埃及发动攻击，而安理会就此事件通过的决议只是要求以色列从其占领的阿拉伯领土撤军，并没有对使用武力进行预防性自卫的合法性问题明确表态。1981年以色列声称萨达姆正在发展核武器，该行为使以色列的安全面临紧迫的威胁，遂以预防性自卫为由发动空袭并摧毁伊拉克的核反应堆。而在联合国大会和安理会对此事件的讨论中，参与讨论的各方代表对于预防性自卫是否符合宪章第51条存在很大分歧，因此安理会在最终通过的第487号决议中并没有承认以色列提出的预防性自卫抗辩，而是指出以色列的行为对国际和平与安全造成了危险，随时可能使该地区局势爆发，对所有国家的重大利益都有着严重后果，其行为明显违反了《联合国宪章》和国际行为的准则，属于非法行为。由此可见，预防性自卫权在国际法上的法律地位并没有得到安理会的承认。因此，从预防性自卫理论发展而来的先发制人战略当然也不可能在法律上获得承认。

---

① 周鲠生：《国际法》（上册），商务印书馆1981年版，第199页。
② 王铁崖主编：《国际法》，法律出版社1995年版，第121页。

而且不可否认的是，先发制人战略的提出将会对现行国际法构成全面的冲击和破坏，成为大国推行对外政策的工具，影响国际社会的和平与稳定。首先，它与国际法基本原则存在矛盾。根据《联合国宪章》的相关规定，国家主权平等、禁止使用武力、和平解决国际争端是国际法基本原则，不同国家之间主权平等，在发生国际争端时，不得使用武力，而应当选择谈判、协商、调解等和平方式解决争端。如果按照先发制人战略，一国仅仅根据臆测来断定另一国对本国安全存在威胁，并以此为由向该国发动武装攻击，会造成对和平与安全的破坏，违反《联合国宪章》规定的国家主权原则、禁止使用武力或武力威胁原则。

其次，先发制人战略可能导致自卫权的滥用。根据《联合国宪章》第51条的规定，国家在遭受武力攻击时享有自卫权。换言之，自卫权的行使必须以"受到武力攻击"为前提。先发制人所针对的攻击是"存在攻击的威胁"，而不是实际已经发生的攻击，从这一层面看，先发制人从根本上缺乏法律依据。此外，先发制人可能会导致对于《联合国宪章》第51条的主观性滥用，宪章中所规定的"受到武力攻击"的标准属于事实标准，容易辨别，可操作性强。但是先发制人中的"存在攻击的威胁"标准是一个相对主观的概念，难以从客观角度对其进行衡量和判断，那么很有可能情况是否紧急、能否启动先发制人就会成为一个国家自由裁量的内容。换言之，先发制人是建立在主观评价和任意判断的基础上的。在尚未对"存在攻击的威胁"建立国际调查机制和确定客观标准的情况下，先发制人可能会出现滥用情形，危害人类和平与安全。

最后，先发制人是对联合国集体安全机制的破坏。联合国集体安全机制是指国际社会成员相互约定，对国家使用武力实施法律管制，并采取有效集体办法，共同防止侵略，维持普遍和平与安全的国际制度。[①] 第二次世界大战结束后，《联合国宪章》对集体安全体制作出了安排。这一体制以联合国安理会为核心，以《联合国宪章》第1条第3款、第2条第4款和第七章为法律依据，强调安理会在维护国际和平与安全方面的重要作用，指出只有安理会或者经安理会授权才能采取军事行动。而先发制人战略却赋予了国家自行使用武力的权利，无须安理会授权，国家在判断他国对本国安全存在威胁时就可以采取自卫行动，其不仅不符合宪章的相关规定，还是对联合国集体安全机制的践踏。

总而言之，先发制人战略对于国际法和国际社会都产生了剧烈冲击，使得以国际法基本原则为基础构建的国际秩序处于严重动荡之中。美国提出先发制人战略并在伊拉克战争中付诸实践，引发了国际社会的普遍担忧。试想，如果一个国家可以自行判断并决定对其存在威胁的国家，并以此为基础进行打击，

---

① 邵津主编：《国际法》，北京大学出版社、高等教育出版社2014年版，第467页。

那么在实质上就会形成该国家对国家主权平等原则的破坏。对此，联合国在2004年的报告《一个更安全的世界：我们共同的责任》中指出，不能认为国家采取单方面预防行动是合法的，因为这样做对全球秩序和这一秩序继续据以存在的不干涉规范的威胁实在太大，允许一国采取行动，就等于允许所有国家采取行动。①

如果国家明知自己即将面对他国的攻击，却因为国际法上没有关于先发制人的相关规定而不能实行自卫，直到实际上受到他国攻击才采取自卫行动，这种做法固然非常符合国际法的规定，但是明明可以提前预防却偏偏要等到攻击发生，将本国置于被动之地。或许有人会认为，即使不能自卫，也可以做好防御和备战的准备，可是明明可以先发制人，却在等一个必然的损害结果，不是非常荒谬吗？因此，先发制人从现实意义上看，具有必要性和合理性。毫无疑问，单个国家的先发制人战略应该反对，但是可以选择将先发制人纳入联合国集体安全机制，即在联合国体系内，由安理会授权对可能威胁国际和平与安全的情势采取预防性措施，从而更好地发挥安理会在维护国际和平与安全上的作用。

第四节 国际法基本原则的新发展

国际法在发展之中，国际法基本原则也在发展之中，其内涵并不是一成不变的。20世纪80年代之后，伴随着经济全球化，政治、信息、宗教、人权、生态、反恐等问题也开始走向国际化，各国之间的联系日益加强，独自面对和解决国际争端业已不可取，国际合作愈发体现出重要地位，国际社会开始迈入相互依存、互利共赢的一体化新时代。在这一时代背景下，在克服全球性危机的过程中，产生了"全人类共同利益原则""可持续发展原则""多样性原则"等新的国际法基本原则。在全球化的时代背景下，为了更好地维护人类共同利益、促进国际社会的发展，应该将"全人类共同利益原则""可持续发展原则""多样性原则"纳入国际法基本原则之中。

一、全人类共同利益原则

人类共同利益思想的萌芽在早期自然法中就有体现。古代的斯多葛派学者

---

① "一个更安全的世界：我们共同的责任"，载 https://documents-dds-ny.un.org/doc/UNDOC/GEN/N04/602/30/pdf/N0460230.pdf?OpenElement.htm. 2019-3-31。

曾经提出自己属于世界公民的观点。① 斯多葛派哲学家主张建立所有人类都在理性的指导下和谐共处的世界国家，人类社会不应当因为正义体系的不同而建立不同的城邦国家。② 而后格劳秀斯在《海洋自由论》中也曾主张海洋不能通过占领而被占有，海洋在本质上是不受国家主权控制的，因此海洋不能成为国家的财产。③

维护全人类共同利益的国际法观念的正式形成，应该起始于1958年联合国第一次海洋法会议上，泰国代表所提出的"海洋是人类共同继承财产"。④ 其后，1967年马耳他驻联合国大使阿维德·帕尔多提出"国际海底区域应被看作人类共同继承财产，为全人类利益服务"，并认为该原则应包涵四个因素：国家不得将区域据为己有；遵循联合国的原则和目的开发区域资源；为全人类的利益而使用；用于和平目的。而1970年联合国大会通过的《关于国际海底区域的原则宣言》基本上采纳了帕尔多的上述观点。由此可知，维护全人类共同利益原则最先发展于海洋法领域，其后逐步扩展到空间、环境、国际犯罪、人权等诸多领域。

全人类共同利益原则在国际法领域的体现

原则	具体领域	内容	国际公约和相关法律文件
人类共同继承财产	海洋法	国际海底区域	《联合国海洋法公约》（1982） 《关于国际海底区域的原则宣言》（1970）等
	外层空间法	宇宙天体	《外层空间条约》（1967） 《关于各国探索和利用包括月球和其他天体在内外层空间活动的原则条约》（1966） 《指导各国在月球和其他天体上活动的协定》（1979）等
	知识产权法	文化遗产 自然遗产 水下文物	《保护世界文化和自然遗产公约》（1972） 《保护水下文化遗产公约》（2001）等

---

① ［美］大卫·A. 鲍德温：《新现实主义与新自由主义》，浙江人民出版社2001年版，第12页。
② ［美］E·博登海默：《法理学、法律哲学与法律方法》，邓正来译，中国政法大学出版社2004年版，第17页。
③ ［英］詹宁斯、瓦茨修订：《奥本海国际法》（第9版）第1卷第2分册，王铁崖等译，中国大百科全书出版社1995年版，第154~155页。
④ 高岚君：《国际法的价值论》，武汉大学出版社2006年版，第121页。

续表

原则	具体领域	内容	国际公约和相关法律文件
全球生态保护和环境治理	空气空间法	大气污染 臭氧保护 气候变化	《远距离跨界大气污染公约》(1979) 《维也纳保护臭氧层公约》(1985) 《气候变化框架公约》(1992)等
	海洋环境保护法	海洋环境 国际海底区域	《联合国海洋法公约》(1982) 《"区域"内矿产资源开采规章草案》(2017) 《"区域"内多金属结核探矿和勘探规章》(2013) 《"区域"内多金属硫化物探矿和勘探规章》(2010) 《"区域"内富钴铁锰结壳探矿和勘探规章》(2012)等
	环境与资源保护法	生物多样性 能源资源开发与利用	《濒危野生动植物种国际贸易公约》(1973) 《生物多样性公约》(1992)等
国际人权保护	国际人权法	基本人权 人格尊严	《联合国宪章》(1945) 《经济、社会及文化权利国际公约》(1966) 《公民权利和政治权利国际公约》(1966) 《消除对妇女一切形式歧视公约》(1999) 《关于难民地位的公约》(1951)等
	国际刑法	国际犯罪与刑罚	《废除奴隶制及奴隶贩卖之国际公约》(1926) 《防止及惩治灭绝种族罪公约》(1948) 《禁止并惩治种族隔离罪公约》(1972) 《禁止酷刑和其他残忍、不人道或有辱人格的待遇或处罚公约》(1984) 《罗马规约》(1998)等

(一) 人类共同继承财产

"人类共同继承财产"概念的提出是全人类共同利益理念初步形成的标志。正如前文所述，国际文件中第一次出现"人类共同继承财产"是在联合国第一次海洋法会议上，此后《关于国际海底区域的原则宣言》中明确指出国际海底区域是人类共同财产。而1982年的《海洋法公约》在第135条也对此作出了特别规定，指明任何国家不得对区域行使主权，区域内的一切资源属于全人类，任何国家、组织、个人不得将区域据为己有。① 此外，《海洋法公约》第140条明确规定区域内的活动应为全人类利益而行使。当时，"二战"刚结束，国际秩序正在构建当中，"全人类共同利益"便是在这一时代背景下提出的，其目的在于防止某些国家或个人对资源的独占，允许国际海底管理局为了全人类共同利益，在特定的情况下对该资源加以开发利用。

此后，除海洋法领域外，"人类共同继承财产"在国际社会的其他领域也开始出现。为了规范人类在外层空间的活动，1966年联合国大会通过了《关于各国探索和利用包括月球和其他天体在内外层空间活动的原则条约》，其中第1条明确规定，探索和利用包括月球和其他天体在内的外层空间，应为所有国家谋福利和利益，而不论其经济或科学发展程度如何。其后，1979年联合国大会通过的《指导各国在月球和其他天体上活动的协定》第11条中明确指出，月球及其自然资源是人类的共同财产，任何国家不得主张主权或通过其他方法占为己有，并且在该协定中明确了探索和利用月球的几项基本原则：月球应专用于和平目的；不得扰乱月球环境；在月球上建立空间站必须告知联合国；月球及其自然资源属于人类共同财产。

"人类共同继承财产"的理念在《保护世界文化和自然遗产公约》与《保护水下文化遗产公约》中也有所体现。上述两个公约将文化遗产、自然遗产和水下文物都确定为人类共同继承财产。《保护水下文化遗产公约》第2条指出，缔约国应根据本公约的各项规定为全人类之利益保护水下文化遗产。《保护世界文化和自然遗产公约》第6条的规定也表明，在尊重文化和自然遗产所在国的主权的情况下，应该承认该遗产属于世界遗产的一部分，世界各国应当合作进行保护。

（二）环境保护中的全人类共同利益

科技革命推动着社会经济的飞速发展，但是，高速的经济发展所带来的生态危机是我们所不能忽视的问题。人口的急剧膨胀导致资源枯竭、能源危机、环境污染、生态失衡，这一系列问题引起了全球的共同关注，成为人类未来发展最严峻的挑战，解决这些问题对于实现人类和地球的可持续发展意义重大。但无论是从覆盖范围、严重程度还是危害后果看，这些问题的影响都不仅仅针

---

① 《海洋法公约》第135条规定，任何国家不应对"区域"内的任何部分或其资源主张或行使主权权利，任何国家或自然人或法人，也不应将"区域"内的任何部分据为己有；任何这种主张行使或者据为己有的行为均应不予承认；对"区域"内资源的一切权利属于全人类，由管理局代表全人类行使。

对一个国家，其解决也不是一个国家能够独立完成的，需要在国际范围内形成共识，并在此基础上加强国际合作。加强国际合作对于全球范围内环境问题的治理和改善具有重要意义。国际环境条约较为集中地反映了国际社会对环境问题的关注，体现了对环境领域的全人类共同利益的诉求和维护，为国际社会在环境保护中开展国际合作奠定了法律基础和行为指引，在维护全人类的环境利益上发挥了重要作用。

对人类环境的治理和保护的主要国际法律文件可以细分为大气层保护方面、海洋环境保护方面以及自然资源管理和养护方面的法律文件。关于大气层保护的相关文件有《远距离跨界大气污染公约》（1979）、《维也纳保护臭氧层公约》（1985）、《气候变化框架公约》（1992）等，相关条约中明确指出大气污染、臭氧保护和气候变化是全人类共同关注的问题。有关海洋环境保护方面的有《联合国海洋法》（1982）、《"区域"内多金属硫化物探矿和勘探规章》（2010）、《"区域"内富钴铁锰结壳探矿和勘探规章》（2012）、《"区域"内多金属结核探矿和勘探规章》（2013）、《"区域"内矿产资源开采规章草案》（2017）等，对合理开发和利用国际海底区域资源，减少对海洋环境的有害影响进行了相关规定。关于自然资源的管理和养护方面相关的国际法律文件主要包括《保护世界文化和自然遗产公约》（1972）、《濒危野生动植物种国际贸易公约》（1973）、《生物多样性公约》（1992）等，强调了保护生物多样性的重要性和实现途径。

（三）国际人权保护的共同利益性

人权保护是人类社会所追求的共同目标，其目的在于维护全人类共同利益。尽管人权在实现和保障上存在差异，但是"天赋人权"，每个人都享有基本人权。受国内政治、经济、法律、文化等因素的影响，人权的国内保护可能存在局限性，因此为了维护全人类的共同利益，需要加强对人权的国际保护。《联合国宪章》在宗旨中明确规定，"增进并激励对于全体人类之人权及基本自由之尊重"。此后，1948年联合国大会通过的《世界人权宣言》，重申了人人生而自由，平等地享有基本人权和人格尊严。之后，又通过了《经济、社会及文化权利国际公约》（1966）、《公民权利和政治权利国际公约》、《消除对妇女一切形式歧视公约》（1979）、《关于难民地位的公约》（1951）等一系列保护人权的国际法律文件。

联合国于1998年通过了《国际刑事法院规约》（以下简称《罗马规约》），该规约于2002年7月1日生效。根据《罗马规约》第5条的规定，国际刑事法院对灭绝种族罪、危害人类罪、战争罪、侵略罪行使管辖权，并且指明上述犯罪属于整个社会关注的最严重犯罪。以危害人类罪为例，《罗马规约》第7条指出，危害人类罪是指在广泛或有系统地针对任何平民人口进行的攻击中，在明知这一攻击的情况下，作为攻击的一部分而实施的故意造成重大痛苦，或对人体或身心健康造成严重伤害的不人道行为，可见其立法目的在于通过惩治国际犯罪以保障包括生命、健康、自由、人格尊严等在内的基本人权。而对这些基本人权的保护体现了国际刑法中的全人类共同利益。

二、可持续发展原则

（一）可持续发展原则的确立

可持续发展原则的萌芽是1893年的太平洋海豹仲裁案。该案仲裁庭虽然依据"公海自由"原则裁决美国无权阻扰英国渔船对太平洋海豹的截杀行动，但是为了保护太平洋海豹的种群和数量，避免海豹因为过度捕杀而绝种，仲裁庭为保护公海的海豹规定了一系列专门措施，如对禁猎期、捕猎方法和捕猎工具的规定等。仲裁庭为保护海豹而规定的措施体现了对自然、生物资源的可持续利用思想，并对后来国际社会制定保护海洋生物资源、生物多样性等方面条约产生了积极的影响作用。

虽然太平洋海豹案的裁决体现了可持续发展思想，但是并没有明确指出该原则。可持续发展原则正式出现在现代国际法中应该是在1987年由挪威首相布伦特兰夫人领导的世界环境与发展委员会发表的研究报告——《我们共同的未来》。该研究报告中指出可持续发展是"既满足当代人的需要，又不对后代人满足其需要的能力构成危害的发展"，并呼吁各国的经济和社会发展的目标必须从可持续发展的基本概念和实现可持续发展的共同认识出发，在人类需求和自然法则的指导下设立基准和维持人类进步，号召世界各国拟定战略，实现从破坏性的增长和发展向可持续发展转变。

1992年联合国在里约热内卢召开了联合国环境与发展会议，并通过了以可持续发展为核心的《里约宣言》（1992）和《21世纪议程》（1992）。《里约宣言》在序言部分指出地球具有整体性和相互依存性，在发展中要实现尊重各方利益和保护全球环境与发展体系的平衡，并在其宣布的27项原则中多次提及可持续发展。例如原则1指出，"人类处于受到普遍关注的可持续发展问题的中心"；原则3指出，"为了公平地满足今世后代在发展与环境方面的需要，求取发展的权利必须实现"；原则4指出，"环境保护也是可持续发展的组成部分"；原则5指出，"实现可持续发展需要消除贫困"；原则6和原则7指出，"可持续发展是国际社会的共同责任，世界各国根据实际情况承担不同的责任"等。1992年的《21世纪议程》则为各国实行《里约宣言》提出的各项原则和实现可持续发展提供了具体的行动计划,从而实现建立"一个新的可持续发展的全球伙伴关系"的目标。

环境的可持续发展在 2000 年联合国千年首脑会议被确定为千年发展目标之一。2015 年在纽约举行的联合国可持续发展峰会通过了《改变我们的世界——2030 可持续发展议程》的协议。协议中涵盖了 17 项可持续发展目标,具体包括消除贫困、消除饥饿、保障教育、性别平等、提供水和环境卫生、充分就业、国家内部和国家之间的平等诸多方面,将在人类、地球、繁荣、和平、伙伴等五个关键领域来采取行动促进可持续发展。①

综上可知,可持续发展原则自 1987 年提出以来在国际社会上广泛使用,在诸多国际文件中得到重申。尽管迄今为止,并没有一份具有法律约束力的权威文件对可持续发展的概念进行明确界定,但是许多文件中都涉及这一概念,例如世界环境与发展委员会发表的《我们共同的未来》、1987 年第 15 届联合国环境规划署理事会发表的《关于可持续的发展的声明》②、2002 年国际法协会的《关于可持续发展国际法的新德里原则宣言》③ 等。

(二)国际法上的可持续发展原则

随着国际社会一体化、经济发展全球化日益增强的趋势,国际关系的中心逐渐由政治领域转移到经济领域,而在发展上,也从单纯注重发展速度向追求人与自然的和谐一致、顾及后代的发展利益、保护环境和生态的全面发展转变。在这种情况下,可持续发展原则一经提出,就引起了国际社会的广泛关注,特别是在联合国环境与发展会议后,可持续发展已经被许多政府采纳为一项政策,并影响了国际组织的法律与政策的适用与发展。而且由于环境和自然问题,关系到社会生活的方方面面,在国际交往的诸多层面均有体现,其早已突破环境领域,对整个国际法体系都产生了重大影响。可持续发展原则不再局限于国际环境法领域,而在海洋法、空气空间与外层空间法、武装冲突法、国际投资与贸易法等国际法领域都有所体现。

---

① "改变我们的世界——2030 可持续发展议程",载 https://documents-dds-ny.un.org/doc/UNDOC/GEN/N15/253/33/pdf/N1525333.pdf?OpenElement. 2019-3-31。

② 《关于可持续的发展的声明》指出,可持续的发展指满足当前需要而又不削弱子孙后代的满足其需要之能力的发展,而且绝不包含侵犯国家主权的含义。

③ 《关于可持续发展国际法的新德里原则宣言》序言部分指出,可持续发展的目标要求对经济、社会和政治进程有一个全面性的、综合的方针政策,以达到地球的自然资源能够可持续地利用以及保护自然和人类生命、社会及经济发展所依赖的环境,实现所有人都能得到合乎需要的生活水准,并在此基础上可以积极地、自由地、有意义地参与发展及公平地分配所得的利益,并适当照顾子孙后代的需要和利益。

可持续发展原则在国际法领域的体现

具体领域	内容	国际公约和相关法律文件
国际环境法	代际公平 代内公平 可持续利用 环境和发展一体化	《人类环境宣言》（1972） 《世界自然宪章》（1982） 《联合国气候变化框架公约》（1992） 《生物多样性公约》（1992） 《里约宣言》（1992）
海洋法	渔业资源的保护 海洋环境的治理	《南太平洋自然保护公约》（1976） 《海洋法公约》（1982）
空气空间和外层空间法	探索和利用天体	《外层空间条约》（1967） 《指导各国在月球和其他天体上活动的协定》（1979）
武装冲突法	作战手段和作战方法	《禁止为军事或任何其他敌对目的使用改变环境的技术的公约》（1976） 《1977年日内瓦四公约第一附加议定书》（1977）
国际投资和贸易法	资源保护 濒危物种的贸易，危险废物的进出口	《关税与贸易总协定》（1948） 《濒危野生动植物种国际贸易公约》（1973） 《控制危险废物越境转移及处置的巴塞尔公约》（1989） 《建立世界贸易组织协议》（1994）

正如前文所言，可持续发展原则首先出现在国际环境法领域。国际环境法中涉及可持续发展原则的规定主要包括代际公平、代内公平、可持续利用以及环境与发展一体化。代际公平是指每一代人在开发、利用自然资源方面权利的平等，正如《人类环境宣言》中所指出的为了这一代和将来的世世代代的利益，地球上的自然资源，必须通过周密计划或适当管理加以保护。代内公平则是指代内的所有人不管存在何种差别，在环境和资源利用上都享有平等权利，1972年《人类环境宣言》中就指出全人类都享有自由、平等和充足的生活条件的基本权利，在具体的原则上，原则5指出必须防止耗尽不可再生资源，保障全人类在该资源使用上的利益，原则24要求所有国家平等合作以处理环境问题。1992年《生物多样性公约》的目标中也提及了"公平合理分享由利用遗传资源而产生的惠益"。可持续利用是针对自然资源，无论是可再生资源还是不

可再生资源都要合理地开发和利用。例如1992年《生物多样性公约》第2条规定"持久使用",要求对生物资源进行开发利用时,需要考虑其组成部分和再生速度,保证其开发利用行为不会导致相关生物种群的衰落。[①] 而环境与发展一体化强调环境保护与经济及其他方面的发展的有机结合,例如《里约宣言》的原则5指出加强国际合作以消除贫困是实现可持续发展必不可少的条件。

　　除了国际环境法领域,可持续发展原则在海洋法上也能得到充分体现。以《海洋法公约》为例,其第119条规定"采取措施……使捕捞的鱼种的数量维持在或恢复到能够生产最高持续产量的水平",在保证鱼种最佳可再生能力的情况下,对渔业资源进行开发利用。而在空气空间和外层空间法上,可持续发展原则主要体现在禁止改变天体环境、对天体进行探索和利用时应采取措施避免污染、所有国家都有进行天体研究的平等权利等方面。例如1979年《关于各国在月球和其他天体上活动的协定》第7条规定,各国在探索和利用月球时,应采取措施防止带来环境的变化或引入外界物质造成污染,破坏现存的月球环境。有关武装冲突的国际法中可持续发展原则表现为禁止使用改变环境的作战手段和作战方法,并在《禁止为军事或任何其他敌对目的使用改变环境的技术的公约》《1977年日内瓦四公约第一附加议定书》中进行了明文规定。此外,可持续发展要求在有关国际投资贸易的国际法律文件中也有涉及,例如1948年《关税与贸易总协定》第20条就指出缔约方可以采取措施保障可持续发展[②]。在对濒危野生动植物物种的保护上,《濒危野生动植物种国际贸易公约》中对相关贸易规定了严格的禁止和控制措施。并且,在《建立世界贸易组织的协议》的序言中也规定了"为持续发展之目的扩大对世界资源的充分利用"是世界贸易组织的宗旨之一。

　　除了出现在国际条约上,可持续发展的概念在相关司法实践中也有所体现。国际法院在1997年的盖巴斯科夫—拉基玛洛水坝案（匈牙利诉斯洛伐克）案的判决书中明确指出,可持续发展概念充分表达了将经济发展与环境保护相协调的需要,该案双方都应重新审视盖巴斯科夫电厂运行对环境的影响,尤其是它们必须为多瑙河故道和该河两岸支流所释放的水量找到一个满意的解决办法。尽管国际法院判决书中的用语将其作为一个"概念"援引,但"可持

---

① 《生物多样性公约》第2条规定,持久使用是指使用生物多样性组成部分的方式和速度不会导致生物多样性的长期衰落,从而保持其满足今世后代的需要和期望的潜力。

② 《关税与贸易总协定》第20条规定,本协定的规定不得解释为禁止缔约方采用或加强以下措施,但对情况相同的各国,实施的措施不得构成武断的或不合理的差别待遇,或构成对国际贸易的变相限制:(b)为保护人类、动植物的生命或健康所必需的措施;与国内限制生产与消费的措施相配合,为有效保护可能用竭的天然资源的有关措施。

续发展"毕竟在判决书中得到了体现,被赋予了法律效力。该案中的卫拉曼特雷法官更是认为可持续发展不仅仅是一个概念,而是一个具有规范价值的、决定本案的至关重要的原则,已经具有国际习惯法的地位。可持续发展原则作为人类遗产中最古老的思想之一,被几千年来的人类智慧不断地加以丰富,在国际法中起着重要作用。可持续发展原则在盖巴斯科夫—拉基玛洛水坝案中的应用使得可持续发展的国际法原则地位得以增强,其法律效力进一步得到肯定。因此可持续发展原则应当被纳入国际法的基本原则之中。

三、多样性原则

人类社会形态和发展模式并不是统一的,文化、经济、生态、政治的多样性本身就构成一个动态平衡的体系,推动着社会整体的发展。违背多样性规律,一切形式的追求统一和唯我独尊,都是在扼杀社会的自由发展,是违背自然发展规律的,无疑会揠苗助长,可能会产生物种灭绝、种族歧视、宗教极端主义、恐怖主义等灾难和悲剧。因此,国家和国际组织需要承认和尊重多样性这一客观事实,认识到世间万物差别中的独特性及其相互依存的平等性、系统性和整体性,从以自我为中心、霸权主义、不合理的歧视和偏见中摆脱出来,形成国家主权平等、基本人权和人格尊严平等、尊重生物多样性维护生态平衡的思想,在国际社会层面上承认接受,支持文化、经济、生态、政治的多样性发展,从而推动国家和国家间、人和人之间、人类社会和自然环境之间的和谐,促进宗教、文化、科技等人类文明成果的发展。

(一) 生物多样性的保护

多样性原则最早体现在保护生物多样性上。地球上不仅有人类,还有许多动植物,据推断,现在地球上存在着 1300 万到 1400 万种生物,而这些生物和周围的自然环境共同形成了完整的生态体系。优胜劣汰是自然规律,新物种的出现和旧物种的消亡都在所难免,但是由于人类的干预,物种新生和消亡的平衡被打破,生物多样性面临威胁。2019 年 2 月 22 日,联合国粮农组织发布了《世界粮食和农业生物多样性状况》,其指出在全球 7745 个本地家畜品种(仅存在于一个国家的品种)中,有 26% 濒临灭绝,接近三分之一的鱼类遭到过度捕捞,超过一半已经达到了可持续发展的极限,生物多样性的现状令人担忧。[1]地球的生物资源对于人类生存和发展都至关重要,但是从现实上讲,地球的物种和生态系统也从未面临现在这样巨大的威胁,生物多样性在人类活动下岌岌

---

[1] "联合国最新报告出炉,生物多样性减少严峻威胁全球粮食与农业未来",载 http://sh.qihoo.com/pc/98318348eedc6e0ac.2019-4-7。

可危，这引起了国际社会对于生物多样性的广泛关注和讨论。

为了保护野生动植物物种不会因为国际贸易而遭到过度开发利用，在国际自然保护同盟的倡导下，1973年各国在华盛顿签订了《濒危野生动植物种国际贸易公约》。公约指出对野生动植物的贸易实行许可证制度，即对公约附录中所列的879种动物和157种植物按照濒危程度规定不同的措施以控制其贸易。其中附录1所列物种为可能因贸易而灭绝的物种，在贸易上需要进行最严格的管制；附录2所列物种为不严加管制就可能成为濒危物种的物种；附录3所列物种为缔约国认为需要进行管理控制贸易的物种。根据公约的规定，各缔约国应采取适当的措施来促进公约的实施，包括对违反公约规定的行为处以罚金，没收相关商品等。1982年联合国大会通过的《世界自然宪章》中也包含了保护生物多样性的思想，其确信"从大自然得到持久益处有赖于维持基本的生态过程和生命维持系统，也有赖于生命形式的多种多样"，并且重申了"人类必须学会保证能够保存各种物种和生态系统以造福今世和后代"。

1992年联合国环境与发展大会上通过了第一份以保护地球生态系统、物种信息和基因资源为主的国际公约——《生物多样性公约》，该公约在生物多样性保护上发挥着重要作用。《生物多样性公约》的序言中指出"生物多样性的保护是全人类的共同关切事项"，"各国有责任保护生物多样性"，"保护生物性要求就地保护生态系统和自然生境，维持恢复物种在其自然环境中有生存力的群体"，以实现对生物多样性的保护和可持续利用。公约第2条指明了生物多样性的概念[①]，第5~13条则分别从生物多样性保护的国际合作、保护和持久使用生物多样性的一般措施、查明与监测、就地保护、移地保护、生物多样性组成部分的持久使用、鼓励措施、研究和培训、公众教育等方面对国家在生物多样性上的保护提出了要求。

海洋法的多样性原则主要体现在海洋生物的保护上，以《海洋法公约》为例，无论是在领海、毗连区、专属经济区，还是在公海、国际海底区域，都强调对海洋生物资源的管理和养护，控制捕鱼量使得该鱼种、关联或有依赖性的鱼种的数量维持或恢复到其繁殖不会受严重威胁的水平以上，并交流有关海洋生物资源养护的相关资料。《21世纪议程》中也有关于海洋生物多样性的保护的相关规定，例如各国应制定国家战略以养护生物多样性和可持续使用生物资源，或者将养护生物多样性和可持续使用生物资源的战略列入国家发展战略。

[①] 《生物多样性公约》第2条规定，"生物多样性"是指所有来源的形形色色生物体，这些来源除其他外包括陆地、海洋和其他水生生态系统及其所构成的生态综合体；这包括物种内部、物种之间和生态系统的多样性。

2002年在南非约翰内斯堡可持续发展世界峰会上通过的《联合国可持续发展世界峰会实施计划》中进一步指出，国际社会应维持所有海域脆弱性的生产能力和生物多样性，强调了应依据1995年《生物多样性公约》第2次缔约国会议上通过的"雅加达指令"所做的与海洋和沿岸生态系统的保全和可持续利用有关的工作计划的重要性，并指出应依据《21世纪议程》中的相关规定采取生态系统方法，废除有害的渔业管理，建立海洋保护区，以促进对海洋生物资源的保存与管理。①

（二）国际法上的多样性原则

尽管多样性原则首先在保护生物多样性上得到体现，但是随着国际法的发展，其范围早已突破单一的生物多样性，而发展到国际法的其他领域，文化多样性的保护就是其中的一个重要方面。社会的发展孕育了丰富的文化。纵向看，古希腊古罗马时期、中国春秋战国时期、欧洲文艺复兴时期以及近现代科技革命都有着灿烂的文化成果；横向看，东西方文化各有特色，不同国家的文化之间也是各有差异，不尽相同。多种文化共同存在，让不同国家、民族乃至个人所信仰的文化都有存在的空间，而不同文化的共存、碰撞、交流也推动着世界文化的发展。如果不尊重文化多样性，一味地强调文化一元论、推行文化霸权主义，那么就会挫伤文化发展的积极性，甚至使一些少数族群、弱势群体的文化遭受毁灭性打击，日积月累，文化就会越来越单一，文化的传承可能面临断绝，人们可以选择的文化就会大大受限，思想就会受到束缚，进而最终制约人类自身的发展。对文化多样性的保护早在1972年的《保护世界文化和自然遗产公约》中就有所体现。面对自然和文化遗产越来越受到破坏的威胁，遗产所在国却不具备相应的经济、科技和技术力量对相关遗产进行保护的现实，联合国教科文组织大会第17届会议在巴黎通过了《保护世界文化和自然遗产公约》。公约设立了"世界遗产委员会"以制订《世界遗产目录》，将具有突出价值的文化和自然遗产列入其中，被列入其中的遗产可以收到世界自然遗产基金提供的援助，从而实现对于相关遗产的保护。

2001年联合国教科文组织通过了《世界文化多样性宣言》，该宣言第1条明确指出文化多样性是人类的共同遗产，"是交流、革新和创作的源泉，对人类来讲就像生物多样性对维持生物平衡那样必不可少"。此后，在2005年联合国教科文组织又通过《保护和促进文化表现形式多样性公约》，再次重申了各国有权制定自己的文化政策以促进本国文化发展，要求各国加强国际合作促进

---

① 金永明：**"**国家管辖范围外区域海洋生物多样性养护和可持续利用问题**"**，载《社会科学》2018年第9期。

文化交流，发挥文化多样性对社会发展的促进作用，并在第 4 条第 1 款对文化多样性的概念进行了界定①。《世界文化多样性宣言》和《保护和促进文化表现形式多样性公约》都明确指出了文化多样性对于人类发展的重要意义。文化多样性体现在生活的方方面面，不同文化的共存、交流为人类提供了自行选择的空间，有助于实现思想的自由。文化权利是人权的重要内容，文化多样性、文化自由也是人权保护的重要内容，对于实现个人乃至社会的发展都有着积极作用。除了这两个专门规定文化多样性的公约以外，《保护非物质文化遗产公约》（2003）在序言部分也规定了保护文化多样性的内容。该公约指出，非物质文化遗产具有重要价值，"它是文化多样性的熔炉，又是可持续发展的保证"，保护文化遗产就是保护人类共同的文化知识，是全人类共同意愿的体现，并指出全社会都有责任参与此类遗产的保护。从本质上讲，保护文化遗产，避免其由于经济、技术等因素而遗失，就是保护文化多样性。

除此之外，多样性原则在民族自决和人权保护上也有所体现。首先，在民族自决和多样性原则的关系上，民族自决的内涵是指一个国家的人民有权自由选择其政治、经济、社会和文化制度，而这与政治、经济、社会和文化制度多样性的内涵，本质上是一致的，即不同制度都应该得到国际法上的承认和尊重，任何一国都不能强制另一国接受其意志进行相关制度的选择。根据《国际法原则宣言》的规定，各民族享有平等权利及自决权，一律有权不受外界的干涉，自由决定其政治地位，追求其经济、社会和文化的发展，而其他国家需要尊重该民族的此种权利。《各国经济权利与义务宪章》在序言部分也指出不问各国社会制度和经济制度上的差别建立一切国家之间正常的经济关系，并在第 1 条明确规定每个国家都有权根据本国人民的意愿选择本国的政治、社会、文化以及经济制度，而不受任何形式的外来干涉。只要不违背国际法的基本原则，无论国家选择何种政体，都是该国家的权利，其他国家不得进行干涉。国家对他国在政治、社会、文化以及经济制度上的选择都应该报以尊重的态度，而不应该作为歧视的借口。

其次，多样性原则在人权保护上也有着充分体现。《联合国宪章》第 13 条将"促进经济、社会、文化、教育及卫生各部门之国际合作，且不分种族、性别、语言或宗教，促进全体人类之人权及基本自由之实现"作为联合国大会的

---

① 《保护和促进文化表现形式多样性公约》第 4 条第 1 款规定，"文化多样性"指各群体和社会借以表现其文化的多种不同形式。这些表现形式在他们内部及其间传承。文化多样性不仅体现在人类文化遗产通过丰富多彩的文化表现形式来表达、弘扬和传承的多种方式，也体现在借助各种方式和技术进行的艺术创造、生产、传播、销售和消费的多种方式。

主要职责之一,并在第55条中重申联合国应不分种族、性别、语言或宗教,促进全体人类之人权及基本自由之普遍尊重与遵守。之后,《世界人权宣言》(1948)在《联合国宪章》的基础之上进一步扩展了防止歧视的范围,增加了肤色、政治或其他见解、国籍、财产、出生或其他身份等内容。① 由此可见,多样性原则在人权保护中主要表现为尊重人类内部不同个体之间的差异,在基本人权和自由上提供平等的保护。

多样性原则可以理解为地球上不同的生物、语言、宗教、文化、经济制度、社会制度等客观现象存在与发展的客观权利都应得到承认、尊重和保护,不因为存在差别而歧视或意图消灭其客观存在,不人为地干涉其自然发展过程,从而建立丰富多样、和谐发展的国际社会。多样性原则最先表现为生物多样性原则,之后在文化保护、人权保护、民族自决等方面均有体现,涉及国际环境法、海洋法、人权法等诸多方面,已经成为国际法上的一个重要原则,在国际交往中发挥着重要作用。

国际社会一直处于不断发展之中,而国际政治经济文化的发展也推动着国际法基本原则的发展。第二次世界大战后,以《联合国宪章》为标志,逐渐形成了以国家主权平等为核心,包含禁止使用武力或武力威胁、和平解决国际争端、不干涉内政、善意履行国际义务、国际合作、民族自决等内容的国际法基本原则体系。但是,伴随着经济全球化的发展,各国在民族、资源、环境、人权上的矛盾越发明显,在反恐、环保、经济、文化上的共同利益也越来越大。在这种背景下,为了适应全球化趋势下国际社会的新特点,需要协调全人类共同利益和国家主权的关系,平衡预防性自卫权和禁止使用武力或武力威胁原则,一方面现有国际法基本原则体系的法律权威是不容置疑的,另一方面也应当根据国际社会的变化及时将全人类共同利益原则、可持续发展原则、多样性原则纳入国际法基本原则体系之中。

---

① 《世界人权宣言》第2条规定,人人有资格享受本宣言所载的一切权利和自由,不分种族、肤色、性别、语言、宗教、政治或其他见解、国籍或社会出身、财产、出生或其他身份等任何区别。并且不得因一人所属的国家或领土的政治的、行政的或者国际的地位之不同而有所区别,无论该领土是独立领土、托管领土、非自治领土或者处于其他任何主权受限制的情况之下。

第二章 国家责任与国家豁免专题

第一节 国家责任

一、国家责任概述

（一）国家责任的发展

在近代国际法形成之前，有关国家责任的实践就已经出现，其中最为典型的体现就是国家间的战争赔款。而国家责任的理论最早起源于古希腊、古罗马时期，主要表现为涉及使节、战争以及条约方面的一些规定。到了12、13世纪，这些国家共同遵守的规则逐渐发展成为有一定约束力的行为规范，国家需要对违背相关规范的行为承担责任。但是此时的国家责任更多地表现为政治意义上的国家责任，而不是真正法律意义上的国家责任。直到近代国际法诞生后，才出现了国际法意义上的国家责任。1648年威斯特伐利亚和会及其所缔结的条约，将诉诸武力作为追究国家责任的方式，对后来的国家责任理论和实践产生了重要影响。

在19世纪，国际法关于国家责任的研究重点在于国家违反对外国人的生命及其财产以及待遇等方面义务的后果，仅仅涉及国家对于外国人的保护责任。这一现象反映了当时西方国家在东道国保护其殖民活动和投资利益的需要。例如在外交保护和当地司法救济的问题上，西方国家提出了"最低国际标准"，认为对于外国人的待遇标准是客观的，并不受东道国国内法的限制，东道国有责任为外国人提供保护以达到这一"最低国际标准"，若达不到该标准的要求，东道国需要对由此造成的损害承担责任，受害者母国也可以就此进行外交干涉。与此相对，拉美国家提出了"卡尔沃主义"，其核心在于强调外国人和本国的同等待遇，拒绝西方国家利用外交保护进行任意的干涉。受此影响，国际联盟和国际法委员会在初期对国家责任的研究和编纂都主要集中于外国人生命及财产保护上。

20世纪60年代，随着民族运动的发展，大批新兴独立国家出现并提出外国人不应享有优于本国人民的保护，反对西方国家所主张的"最低保护标准"。在此背景下，传统的国家责任制度受到强烈冲击。鉴于此，1963年，国际法委员会在对国家责任问题进行多年探讨后，决定对传统的国家责任理论进行修正，摆脱传统理论仅涉及某些特定的国际义务的局限性，就国家不法行为而导致的一般责任进行研究和编纂。

1963年联合国国际法委员会第15届会议一致决定，在国家责任专题的研究上先制定有关国家责任的一般原则，并确定了三项工作原则。[①] 国家责任专题特别报告员罗伯托·阿戈在1969年的联合国国际法委员会第21届会议上提出了第一份有关国际责任的报告书，委员会对该报告书进行研究后要求罗伯托·阿戈提交该专题的条款草案报告书，并决定从国家责任的产生和国家责任的内容两个阶段对国际不当行为的国家责任开展研究工作。1970年罗伯托·阿戈提出了第二份报告书《国家责任的产生》，国际法委员会对该报告书进行研究后决定对国际不当行为的国家责任和国际法不加禁止行为所引起的损害性后果的国家责任进行区分，并指出"国家责任"可解释为"对国际不法行为国家应承担的责任"。最终，国际法委员会在1996年一读通过了《国家责任条款草案》，并于2001年二读通过了《国家对国际不法行为的责任条款草案》（以下简称《国家不法行为责任草案》）。

（二）国家责任的概念

根据《国家不法行为责任草案》第1条的规定，国家责任是指一国由于其国际不法行为而承担的责任。[②] 但是随着国际社会的发展，国家在诸多未被国际法加以禁止的领域活动愈发频繁，而这些貌似"合法"的活动，却可能会给其他国家造成严重的损害性后果。国家责任开始突破国际不法行为的范畴，进入国际法未加禁止的领域，国家需要对在该领域活动所产生的损害性后果承担法律责任，即国际法不加禁止但造成损害结果的损害行为也可以成为国家承担国际责任的依据。因此，国家责任应当理解为国家在国际法上承担的责任，包括因国际不法行为引起的责任和国际法不加禁止但造成损害结果的损害行为引起的责任。

要明确界定国家责任的概念还需要将其与容易混淆的概念进行对比。因为

[①] 国家责任专题研究的三项工作原则：优先编纂国家责任的一般国际法原则；同时考虑某些领域的国际实践，尤其是有关对外国人损害的国家责任方面的实践；兼顾与国家责任有关的国际法其他方面的发展。

[②] 《国家不法行为责任草案》第1条规定，一国的每一国际不法行为引起该国的国际责任。

国际法上的责任主要由国家承担，国际法上的国际责任制度主要是关于国家如何承担国际责任的制度，人们习惯性地将"国家责任"和"国际责任"两词解释为同一个意思。① 但是，国家责任仅仅是国际责任的其中一种形式，或许在国家作为国际社会唯一主体的时期，两个概念并无区别，但是在现代，国际法上的主体不仅包括国家，还包括国际组织和正在争取解放的民族，而它们的不法行为同样会引起国际责任。

二、国际不法行为的国家责任

国际不法行为的国家责任，顾名思义，就是指国家实施国际不法行为而引起的国际责任。其中国际不法行为主要是指国家实施的违背其国际义务的行为。本书围绕国际不法行为的国家责任所进行的讨论主要以2001年国际法委员会二读通过的《国家不法行为责任草案》为基础进行。②

（一）国家责任的成立

国家责任成立的前提是国家实施了国际不法行为。而《国家不法行为责任草案》第2条③规定，只有违背国际义务并且依据国际法可归于国家的行为才属于国际不法行为，才会产生国家责任。其中在一国的行为是否构成国际不法行为的问题上，其判断标准是国际法，而非一国的国内法。正如国际习惯法规则中所强调的"国家不得以本国法律规定不同或者没有规定为由为自己不履行国际义务辩护"一样，国内法规定不能作为一国实施国际不法行为的借口。根据《国家不法行为责任草案》第3条④的规定，国内法对同一行为的定性并不会影响国际法对其的定性，即使在国内上该行为属于合法行为，也不会影响其属于国际法上的不法行为并需要承担国家责任。

1. 可归于国家的行为

国际法院在"美国驻德黑兰外交和领事人员案"中指出：在确定伊朗伊斯兰共和国的责任时，首先需要确定在法律上有关行为在多大范围内被视为可以归罪于伊朗国的行为。由此可见，对某一行为是否属于可归于国家的行为的判

---

① 白桂梅：《国际法》，北京大学出版社2015年版，第220页。
② 《国家不法行为责任草案》是目前关于国际不法行为的国家责任方面最具权威的国际性法律文件。首先，起草该草案的国际法委员会委员都是国际责任法专家，其研究成果具有很高的权威性；其次，草案中的绝大多数内容都是对现存习惯国际法的汇编，在国际司法实践中被多次援引。
③ 《国家不法行为责任草案》第2条规定，一国国际不法行为在下列情况下发生：（a）由作为或不作为构成的行为依国际法归于该国；并且（b）该行为构成对该国国际义务的违背。
④ 《国家不法行为责任草案》第3条规定，在把一国的行为定性为国际不法行为时须遵守国际法。这种定性不因国内法把同一行为定性为合法行为而受到影响。

断，对于判断国家是否需要就该行为承担国家责任有着重要影响。但是，究竟何种行为可以归于国家呢？根据《国家不法行为责任草案》第二章"把行为归于一国"的相关规定，这些行为主要包括：

（1）国家机关、经授权行使政府权力的实体或个人的行为。任何国家机关，不论其属于立法、行政还是司法机关，也不论其地位高低、层级大小，其行为依国际法都应视为该国家的行为。而国家机关之外的其他实体，如果经依法授权行使通常由国家机关行使的职能并以该名义行事，那么其行为也属于国家行为。以科孚海峡案为例，1946年英国舰队经过科孚海峡北部时其中两艘驱逐舰触水雷爆炸，导致舰只严重损坏、死伤82人的重大损失。国际法院认为，阿尔巴尼亚政府有义务通知他国舰船其领水内存在雷区，以维护航行安全，但是阿尔巴尼亚政府并未采取相应措施，其不作为的行为导致阿尔巴尼亚需要对英国负赔偿责任。

此外，国家机关或者经授权行使政府权力的实体或个人，如果以这种资格从事某种行为，即使其行为逾越权限或违背指示，仍属于国家责任中的国家行为。例如在尤曼斯案①中，法庭指出尽管士兵参与安岗谷谋杀事件是在他们违背命令下作出的行为，但是士兵的行为利用了其具有的官方身份，因此不属于私人行为，而应当属于墨西哥的国家行为。由此可见，在实践中，国家原则上应当对其国家机关的任何行为负责，即使这一行为超越了该国家机关被授予的权限或者违反了其国内法的有关规定。

（2）由另一国交由一国支配的机关的行为。另一国将其某一机关交给一国支配在国际法上并不少见，但是，在这种情况下如果该机关出现了国际不法行为，那么国际责任应该如何在两国之间进行分配呢？根据《国家不法行为责任草案》第6条②的规定，被移交的机关在支配国的管理下以支配国的名义行事，其行为后果应由支配国承担责任。但是必须满足下面两个条件：被移交的机关应该是移交国的国家机关；而且其行为属于行使被移交国的国家权力要素的行为。如果，被移交的机关在实行某一国际不法行为时受到了移交国和支配国共同的指示，那么该行为就属于该两国共同的行为，两国都需要对此承担国家责

---

① 尤曼斯案：1926年，因墨西哥国内发生骚乱，一名墨西哥军官带领10名士兵奉命前往安岗谷矿山保护被骚乱威胁的美国人尤曼斯的安全，但他们并未执行命令反而与暴民一起将尤曼斯和其他两个美国人击毙。

② 《国家不法行为责任草案》第6条规定，由另一国交由一国支配的机关，如果为行使支配该机关的国家权力要素而行事，其行为依国际法应视为支配该机关的国家的行为。

任。例如在1930年雪弗洛案①的仲裁裁决指出，英国无须为其领事代行法国领事职责的疏忽承担责任，因为该英国领事所执行的是法国领事职责，其行为结果当然应该归于法国，由法国对该疏忽行为承担国家责任。

（3）实际上代表国家行事的人的行为。当个人或者团体是在根据国家的指示或在其指挥或控制下作出的行为，其行为可以归于国家。正如《国家不法行为责任草案》第8条、第9条中所规定的，如果一个人或一群人实际上是在按照国家的指示或在其指挥或控制下行事，或者在正式当局不存在或缺席和在需要行使上述权力要素的情况下实际上正在行使政府权力要素，其行为应视为国际法所指的一国的行为。例如在赫茨伯格诉芬兰案中，原告诉称芬兰政府及其控制的芬兰广播公司，侵犯了其基于《公民权利和政治权利国际公约》第19条所享有的信息自由和表达自由的权利。联合国人权委员会指出，因为芬兰政府控制了芬兰广播公司的主要股份，从而使该公司处于芬兰政府的特别控制之下，所以该政府应当为该公司的行为负责。② 本案中，需要明确的是芬兰政府拥有芬兰广播公司90%的股份这一原因并不会直接导致其承担国家责任，而是由于其实际利用了自己控股股东的地位控制该公司实施了相关行为，使得该公司的行为属于国家行为，芬兰政府需要对该行为承担责任。

由此可见，国有企业或者国家控股企业的行为并不一定会归于国家，该行为是否归于国家应根据国家在该行为中是否处于控制地位来判断。在斯蒂芬斯案③中，美国墨西哥求偿委员会认为尽管该警卫部队并未纳入编制，但其是为墨西哥或墨西哥的政治部门行事的，墨西哥应该对警卫人员的行为承担责任。在伊戈尔诉伊朗案④中，美伊求偿法庭认为革命卫队的行为至少是在正式当局缺席的情况下行使政府权力要素的行为，新政府必定知道这种情况但是它并没有对该行为提出反对，因此这种非法行为应当归于伊朗。

（4）叛乱运动或其他运动的行为。一般而言，一国国内叛乱运动或其他运动的行为在国际法上不属于国家行为，并不会引起国家责任，只有国家机关针对反叛机关的行为所采取的行动才属于国家行为，而且该行为违背国际法上的

---

① 雪弗洛案：1930年法国驻波斯领事因故请英国领事代行其职责，由于英国领事的疏忽，旅居波斯的法国人雪弗洛被怀疑是间谍而被捕，在被捕期间其家中遭窃丢失财务、书籍和文件。
② M. Fitzmaurice., Danesh Sarooshi., *Issue of State Responsibility before International Judicial Institution*, London: Hart Publishing, 2004, p. 177.
③ 斯蒂芬斯案：墨西哥陆军招募了一批辅助人员作为警卫部队。1927年，其中一位士兵梵伦瑞拉在值班时开枪击毙了美国人斯蒂芬斯。
④ 伊戈尔诉伊朗案：伊朗发生革命期间革命卫队在德黑兰机场行使移民、海关和类似职能的行为，在1979年2月13日，美国人伊格尔被革命卫士拘留、关押并被驱逐出境。

国家义务时才会产生国家责任。正如索利斯案①的仲裁裁决中所指出的，除非政府本身并未履行诚信义务或者在镇压叛乱方面也存在疏忽，否则其不应对叛乱运动机关的行为负责，并不会产生国家责任。

但是如果该叛乱运动或其他运动的行为使得该反叛机关成了该国家的新政府，或者在现已存在的国家的部分领土上成立了新的国家，那么基于这个叛乱运动或其他运动的行为与新政府或新国家之间的关联性，该叛乱运动和其他运动的行为应该归于该新政府或新国家，由其承担相应的国家责任。例如在玻利瓦尔铁路公司案中，委内瑞拉叛乱运动成功，反叛机关建立了新政府，因此该反叛机关在叛乱运动期间向铁路公司借债的行为应归于委内瑞拉。

（5）经一国确认并当作其本身行为的行为。根据《国家不法行为责任草案》第11条规定，如果某一行为得到了特定国家的承认并将其作为本身行为时，也应当依国际法将该行为视为该国的国家行为。② 换言之，该条款所指行为一般是个人或者团体的行为，而不属于可以归于国家的行为，但是由于国家主动承认并将其作为国家行为，而使该行为成为可归于国家的行为。例如在1979年的德黑兰的美国外交与领事人员案中，占领美国使馆，并扣留外交和领事人员作为人质的行为本来是伊朗学生阿亚托拉·霍梅尼作出的个人行为。但是由于伊朗政府并未采取任何措施来制止霍梅尼的行为，也没有对美国使馆外交和领事人员遭受的损失进行赔偿，反而表示了对这一行为的赞同和认可，且拒绝与美国就这一行为进行谈判。因而从根本上改变了这一行为的性质，使之转换成了伊朗的国家行为。最终国际法院判决指出，伊朗的行为违反了伊朗对美国所负担的国际义务，其需要对该行为采取一切措施进行补救，释放被扣留的人质，并对给美国造成的损失进行赔偿。

（6）一国牵连进另一国的国际不法行为。根据《国家不法行为责任草案》第四章"一国对另一国行为的责任"中的相关规定，可归于国家的行为不仅包括上述几种可直接归于国家的行为，还包括一国因牵连进他国的国际不法行为而可以归责于该国家的行为。一国牵连进另一国的国际不法行为的情形主要包括：一国协助或援助、指挥或控制、胁迫另一国实施其国际不法行为。在上述情形下，不仅实际上实施国际不法行为的国家需要承担国家责任，提供协助或

---

① 索利斯案：1928年在墨西哥内乱期间，美国人索利斯因遭墨西哥武装叛乱分子的攻击而受伤害，主张追究墨西哥政府的责任。
② 《国家不法行为责任草案》第11条规定，按照前述各条款不归于一国的行为，在并且只在该国承认和当作其本身行为的情况下，依国际法应视为该国的行为。

援助的国家、行使指挥权或控制权的支配国及胁迫国也需要承担相应的国际责任。

纵观上述6种可归因于国家的行为，可知"官方身份""行使政府职能"在行为性质的判断中至关重要。一般情况下，私人行为并不会产生国家责任，但是当私人具有某种"官方身份"（例如国家机关工作人员、授权行使政府权力的人等）时就不一定了。如果该具有"官方身份"的人，是以个人身份行事，不履行政府职能，例如实施购物消费行为，其行为并不会导致国家责任。但是如果该具有"官方身份"的人，是代国家行事，履行政府性质的职能，倘若其行为违反国际法，国家自然要负责。由此可见，国家授权私人行使政府职能，赋予个人的"官方身份"，是判断行为是否可以归于国家的重要考量因素，但是仅仅基于国家授权的事实，并不必然会导致私人行为归于国家行为的结果，某一行为可以归于国家的必要条件是实施该行为的个人或团体所行使的是政府职能。

2. 违背国际义务

上述可归于国家的行为如果违背国际义务就会引起国家责任。根据《国家不法行为责任草案》第12条的规定，违背国际义务是指一国所实施的行为违背了国际法要求其履行的义务。① 由此可见，国际责任制度中的国际义务是由国际法所确定的国家的国际义务，既排除了国家和个人所签订的合同中的约定义务，也不受国内法对于该不法行为的定性的影响，既可以源于国际条约，也可以源于国际惯例，既可以是一般的国际法义务，如国际强行法规范，也可以是某种特定的国际法义务，如基于条约所形成的特定当事国之间的国际义务。而无论国家违反何种国际义务，都会产生国家责任。国际法上的义务还可能是基于一国的单方承诺而产生的，如果实施了违背该承诺的行为就会导致国际责任。最为典型的就是在核不扩散领域，根据《不扩散核武器条约》第1、第2条的规定，有核武器的国家承诺不向其他国家转让核武器或者协助其制造核武器，没有核武器的国家承诺不制造核武器也不接受其他国家向其转让核武器，如果相关国家违背了该承诺，就构成对国际义务的违背。2013年我国和乌克兰签订的《中华人民共和国与乌克兰友好合作条约》第4条中，我国重申了其向乌克兰提供的"安全保证"，承诺不对乌克兰使用或威胁使用核武器，我国的单方承诺就产生了相应的国际义务。

---

① 《国家不法行为责任草案》第12条规定，一国的行为如不符合国际义务对它的要求，即为违背国际义务，而不论该义务的起源或特性为何。

此外，根据《国家不法行为责任草案》第13条①的规定，国家责任中的国际义务应当是有效的国际义务。所谓有效的国际义务主要包括两层意思：首先，特定国家需要承担该国际义务，以双边条约为例，该条约的约束主体是缔约国双方，对于其他国家并不具有约束力；其次，该国际义务需要在有效期内，以来自国际条约的义务为例，如果该条约尚未生效或者条约已经失效，基于该条约的国际义务对特定国家就不具有约束力。综上，只有国家的行为违背了其应承担并尚在有效期内的国际义务，才需要承担国家责任。

(二) 国家责任的免除

国际不法行为会导致国家责任，是否意味着某一行为只要满足行为依国际法可归于国家、行为违背国际义务两个要件，就一定会导致国家责任呢？其实不然，在国际实践中，还存在一些解除行为不法性的情况，使得某些特定的国际义务已经或暂时对某些国家失去了效力，从而使得原先属于国家不法行为的行为不再属于违背国际义务的行为。主要包括以下几种行为：

1. 同意

"同意不构成侵犯"的原则，同样适用于国际法领域，受害国同意是免除国家责任的有效理由。所谓同意，是指加害国实施了某一与其所承担的国际义务不符的行为，而对这一行为受害国以有效的方式表示同意，由此一来，该行为对加害国而言就不再属于不法行为，不需要承担国家责任。在《国家不法行为责任草案》第20条中②也规定了同意可以解除特定行为的不法性。例如，如果一国军队未经他国同意进入他国领土无疑是对他国领土主权的侵犯，是违背国际法的不法行为，但是如果该行为取得了他国的同意，其不法性也就解除了，从而免除了该国的国家责任。

但是，《国家不法行为责任草案》第20条指出，只有以有效方式作出的同意才可以解除行为的不法性。究竟什么样的同意才能构成有效的同意呢？首先，同意必须是一国合法政府在自愿的情况下作出的，换言之，非法政府、傀儡政府作出的同意并不能解除行为的不法性，而且同意必须是合法政府真实意志的表现，而不能是欺诈、胁迫、贿赂等行为的产物。其次，经一国同意的行为作为免除国家责任的事由并不适用于国家依一般国际法强行规则而产生的义务，

---

① 《国家不法行为责任草案》第13条规定，一国的行为不构成对一国际义务的违背，除非该行为是在该义务对该国有约束力的时期发生。

② 《国家不法行为责任草案》第20条规定，一国以有效方式表示同意另一国实施某项特定行为时，该特定行为的不法性在与该国家的关系上即告解除。但以该行为不逾越该项同意的范围为限。

任何国家都不得实施违背国际强行法规范的义务的行为，如果实施了该行为，不能以所谓已获得有关国家的同意为由要求免除其国家责任。

2. 国际不法行为的对抗措施

对抗措施是指一国针对他国在先的不法行为所采取的对抗行为，主要包括反措施和自卫行为两种。反措施，亦称报复，是指"一国由于另一国所做的损害本国利益的不法行为而采取的、旨在迫使另一国遵守法律的、违反国际法一般规则的强制措施"①。例如，扣押船舶、冻结资财、停止执行或缔结双边协定等。根据《国家不法行为责任草案》第 22 条②和第 3 部分第 2 章的相关规定，一国采取反措施必须是针对另一国先前的一项国际不法行为的回应，因此反措施只能解除受害国与实施国际不法行为的国家间关系的不法性，如果一国已经恢复履行其国家义务，反措施就应当停止。反措施是临时性的对抗措施，其目的主要在于促使实施国际不法行为的责任国履行其国际义务，因此一旦责任国履行了相应的国际义务，反措施就必须停止，否则该行为就不再具有合法性。而且反措施必须和所遭受的损害相称，并应考虑到国际不法行为的严重程度和有关权利。此外，反措施不得影响国际法强制性规范承担的义务，《国家不法行为责任草案》第 50 条"不受反措施影响的义务"对其进行了规定，具体包括不得使用武力或武力威胁、保护基本人权、禁止报复以及依一般国际法强制性规范承担的其他义务等。

目前国际社会就采取反措施行为的争论主要集中于反措施的范围能否从双边扩展到多边领域。尽管根据《国家不法行为责任草案》的规定，出于"确保停止该违背义务行为和受害国和被违背之义务的受益人得到赔偿"的目的，即使是非受害国也可以在"为保护国家集团的集体利益而确立的义务"或者"对整个国际社会承担的国际义务"被违背时，对行为国采取反措施。但是该规定在国际社会上颇具争议。国家责任专题特别报告员詹姆斯·克劳福德认为反措施不再限于不履行双边义务，或受到最直接损害的国家所做的反应，不履行对所有国家适用的义务被视为"对国际社会全体成员做出的不法行为，而不是仅仅对直接受到影响的国家犯下的不法行为而已"，因此这种行为可以遭到集体制裁。③ 即根据詹姆斯·克劳福德的观点，如果一国所违背的国际义务是对整个国际社会的义务，那么任何国家都有权对其提起反措施，在这种情况下，反

---

① 李浩培、王贵国：《中华法学大辞典（国际法学卷）》，中国检察出版社1996年版，第23页。
② 《国家不法行为责任草案》第22条规定，一国不遵守其对另一国国际义务的行为，在并且只在该行为构成按照第三部分第二章针对该另一国采取的一项反措施的情况下，其不法性才可解除。
③ "关于国家责任的特别报告"，载 https：//documents - dds - ny.un.org/doc/UNDOC/GEN/N99/130/85/img/N9913085.pdf？OpenElement. 2019 - 4 - 8。

措施可以扩展到多边领域。但是值得注意的是，当反措施扩展到多边领域后，非受害国可能会以其为借口滥用反措施，损害其他无辜国家的利益。因此应当限制非受害国采取反措施的对象。由于某些国家不法行为可能违背的是对整个国际社会的义务，因此应该允许非受害国对加害国的行为采取反措施，但是该反措施应仅仅针对加害国，不得对其他国家的合法利益造成影响。

自卫行为是指在受到他国的武力侵略和武力攻击时，受害国为了保护国家主权和领土完整而采取的相应的武力反击行为。《国家不法行为责任草案》第21条指出，合法自卫措施可以解除该行为的不法性。合法自卫行为的要求主要规定在《联合国宪章》第51条①关于自卫和集体自卫的规定。也就是说，实施自卫行为需要满足以下条件：受到他国的武力攻击；立即向安理会报告其采取的自卫办法；行使自卫权的时间区间是在受到武力攻击之后、安全理事会采取必要办法之前；不得影响安理会所采取的行动。

3. 不可抗力

如果国际不法行为是不可抗力造成的，也可以解除该行为的不法性，进而免于承担国家责任。《国家不法行为责任草案》第23条②规定了不可抗力可以作为免除国家责任的事由，但是如果不可抗力的情况是由援引此种情况的国家的行为单独导致或与其他因素一并导致的，或者该国已承担发生这种情况的风险的情况下，不能适用不可抗力来解除该行为的不法性。

在实践中，在援引不可抗力作为免除国家责任的事由时，需要注意其与缺乏偿债能力的区别，后者虽然是独立于国家主观意愿的客观情况，但是如果以其作为理由援引不可抗力条款免除国家责任，一方面可能会损害受害国的合法权利，另一方面可能会导致不可抗力被滥用，影响公平正义。因此在实践中，国际法庭倾向于认为缺乏偿债能力不属于不可抗力的范围。例如在1912年的土耳其对俄国赔偿案中，国际常设仲裁法院就没有接受土耳其以其财政困难为由提出的不可抗力主张。

---

① 《联合国宪章》第51条规定，联合国任何会员国受到武力攻击时，在安全理事会采取必要办法以维护国际和平及安全之前，本宪章不得认为禁止行使单独或集体自卫之自然权利。会员国因行使此项自卫权而采取之办法，应立即向安全理事会报告，此项办法于任何方面不得影响该会按本宪章随时采取其所认为必要行动之权责，以维护或恢复国际和平及安全。

② 《国家不法行为责任草案》第23条规定，1. 一国不遵守其对另一国国际义务的行为如起因于不可抗力，即有不可抗拒的力量或该国无力控制、无法预料的事件发生，以致该国在这种情况下实际上不可能履行义务，该行为的不法性即告解除。2. 在下列情况下第1款不适用：（a）不可抗力的情况是由援引此种情况的国家的行为单独导致或与其他因素一并导致；或（b）该国已承担发生这种情况的风险。

4. 危难或紧急情况

危难是指代表国家行事的机关或个人在极端危难的情况下，为了挽救其生命或受其监护之人的生命，在别无他法的情况下作出违背国际义务的行为，该行为的不法性应予排除。换言之，这个"危难"所产生的对机关和个人的威胁必须是"极端危险""迫在眉睫"的，而且必须在"别无选择"的情况下才能做出违背国际义务的行为。从条款的文义中可以得知，威胁存在时才可以实施不法行为，而一旦危难情况不存在，就需要回复到合法状态。此外，《国家不法行为责任草案》第 24 条第 2 款①中还对不得适用危难作为排除行为不法性的理由的情形进行了规定。例如运载炸药的军用飞机在紧急降落时可能造成灾难，严重故障的核潜艇可能在其谋求收容的港口造成核辐射污染等情况，尽管确实存在危难，但是由于其行为可能造成更为严重的伤害，因此不能排除行为的非法性，国家需要就该行为承担责任。

而紧急情况是指如果一国暂不履行相较而言重要性和急迫性较低的国际义务是保护受某一严重和紧迫危险所威胁的基本利益的唯一途径，则国家不履行这类国际义务的行为可以解除不法性。但是由于危急情况排除国家行为不法性的情况涉及保护国家基本利益，容易出现滥用情形，因此《国家不法行为责任草案》第 25 条②对危急情况作为免除国际责任的事由进行了限制。在实践中，在危急情况的适用上最大的争议在于人道主义干涉是不是属于危急情况，因为人道主义干涉本身概念就不明确，而且可能会导致对国家主权的侵害，不应当将人道主义干涉纳入危急情况的范畴，否则可能会出现部分国家以危急情况为由实施国际不法行为的情形，导致国际责任制度进一步的混乱。

综上所述，一般情况下，国家需要对其国际不法行为承担责任，但是在某些特殊情况下，即使存在国际不法行为，国家责任也可以得到免除，如果满足同意、反措施、自卫、不可抗力、危难或危急情况的话。但是，存在上述事由并非意味着一定可以免除国家责任，还需要具体分析某一行为是否属于不能解除行为不法性的情形。

---

① 《国家不法行为责任草案》第 24 条第 2 款规定，在下列情况下第 1 款不适用：(a) 危难情况是由援引此种情况的国家的行为单独导致或与其他因素一并导致；或 (b) 有关行为可能造成类似的或更大的灾难。

② 《国家不法行为责任草案》第 25 条规定，1. 一国不得援引危急情况作为理由解除不遵守该国某项国际义务的行为的不法性，除非 (a) 该行为是该国保护基本利益，对抗某项严重迫切危险的唯一办法；而 (b) 该行为并不严重损害作为所负义务对象的一国或数国或整个国际社会的基本利益 2. 一国不得在以下情况下援引危急情况作为解除其行为不法性的理由：(a) 有关国际义务排除援引危急情况的可能性；(b) 该国促成了该危急情况。

三、国家责任的形式

如果一国实施了国际不法行为,并且不存在免除国家责任的事由,那么就需要承担相应的国际责任。国际法上的国家责任形式主要包括限制主权、终止不法行为和保证不重犯、恢复原状、赔偿和抵偿等。

(一) 限制主权

限制主权是指全面或局部地限制国家行使主权,是国家责任形式中最为严厉的一种。一般而言,限制主权针对的是对他国实施武装侵略,侵犯他国主权和领土完整等严重违反国际强行法规范的行为。如第二次世界大战以后,同盟国家为了对法西斯势力进行惩罚,并防范其死灰复燃,根据国际协定,在一定时期内,对德国和日本实施军事管制,并由同盟国管制委员会行使两国的最高行政权力。在1990年伊拉克入侵科威特后,安理会也通过多项决议对伊拉克实施了全面的制裁措施,包括对伊拉克实施武器核查,监督销毁伊拉克的大规模杀伤性武器等,联合国授权下由英美组成的多国部队还在伊拉克建立了"禁飞区",并在60%的伊拉克领空禁止伊拉克飞机飞行。

(二) 终止不法行为和保证不重犯

终止不法行为主要针对持续性的或接连发生的国际不法行为,在出现上述不法行为时,责任国有义务停止该行为。如终止对受害国领土、受害国使领馆的非法占领,解除对受害国港口的非法封锁,等等。在遇到违背国际法行为具有持续性或接连发生时,为了减少该行为对受害国造成的损失,受害国往往会首先要求责任国停止不法行为。不仅如此,面对这种情况,联合国大会和安理会等国际组织首先关注的也是终止不法行为,以终止该行为对国际秩序乃至国际和平与安全的持续性影响。

受害国或国际组织要求责任国停止不法行为必须具备两个条件:首先,不法行为是持续的或者具有持续性质的行为;其次,在提出停止要求时被违背的规则仍然有效。因为,如果不法行为不具有持续性,例如杀害外国公民、非法没收外国公民财产等行为,在这种情况下,由于行为已经结束,伤害已经造成,要求责任国终止不法行为是没有任何意义的。此外,如果某一行为在受害国对责任国提出要求时对于责任国而言已经不再属于违反国际义务的情形,即该行为不再属于国际不法行为,那么责任国当然可以继续实施该行为,受害国无权要求责任国停止实施该行为。例如在上文提及的美国驻德黑兰外交和领事人员案中,国际法院针对伊朗学生占领了美国使领馆,并扣押了美国的使领馆人员作为人质的持续的违背国际义务的情况要求伊朗停止其扣押人质、占领使领馆的行为，释放人质。在尼加拉瓜境内及针对尼加拉瓜的军事和准军事活动案中，针对美国支持尼加拉瓜反政府游击队，在尼港口布雷实行封锁等行为，国际法院指示了临时措施，要求美国立即停止美国支持针对尼加拉瓜政府的封锁尼加拉瓜港口的军事活动。

保证不重犯是指承诺不再重复该行为，不再犯起着预防的作用，有利于维护国家在之后的交往中的信任。保证不重犯，对于责任国而言，既肯定了已做出的行为的违法性，有表示歉意、修复和继续维持因违法行为而受影响的法律关系的作用，同时也是对未来的一种承诺，即在受害国和责任国之间就某一具体行为及其对应的国际义务达成了保证，有助于恢复受害国和责任国之间对继续保持既有关系的信心，推动两国尽快实现正常交往。从文义理解可知，不重犯的保证的重点在未来，着重于防止未来可能发生的事情而不是过去，强调的是对未来相同或类似行为的预防，而不是对具体某一不法行为所造成的损害的赔偿，从而起到防止重犯的作用，可以成为责任国未来依法履行义务的一种保障。因为，保证不重犯在有关国际义务规定的基础上，又为保证责任国履行国际义务增加了国家承诺的助力，如果责任国将来重犯，其不仅违背了有关国际义务，也违背了信守承诺的义务，加大了责任国的违法成本。例如在特雷尔冶炼厂仲裁案1938年的第一次仲裁裁决中，仲裁法庭除裁定加拿大应对所造成的损害进行赔偿外，还指出特雷尔冶炼厂必须采取措施以防止将来对美国的污染。

终止不法行为和保证不重犯两者既有联系又有区别，两者都涉及在违背义务之后如何通过具体行为来修复受害国和责任国法律关系的问题，但是在具体措施上，停止不法行为着眼于当前，涉及对持续性不法行为的制止，通过制止该行为来恢复两国法律关系；而保证不重犯则更侧重于对未来不法行为的预防，是对责任国未来履行国际义务的加固，可以通过对未来行为的保证来加固两国法律关系。

（三）恢复原状

恢复原状是指将被损害的事物恢复到发生不法行为以前存在的状态，其通常包括以下两种形式：直接恢复被损害的事物的原状，例如归还非法没收或掠夺的财产，修复被毁坏的建筑物、道路等；在无法恢复原状的情况下向受害国支付一定的物资或金钱进行补偿，例如造成了人员的死亡或建筑物的完全毁坏等。也就是说，恢复原状的时候需要考虑客观上能否实现恢复原状，恢复原状的成本和受害国就恢复原状所享有的利益是否成正比。对此，《国家不法行为责任草案》第35条规定，如果恢复原状并非实际上办不到的并且恢复原状所产生的利益和所引起的负担成比例时，国际不法行为的责任国将被损害的事物恢复到实施不法行为以前所存在的状况。结合《国家不法行为责任草案》第 34 条①的规定，如果恢复原状已不可能，受害国有权获得充分的经济补偿，如果恢复原状不能达到充分赔偿的目的，受害国也有权得到充分赔偿以弥补其损失。

一般而言，如果恢复原状是可能的且合理的，恢复原状是赔偿的首选方式。因为从实际考虑，恢复原状，即采取行为使某一物品、某种关系恢复到实行不法行为之前的状态，是消除其不法行为造成的法律后果和物质后果的最为直接、公平且有效的举措。国际常设法院在霍茹夫工厂案中首次确认了恢复原状的优先地位。该案中国际法院明确指出责任国有义务恢复原状，如果不可能做到这一点，则有义务支付赔偿款额来代替恢复原状，由于该案中当事方均认为无法恢复霍茹夫工厂，因此，最终采用等值赔偿代替恢复原状。恢复原状，包括物质上的，例如释放被绑架的人质、归还被掠夺或者非法没收的财物、修复损坏的房屋建筑等；也包括法律上的，例如撤销违反国际法的国内法规定、撤销就外国人人身、财物非法采取的行政措施或者司法措施等。

（四）赔偿和抵偿

赔偿是对受害国的物质损失给予相应的物质或金钱赔偿，是国际法上最普遍采用的国际责任形式。根据《国家不法行为责任草案》第 31 条第 1 款②的规定，赔偿义务是国家实施国际不法行为所必然导致的结果。换言之，国家一旦实施了国际不法行为，就会自动产生赔偿义务，这种义务是固有的，并不是基于受害国要求而产生的。责任国对其国际不法行为造成的损害有义务给予充分赔偿，受害国也有权要求这样的赔偿。

具体的赔偿范围包括对受害国和受害国国民的赔偿。以侵略行为为例，实施侵略行为的国家不仅要对受害国的损失进行赔偿，还需要就受害国国民的损失进行赔偿。例如我国在与日本恢复外交关系后，基于中日人民友好关系的考虑，声明放弃战争赔偿，但放弃的范围仅限国家赔偿，并不影响受到损害的我国公民向日本索赔。2001 年 7 月，黄有良、陈亚扁等 8 人因慰安妇问题向东京地方法院起诉日本政府并要求给予相应的补偿。

目前学界在赔偿问题上的争议主要集中在赔偿限额上，在该问题上主要存在两种观点，一是赔偿是具有惩罚性的损害赔偿，其数额可以大于实际损害的数额；二是赔偿应该与损害相适应，不应当超过实际损失。赔偿的作用是恢复

---

① 《国家不法行为责任草案》第 34 条规定，对国际不法行为造成的损害充分赔偿，应按照本章的规定，单独或合并地采取恢复原状、补偿和抵偿的方式。

② 《国家不法行为责任草案》第 31 条第 1 款规定，责任国有义务对国际不法行为所造成的损害提供充分赔偿。

到不法行为发生前的状态,所以其目的不在于惩罚而在于补救,故赔偿应与损害相当。

抵偿是赔偿的一种特殊形式,是指责任国对于给受害国造成的无法用财务评估的精神伤害以非物质和金钱上的赔偿。《国家不法行为责任草案》第37条规定,责任国给受害国造成的损失不能以恢复原状或补偿的方式得到赔偿,责任国有义务抵偿该行为造成的损失。抵偿可采取承认不法行为、表示遗憾、正式道歉,或其他合适的方式。由此可见,抵偿主要是针对责任国不法行为对受害国所造成的精神伤害,具体来说可以适用这种赔偿方式的事由主要包括:侮辱他国国旗、国徽、国家元首或外交代表;侵犯另一国的主权或领土完整、另一国使领馆人员的特权和豁免等。抵偿强调给予受害国以精神上的满足,具体的责任承担方式包括:表示遗憾;公开道歉;向受害国的国旗、国徽行礼致敬;惩办肇事人员;在造成受害国人员死亡时下半旗致哀等形式。抵偿是国际交往中常见的国家责任承担方式之一,对于弥补责任国对受害国造成的精神损伤具有重要意义,但是抵偿不应与损失不成比例,而且不得采取羞辱责任国的方式。

在实践中,上述四种国际不法行为的责任形式可能会单独出现,也可能会合并使用。换言之,在具体事件中,实施国际不法行为的国家可能只承担一种形式的国家责任,也有可能同时承担多种不同形式的国家责任。

四、国家责任的新发展

(一)国际赔偿责任

1. 国际赔偿责任的概念

随着工业化进程的推进和科学技术的发展,各国在核能的和平利用、外层空间的探索、跨界河流的开发等领域不断地开展活动,但是这些活动具有很强的风险性,容易造成对别国的损害和威胁。可是从现实来讲,一方面,这些危险活动是未来社会发展极为重要、不可缺少的内容,另一方面,国际法也不禁止这些行为。在这种情况下,国际不法行为的国家责任显然不能适用,因此需要新的国际法律制度来有效地解决由于这些情况导致的国际损害的责任问题。在这一背景下,国际赔偿责任应运而生。

国际赔偿责任是国家实施了某些国际法不加禁止的行为而造成跨界损害时所应当承担的责任,其核心在于对跨界损害的界定。[①] 1996年国际法委员会通

---

① 白桂梅:《国际法》,北京大学出版社2015年版,第242页。

过了《国际法不加禁止的行为所产生的损害性后果的国际责任条款草案》（以下简称《国际赔偿责任草案》），该草案将跨界损害定义为："在起源国之外的一国领土或一国管辖或控制下的其他区域所引起的损害，不论有关国家是否拥有共同边界"。2006年国际法委员会二读通过的《关于危险活动造成的跨界损害案件中损失分配的原则草案》（以下简称《损失分配原则草案》）中也指出，跨界环境损害是在起源国以外的另一国领土上，抑或是在该国管辖下或控制下的其他地方所造成的人身、财产和环境损害，在《国际赔偿责任草案》的基础上进一步明确了跨界损害的范围。国际赔偿责任也就是国家对不受国际法禁止的行为造成本国之外的他国领土或他国管辖或控制下的其他区域的人身、财产和环境损害而承担的责任。

结合上述国际赔偿责任的概念，国际赔偿责任具有以下三个特点：首先，损害具有跨界性，该损害必须是对起源国以外的其他国家的损害，否则该行为就是一国的国内行为，由国内法进行规范，不适用国际法。其次，这种损害必须是人类活动造成的有形后果，2001年的《预防危险活动的跨界损害条款草案》中明确指出，跨界损害必须是人类活动的有形后果。最后，造成损害的活动本身是国际法不加禁止的行为，也就是说在国际赔偿责任中，责任国的行为并没有违背国际法，即不具有不法性，其承担责任的原因在于这些行为对他国造成了不利影响。

国际赔偿责任与国家对国际不法行为的责任既有联系又有区别。国际赔偿责任和国家对国际不法行为的责任从本质上看都属于国家责任，都是国家对其行为后果所承担的责任。两者之间的联系一方面体现在国家对国际不法行为的责任中涉及了国际赔偿责任的相关因素，例如责任国的行为因为免责事由而被排除了不法性，但仍可能要承担一定的赔偿责任，而这与国际赔偿责任在某种程度上是一致的，即使该行为并不为国际法所禁止，但是由于该行为造成了损害性后果，因此也需要承担赔偿责任。另一方面，国际赔偿责任可以说是对国家对国际不法行为的责任的补充和完善，过去的国家责任往往局限于国家对国际不法行为所承担的责任。但是随着现代科学技术的发展，国际法不加禁止行为引起损害的事件越来越多，而国家对国际不法行为的责任由于其本身的局限性并不能对相关行为进行调整，因此才出现了国际赔偿责任。国际赔偿责任并不是对国家对国际不法行为的责任的替代，而是对它的补充和完善。当然，国际赔偿责任与国家对国际不法行为的责任也存在诸多的不同，主要表现在适用的对象、责任的性质、责任制度的目的、责任的免责事由、责任的承担方式和责任的后果上。具体的区别详见下表。

国际赔偿责任和国家对国际不法行为责任的区别

类型＼事项	适用对象	责任性质	责任制度目的	免责事由	主要承担方式	责任的后果
国际赔偿责任	国际法不加禁止的行为	损害后果	分配损害	不可抗力 受害方的过失	赔偿等	合理适当赔偿 可继续先前行为
国家对国际不法行为的责任	国际不法行为	国际不法行为	纠正和制止消除后果	同意、自卫、反措施、不可抗力、危难、危急情况	限制主权、停止不法行为、保证不重犯、恢复原状、赔偿、抵偿	补救措施 不能继续先前行为

2. 国际赔偿责任的发展

正如前文所言，随着工业化的发展，自20世纪中叶以来，在传统的国家对国际不法行为的责任外，国际赔偿责任也开始进入国际法理论和实践的视野。1976年第31届联大会议通过的第31/97号决议敦促国际法委员会尽早着手研究国家对国际法不加禁止的行为所产生的损害性后果的国际责任这一单独专题。并在1977年第32届联大会议通过的第32/151号决议中再次指出，国际法委员会要在适当的时候开始进行关于国际法不加禁止行为所引起的损害性后果的国际责任的研究工作。

1978年国际法委员会将国际法不加禁止行为所引起的损害性后果的国际责任议题列入工作计划。根据国际法委员会的决定，"国际法不加禁止行为"工作组成立，并任命罗伯特Q.昆廷·巴克斯特为国际法不加禁止行为的国际责任议题的特别报告员。之后，国际法委员会于1996年向联大提交了《国际法不加禁止行为所产生的损害性后果的国际责任条款草案》。1997年国际法委员会在第49届会议上决定将国际法不加禁止行为专题工作分解为两部分，即"预防危险活动的跨界损害"和"损失分配的原则"，分别进行研究。前者国际法委员会于2001年通过了《预防危险活动造成的跨界损害条款草案》，该部分的研究至此结束；后者委员会于2004年一读通过了《关于危险活动造成的跨界损害的损失分配的原则草案》，并于2006年通过了二读，该部分研究至此结束。至此，国际法委员会结束了1997年开始的国际法不加禁止的行为所产生的损害性后果的国际责任的专题研究工作。

3. 国际赔偿责任的理论基础

国际赔偿责任的理论基础，就是国家需要承担国际赔偿责任的法律理由。特雷尔冶炼厂案对于国际赔偿责任的理论基础的理解有着重要意义。1986年建立的特雷尔冶炼厂虽然位于加拿大境内但是离美国边界很近，该厂在生产过程中排放出大量的硫化物，这些有害物质对其毗邻的美国华盛顿州造成严重的环境污染，对该地的农、林、牧相关产业造成大面积损害。1935年，美国和加拿大达成协议决定成立仲裁庭来处理这一争端。仲裁庭的裁决中指出，一国无权使用本国领土对他国的领土、环境和生命财产造成损害，加拿大需要对由其管辖范围内引起的污染对华盛顿农场主造成的损失承担赔偿责任。根据该判决，国际赔偿责任的理论基础包括两点，其一是权利不能滥用原则，其二是公平正义原则。

在国际赔偿责任中，权利不得滥用原则指的是一国在行使领土主权的过程中不得对他国的领土、环境和生命财产造成损害。主权是国家的固有权利和最高权力，但是主权并不是毫无限制的，基于国家主权平等原则，每一国家都享有主权，而且每一国家的主权都应当得到尊重。根据国家主权原则，国家对其国内事务拥有独立排他的管辖权，不受外国干涉，国家有权要求外国的行为不得对本国的领土和国民产生不利影响，其他国家也应该避免其行为可能会对外国领土和国民造成的伤害。因此，一国在行使主权时，不得损害他国的主权权利或者国际社会的公共利益。

权利不得滥用原则在国际条约中早有体现。如1972年的《保护世界文化和自然遗产公约》第6条明确规定，各缔约国不得故意采取任何可能直接或间接损害其他缔约国领土内的文化和自然遗产的措施。《人类环境宣言》第21条也认为各国有权按照自己的环境政策开发自己的资源，但是其有责任保证在其管辖或控制之内活动不会对其他国家的或在国家管辖范围以外地区的环境造成损害。此外《海洋法公约》、《国际植物保护公约》（1999）、《气候变化框架公约》等法律文件中也都有涉及一国国内活动不得对他国造成损害的相关规定。

由于工业化和现代化进程的发展，诸如核材料的和平利用、远洋石油运输、外太空的探索和利用等具有危险性的人类活动所造成的跨界损害日益严重，与此同时，随着国际交往的加深，国家对于生态环境的保护和自然资源的利用愈发重视，这种情况使得国际社会更加重视国家主权行使的界限，对于国家行使主权行为的自由与国家不受他国主权行为对其造成的不利影响的自由之间的平衡提出了更高的要求。因此，需要以对他国主权的尊重为限对其进行限制，从而保障国家间的友好往来，促进国际社会的和平与发展。

但是仅将防止权利滥用原则作为国际赔偿责任理论基础并不能合理解释国家正当行使权利的过程中由于意外的发生给他国造成损害的情况。此时责任国需要承担责任就不再是因为权利的滥用了，而是基于行为和损害结果之间的因果关系。因为对受害国造成的损害结果是由于责任国的行为所导致的，那么基于公平正义原则的考虑，责任国作为该行为的受益方，不论其是否存在过错，都应该对行为所造成的损失承担责任，而不能仅由受害国承担责任。

正如上文所言，随着高新技术的发展，国家所实施的太空探索、核能利用等行为常常给他国造成威胁，而且这些行为都是国际法不加禁止的行为，国家不能限制他国实施该行为。如果责任国的这类行为给受害国造成了损失，适用过错责任制度的话，责任国并不存在过错故不需要承担责任，这必然使受害国面临遭受重大利益损失却难以得到救济的困难境地，而这对受害国是极不公平的。为了维护公平与正义，突破国家对国际不法行为的责任在实践中的局限性，便出现了国际赔偿责任制度。国际赔偿责任要求对于损害结果并无过错的责任国仍需承担损害责任，更多的是出于损失分配的考虑，即在责任国和受害国双方均无过错的情况下由两者合理分担责任。

总而言之，国际赔偿责任是由国际法不加禁止的行为引起的，其行为本身并不具有国际法上的违法性，但是基于权利不得滥用原则和公平正义原则，行为国需要对其行为承担责任。

（二）国家刑事责任

国家需要对其不法行为承担国际责任，在国际法上是毋庸置疑的。但是如果一国的某一国际不法行为已经达到非常严重的程度，这种情况下国家行为能否构成国际犯罪，国家又是否应当承担国家刑事责任呢？国际法委员会在1976年通过的《国家不法行为责任草案》第19条第2款中指出，一国所违背的国际义务对于保护国际社会的根本利益至关重要，以致整个国际社会公认违背该项义务是一种罪行时，其因而产生的国际不法行为构成国际罪行。这一条文一经提出，便引起了广泛讨论。各国学者和非政府组织普遍认为这一条文是国际法的重大发展，可以制约意图实施国际犯罪的国家及其领导人，故对此持积极态度。但是对这一条文大多数国家是强烈反对的，美国认为，国家责任是民事责任的一种形式，国家罪行可能会增加法制混乱；法国认为，国家是有权施加惩罚的唯一实体，却无法惩罚自己；德国认为，国家罪行的概念不符合各国平等的原则；英国也认为，应当删除这一概念。我国提出在国际社会中各国是平等的，而平等者之间没有管辖权，如果将国家罪行概念引入国际法领域在理论和实践上都存在困难。

由于各国对国家刑事责任的争议很大，2001年的《国家不法行为责任草案》中已经删除了该条款，但是这一争议仍在现实中存在。其中，赞成国家刑事责任的观点主要包括：国际犯罪具有严重性、系统性和广泛性，实施这种罪行往往需要依靠有组织的团体甚至国家本身的力量，国家可能实施国际犯罪，那么就应当承担国家刑事责任；侵略、奴隶制和奴隶贸易、灭绝种族罪、种族歧视和种族隔离都属于强行法范围内的国际罪行，如果国家违反了上述强行性规定，就应该承担相应的刑事责任；追究国家的刑事责任，有利于分清国际犯罪中个人与国家的责任，督促相关主体承担相应的责任，对于国家而言可以有效制约其实施国际犯罪的意图。而反对国家刑事责任的观点主要包括：法人犯罪完全是国内法上的概念，不能移植到国际法中来，而且国家作为一个法律实体，并不存在自己的思想和意志，不能满足犯罪要求的主观要件；社会不会犯罪，在刑法领域追究的往往是个人刑事责任，个人是可以承担刑事责任的，但是根本不可能对国家进行有期徒刑等刑事上的惩罚措施；追究国家刑事责任往往达不到化解矛盾、维护和平的目的，反而可能加剧民族矛盾，导致新的争端。

　　从涉及国家刑事责任的司法实践看，纽伦堡审判中，法庭明确指出违反国际法的行为是人所犯下的，不是抽象的实体所犯下的，只有惩罚犯下这种罪行的个人，国际法的规范才能加以实施。国家作为国际法的主体如果违反了国际法的原则需要承担某种国际性质的后果，但这并不等同于国家必须承担刑事责任。因此，虽然纽伦堡和东京两个国际军事法庭分别对"二战"中德国和日本的战犯进行了审判和定罪，但是这两个法庭都没有将德国和日本这两个国家当作罪犯来对待。沿着这一思路继续推论就会陷入一个悖论，即犯罪行为是个人所为，而国际法规范只惩罚犯下这种罪行的个人，可是即使是在国家对国际不法行为的责任和国际赔偿责任中，归根结底国家行为也是通过个人做出的，那么根据该思路应该直接追究个人责任而不应该追究国家责任，整个国家责任制度也就毫无意义了。由此可见，在是否存在国家刑事责任的判断上，所有与国家的国际不法行为责任相同的因素都不应该纳入考虑，例如行为由个人实施，个人行为能否代表国家意志等，而应该将讨论的核心落于国际不法行为的严重程度和国家能否承担国家刑事责任上。国际不法行为的严重程度是区分国家刑事责任和国家的国际不法行为责任的重要标准，尽管《国家不法行为责任草案》在二读时删除了一读时提出的"国际罪行"的陈述，但是《草案》第40条和第41条中还是对国家的违约情形进行了区分，将其分为一般国际不法行为和严重违背一般国际法强制性规范的行为。

　　对于严重违背一般国际法强制性规范的行为，限制主权是国家责任的一种重要形式。"二战"后，同盟国为了惩罚法西斯侵略分子，防止侵略势力再起，根据国际协定，在一定期间内对德国和日本进行军事占领和管制，并由同盟国管制委员会在相关国家行使最高权力，对德国和日本的主权进行了全面限制。1990年，伊拉克入侵科威特后，在联合国的授权下多国部队在伊拉克设立了禁飞区，此外联合国还通过决议对伊拉克实施武器禁运、经济制裁等制裁措施，对伊拉克的主权进行限制。从本质上讲，联合国和安理会实施的这些制裁措施都是具有一定的惩罚性的，可以被视为伊拉克就其入侵科威特的行为所承担的限制主权的国家责任。

在1993年波斯尼亚和黑塞哥维那（波黑）诉前南斯拉夫（塞尔维亚和黑山）案[①]中，国际法院在1996年的判决中指出《防止及惩治灭绝种族罪公约》中第9条所涉及的"关于某一国家对于灭绝种族罪或第三条所列任何其他行为的责任"并没有对国家责任的形式进行限制，并在此基础上指出国家需要对没有履行《防止及惩治灭绝种族罪公约》的国家及其公共官员所犯下的灭绝种族罪行承担国际责任，但是国际法院并没有明确指明这一国际责任是否属于国家刑事责任。2007年国际法院对该案的实质问题做出了终审判决，国际法院指出，塞尔维亚和黑山应该对没有防止和惩罚灭绝种族罪以及没有履行1993年国际法院发布的两个临时措施承担国际责任，要求塞尔维亚和黑山立即采取措施保证履行《防止及惩治灭绝种族罪公约》中规定的义务，惩罚灭绝种族的行为，并向前南国际刑庭移交被指控犯有灭绝种族罪或任何其他罪行的个人，但是也没有对其所承担的责任是否属于国家刑事责任进行确定。因此，从实践看，国家刑事责任目前并没有得到任何国际判决的明确承认。而且这一判决在法官内部也是存在争议的，我国法官史久镛和俄罗斯法官指出《防止及惩治灭绝种族罪公约》主要并基本上是对个人犯下或没有制止灭绝种族罪或灭绝种族的行为的惩罚，在本质上属于有关个人刑事责任的法律文书，不能据此追究国家刑事责任。

第二节 国家豁免

一、国家豁免概述

（一）国家豁免的概念及其理论依据

国家豁免是指一国不受他国立法、司法和行政管辖，非经一国同意，他国司法机关不得受理针对该国或对该国的行为和财产提起的诉讼，也不得对该国

---

① 塞尔维亚、黑山两国于1992年首先组成南斯拉夫联盟共和国，2003年2月4日该联邦重组并更名为"塞尔维亚和黑山"，2006年6月3日，黑山独立。国际法院2007年2月26日就波斯尼亚和黑塞哥维那（波黑）诉前南斯拉夫（塞尔维亚和黑山）案所做的裁决中指出在裁决之日塞尔维亚是唯一被告，但是在其裁决中所确定的对过去事件的任何责任由当时的塞尔维亚和黑山共同承担。

的财产采取诉讼保全措施和强制执行。①

国际社会在学术探讨和司法实践中对国家豁免的理论依据提出了多种不同主张，主要包括治外法权说、国家尊严说、国际礼让说、主权平等说。治外法权说是指在一国境内的外国人并不受该国国内法的约束，而由其国籍国领事按照本国法进行管辖。国家尊严说认为各国应相互尊重，不得对另一国家行使管辖权，否则会损害该国的国家尊严。国际礼让说则要求各国在国际交往中需要保持礼貌和善意。但是这些学说因为其本身固有的缺陷而逐渐被淘汰。

主权平等说是目前认可度最高的学说。主权平等即所谓"平等者之间无统治权"。《奥本海国际法》中指出国家豁免是国家平等权的重要后果，按照"平等者之间无统治权"的规则，没有一个国家可以对另一个国家主张管辖权。②主权平等说在司法实践中也得到了广泛适用，美国在1812年"斯库诺交易号诉麦克法登案"的判决中以及英国在1820年"菲烈德里克王子号案"的判决中都明确指出，主权平等是给予外国豁免权的基本理由。主权平等说不仅正确地反映了国际社会中的国家地位和国家间关系，即基于国家主权原则，在国际交往中，各国之间相互平等，任何一个国家都不受其他国家的管辖，从而客观地解释了国家豁免的原因。而且，其指出的主权平等原则为国家豁免提供了法律上的坚实的理论基础——主权平等是国际法的基本原则，而国家豁免作为主权平等的产物，也得到了国际社会的广泛承认。

（二）国家豁免的历史发展

19世纪之前涉及国家豁免的司法实践极为少见。但是到了19世纪后半期，各国相互给予豁免权的现象已经相当普遍，在这一时期大多数国家采取的都是绝对豁免的主张，即对于外国国家及其财产，除非该国放弃豁免，不论其从事何种行为，财产用于何种目的，都享有豁免权。因为在这一时期，国家职能主要在于维持公共秩序，国家行为与主权行为紧密联系，可以说国家的行为都是发生在公共领域的行为。因此基于主权平等原则，对国家的一切行为和财产都应当给予豁免。例如美国法院在1926年的佩萨罗案中指出，当一国政府为了发展贸易或增加财政收入而配备船只开展海上贸易时，因为相关贸易行为具有维持并增加人民的经济福利的公共目的，所以这些由政府拥有和经营并从事运输活动的商船船只属于公共船只因而享有豁免权。英国在1820年的弗雷德里克案中指出，对用于公共目的的公共财产的诉讼和处置将使它们的公共用途发生转

---

① 周忠海主编：《国际法》，中国政法大学出版社2008年版，第132页。
② ［英］詹宁斯、瓦茨修订：《奥本海国际法》（第9版）第1卷第2分册，王铁崖等译，中国大百科全书出版社1995年版，第277页。

移,并由此认为法院对本案不享有管辖权,荷兰军舰(弗雷德克号)应当免于捕获。在19世纪和20世纪初,法国在涉及国家豁免的司法实践中所采纳的也都是绝对豁免的主张,1849年的卡索案中法国最高法院就表明了其所持有的绝对豁免原则的立场,该案法院认为国家之间相互独立是国际法上公认的最普遍的原则,基于这一原则即使一国政府实施的行为属于契约行为,也不受外国法院管辖。

但是到了19世纪80年代,随着商业交易的发展,国家的行为不再局限于单纯的主权行为,开始更多地参与到商业活动当中,在此背景下,一些国家开始主张并不是一国的所有行为都可以享有国家豁免,而应当按照一定标准对其进行划分。比利时、意大利率先开始放弃绝对豁免,而采取限制豁免的主张。限制豁免论认为外国国家及其财产是否享有豁免权,应视其行使的职能而定,主张将国家行为分为主权行为和非主权行为,前者享有豁免权,后者则不给予豁免。由此可见,限制豁免主义的理论依据主要在于国家进入私法领域进行活动,即国家以民事主体身份参与民商事法律活动。而在民商事法律活动中,交易双方的地位是平等的,既然国家自愿参加一般的民商事活动,就意味着放弃其本身享有的豁免权的特殊地位,而以一般主体的身份参与民商事活动,不能在出现民商事争端时援引国家豁免制度来逃避其所应当承担的民商事法律责任。否则对于交易相对方而言是极不公平的。可以看出,限制豁免主义的实质就是主张对国家行为进行严格区分,将国家豁免的范围严格限制为国家的主权行为,对于国家的非主权行为则可以适用管辖国国内的司法程序,从而实现民商事法律关系中双方当事人利益的平衡,以维持正常的商业秩序。

"二战"后,限制豁免的主张得到了飞速发展,许多原先坚持绝对豁免的国家都开始慢慢转向限制豁免。以美国为例,1952年国务院代理法律顾问泰特发表"泰特公函",宣称国务院在今后奉行有限制的主权豁免学说,即只有国家的主权行为才享有国家豁免权,私行为被排除在国家豁免之外。之后,美国在1976年通过的《外国主权豁免法》中以法律形式将有限制的主权豁免确定了下来,自此美国开始走向限制豁免的主张。英国从1958年的"拉辛图拉案"开始在司法实践中采用限制豁免论,该案中法院认为是否给予豁免权并不取决于被诉一方是否为外国政府而取决于争议的性质,如果争议涉及外国政府的立法或行政政策则享有豁免权,如果争议涉及外国政府的商业交易则不享有豁免权。之后英国于1978年颁布了《国家豁免法》,以国内立法的形式将限制豁免论法典化。法国明确采纳限制豁免的立场则始于1969年的"伊朗铁路案",法国最高法院在该案中认为,某一行为属于主权行为或为大众利益而采取的行为时才享有管辖豁免,尽管伊朗铁路局是伊朗政府的机构,但其所从事的运输活动在性质上属于商业行为,因而不能援引管辖豁免。由此可见,"二战"后,大多数国家认为并非所有外国国家行为都可以享有豁免权,而应当根据行为的具体性质来判断该行为是否享有豁免权。

时至今日,限制豁免论已经得到了多数国家的认可,在理论和实践中都已经占据明显的优势地位。但是,仍有部分国家一直坚持绝对豁免论,例如我国。不同于上述国家,我国在国家豁免实践上从未发生过原则性的变化,一贯坚持绝对豁免原则的主张,除非外国国家自愿放弃豁免、参与诉讼,否则国内法院一般不受理以外国国家为被告提起的诉讼,即使外国同意应诉,如果最终法院判决外国败诉,非经该国同意也不得对其财产采取强制措施。因此,对于此类以主权国家作为一方当事人的民商事纠纷,我国一般采取外交途径解决。虽然 2004 年通过的《联合国国家及其财产管辖豁免公约》所采取的是限制豁免主义的立场,而我国也于 2005 年签署了该公约,但是这并不意味着我国已经接受限制豁免立场,我国尚未批准该公约,该公约目前也尚未生效。①而且在 2011 年"刚果案"中,香港特区终审法院请求全国人大常委会释法时,我国在涉及国家豁免问题上态度明确:一个国家及其财产在外国法院享有绝对豁免,包括绝对的管辖豁免和执行豁免,从未适用所谓的限制豁免原则或理论。②

二、国家豁免的主体

单从国家豁免的文义看,显而易见,享有国家豁免的主体就是国家,但是国家是一个抽象概念,本身并不从事任何活动,而是由行政机关、外交代表、国家元首等作出具体行动。因此,在国家豁免领域,需要确定哪些个人和组织可以代表国家或者经由国家授权从事国家行为,从而有权主张国家豁免。

在国家豁免中国家的范围和概念上,1991 年的《国家及其财产管辖豁免条

---

① 《联合国国家及其财产管辖豁免公约》于 2004 年经第 59 届联大会议第 A/RES/59/38 号决议通过,根据该《公约》第 30 条规定,《公约》在第 30 份批准书、接受书、核准书和加入书交存联合国秘书长之后第 30 天生效。截至 2019 年 3 月 7 日,该公约的签署国有 28 个,批准国有 22 个。详见 https://treaties.un.org/Pages/ViewDetails.aspx? src = IND&mtdsg_ no = Ⅲ - 13&chapter = 3&lang = en. 2019 - 3 - 31。

② "香港特区'刚果(金)案'与全国人大常委会第四次解释《香港基本法》研究",载 http://www. hprc. org. cn/gsyj/yjjg/zggsyjxh_ 1/gsnhlw_ 1/d12jgsxslw/201310/t20131019_ 244914. html. 2019 - 3 - 31。

款草案》第 2 条对国家的范围进行了规定。① 该《草案》对"国家"的定义得到了各国政府的广泛支持,但还是存在一些争议,例如国家机构或部门享有豁免权的理由是"有权行使国家权力"还是"正在行使国家权力",豁免权是否应该延伸到政治区分单位,国家的定义中是否应当包含联邦国家的组成单位等。

因此,在 2004 年通过的《联合国国家及其财产管辖豁免公约》对 1991 年的《草案》做出了一些修改。② 与《草案》相比,《公约》将联邦国家的组成单位或国家政治区分单位并列,并且对其附加了有权行使主权权利并以该身份行事的要求。此外,《联合国国家及其财产管辖豁免公约》对国家机构、部门或其他实体适用国家豁免也提出了新的要求,即使相关机构被授权行使国家权力,如果没有实际行使该权力也不能享有豁免权。

(一) 国家及政府各类机关

根据《联合国国家及其财产管辖豁免公约》,国家及政府各类机关享有国家豁免权。一般而言,国家及政府各类机关包括以自己的名义或通过政府的各种机关行事的国家本身、主权国家的君主或国家元首、中央政府、政府部门和政府首长、政府部门的机关或下属机关、办公室或局以及代表国家的使团,包括外交使团、领事、常驻代表团和使节等。

除了《联合国国家及其财产管辖豁免公约》中将国家及政府各类机关作为国家豁免的主体,国家及政府各类机关作为国家豁免基本主体的地位也得到了许多国内立法的承认。根据英国《国家豁免法》第 14 条第 1 款规定,国家包括行使公职的君主或其他元首、政府及政府各部。从这个定义来看,国家及政府各类机关显然是包括在国家的概念之中的。这一观点在英国也得到了司法实践的支持。在 1997 年的"洛普彭德公司等诉辛和安案"中,二审的王室法院指出应该从广义的角度来理解"政府"的含义,认为这种理解符合国际礼让的要求和国际社会对于主权豁免范围的普遍观点,因此必须把该条款理解为应当像保护国家本身那样来保护外国国家的雇员或官员。并且进一步指出因为被诉行

---

① 《国家及其财产管辖豁免条款草案》第 2 条 1 (b) 规定,"国家"是指:(一)国家及其政府的各种机关;(二)联邦国家的组成单位;(三)授权为行使国家主权权力而行为的国家政治区分单位;(四)国家机构或部门和其他实体,只要它们授权为行使国家主权权力而行为;(五)以国家代表身份行为的国家代表。

② 《联合国国家及其财产管辖豁免公约》第 2 条 1 (b) 规定,"国家"是指:(一)国家及其政府的各种机关;(二)有权行使主权权力并以该身份行事的联邦国家的组成单位或国家政治区分单位;(三)国家机构、部门或其他实体,但须它们有权行使并且实际在行使国家的主权权力;(四)以国家代表身份行事的国家代表。

为是履行政府职能中警察职能的行为，所以可以将被告视为国家机关的组成部分从而享有国家豁免权。

美国《外国主权豁免法》第 1603 条也把外国的政治区分单位或外国国家的机构或部门包括在"国家"的术语范围内。此外，美国法院在司法实践中认为，军队发动战争的权力与国家结构和国家主权紧密相关，军队与政府紧密联系且履行核心公共职能，因此也应当属于"国家"的范围。基于此可以得出，美国认为如果一个实体行使主权职能且与政府紧密联系，那么就可以被视为国家本身而享有管辖豁免。综上可知，国家及政府各类机关享有国家豁免权得到了各国司法实践、国内立法和国际公约的普遍认可。

（二）联邦国家的组成单位和国家政治区分单位

国家的定义是否包括联邦国家的组成单位一直都存在着很大的争议。事实上，许多国内法院在审理涉及联邦国家组成单位豁免权的案子时往往会考量联邦制国家的内部结构。因为在有些联邦制国家，其组成单位与国家政治区分单位并无区别，这些单位就不能成为独立的豁免权主体，例如美国、德国，而有些联邦是由原本拥有主权的国家签订契约让渡部分主权而形成的新国家，这些国家在自己的主权范围内仍然具有最高权力，可以成为独立的豁免权主体，例如苏联。

与联邦国家的组成单位不同，国家政治区分单位不具有自己的独立人格，也没有权力与他国发生国际关系，因此一些国家并不会给予国家政治区分单位、自治市或自治区豁免权，例如法国和英国。而与上述国家不同，美国《外国主权豁免法》中明确规定国家的概念范围包括外国的政治区分单位或外国国家的机构或部门，国会报告进一步指出，此处的政治区分单位包括国家的地理区分单位以及地方政府的所有中央政府的下属单位，但不包括城市和城镇。

而《联合国国家及其财产管辖豁免公约》中指出，国家包括有权行使主权权力并以该身份行事的联邦国家组成单位或国家政治区分单位，从而实现联邦国家和非联邦国家之间的利益平衡，明确了有权享有国家豁免权的联邦国家组成单位或国家政治区分单位的具体范围。即并非所有的联邦国家组成单位或国家政治区分单位都可以无条件地享有国家豁免权，而为其设定了"有权行使主权权力并以该身份行事"这一必要条件。

（三）国家机构

国家机构主要是指国家企业或者国家设立的从事商业交易的其他实体。国家机构的形式包括政府部门的下属单位、以章程或命令形式建立起来的公共公司或受到私法约束的、政府占绝大多数股份的公司。①

在绝对豁免论占统治地位的时期，这些机构归属于国家进而享有国家豁免并不存在争议。但是由于一些国家主张限制豁免主义，在这些国家并非所有的外国国家行为都享有豁免权，此时就需要对这些国家机构进行区别以判断其是否享有豁免权。目前而言，判断国家机构是否享有国家豁免权的标准主要包括结构主义标准和职能主义标准。

结构主义标准，即通过对特定国家机构的法律特征的审查来判断其是否属于国家机构，可以纳入考量的法律特征包括：该机构是否具有单独人格、能否以自己的名义缔结合同、能否独立处置财产、是否有能力参与诉讼，以及政府对该机构控制程度等。根据结构主义标准，具有独立法律人格的外国机构或实体或部门不能享有管辖豁免。英国是采用结构主义标准的典型国家，在对国家机构的定义上，英国《国家豁免法》第14条第1款中明确规定外国国家不包括"单独实体"，但是第2款又指出如果该实体行使的是主权权利那么便可以在英国法院享有管辖豁免。换言之，在英国，单独实体原则上不享有国家豁免，但是存在适用"国家主权权力"的例外情形。

职能主义标准，主要根据特定国家机构所从事的行为的性质来决定其是否享有管辖豁免。如果该机构所从事的行为从性质上看主要是商业性活动时就不享有管辖豁免。美国是采用职能主义标准的典型国家。根据美国的《外国主权豁免法》第1603条规定，具有独立人格并不影响管辖豁免的认定。② 某一实体想要援引管辖豁免必须满足上述条件，但是即使满足上述要求也不一定绝对享有豁免权，法院还会考虑该实体所从事的行为性质，只有行使国家主权职能的行为才享有豁免权。换言之，不同于英国豁免法的规定，在美国，任何国家机构原则上都被推定享有国家豁免权，除非这些机构所从事的是商业行为。

结构主义和职能主义在判断国家机构是否能够适用国家豁免上各有利弊。从结构主义看，它体现了作为独立法人的国家机构和政府机关之间的区别，如果一个国家机构具有独立法人的身份就应当独立承担责任，所以除非行使国家权力的这些机构不能享有豁免权，但是职能主义的核心问题在于对独立实体的判断，而某一外国机构是否属于独立实体究竟应该由法院地国国内法判断还是

---

① 王丽华等：《国际法专题研究》，苏州大学出版社2014年版，第128页。
② 美国《外国主权豁免法》第1603条规定，(a) 外国国家包括外国国家的政治区分单位，或符合第 (b) 款定义的外国国家的机构或部门；(b) 外国国家的机构或部门是指：(1) 独立的法人、公司或其他；和 (2) 外国国家或其政治区分单位的机关，或外国国家或其政治区分单位拥有主要股份或其他所有权权益的机关；和 (3) 此机关既不是第1332条 (c) 和 (d) 项所规定的美国某州的公民，也不是依任何第三国的法律成立的实体。

外国国内法判断，目前还存在着很大的争议。职能主义则恰恰与结构主义相反，其主要通过对主权行为和商业行为的划分来判断国家机构是否享有豁免权，避免了独立实体判断标准上的争端，但是其将国际机构直接与国家等同既不符合实际也缺乏法律依据。

因此，《联合国国家及其财产管辖豁免公约》中的规定较为合理。公约将国家机构、国家部门和其他实体是以并列形式规定的，并对其附加了"有权行使国家的主权权力"和"实际在行使国家的主权权力"这两个条件作为判断其是否属于"国家"范围的标准。从这里看，其实《公约》结合了结构主义和职能主义标准的相关考量因素，除了判断核心职能，即是否"有权行使国家的主权权力"，还要对其所实际从事的行为进行分析，从而判断一个国家机构、部门或实体是否享有豁免权。

（四）国家代表

根据《联合国国家及其财产管辖豁免公约》第2款的规定，国家也包括以国家代表身份行事的国家代表。① 国家代表之所以可以享有国家豁免权，在于其行为属于国家行为。正如《奥本海国际法》中所提出的，代表国家行事的人员或团体作为代表或官员在外国法院就他所代表的国家的行为被诉时可以在某些情况下有权主张国家豁免，因为在这种情况下，对该人员提起诉讼可以被视为控告国家。②

而且在实践中，国家代表享有国家豁免权也得到了广泛认可。在奇尤黛安诉菲律宾国家银行案中，菲律宾政府官员道扎指示政府所有的银行不兑现原告的信用证，原告于是提起诉讼。在道扎作为个人是否享有管辖豁免的问题上，美国第九巡回法院认为，一方面《外国主权豁免法》的国家范围中明确排除国家代表，另一方面，如果判定国家代表不属于"国家"，可能会导致绝对豁免原则或者间接允许通过起诉政府官员来起诉国家的结果。法院因此认为官员也在立法规定的国家范围内，并据此认为道扎作为国家代表享有《外国主权豁免法》所规定的管辖豁免。

由此可见，在国家代表是否享有国家豁免权这一问题上，国家代表身份的

---

① 《联合国国家及其财产管辖豁免公约》第2条第1款（b）规定，"国家"是指（一）国家及其政府的各种机关；（二）有权行使主权权力并以该身份行事的联邦国家的组成单位或国家政治区分单位；（三）国家机构、部门或其他实体，但须它们有权行使并且实际在行使国家的主权权力；（四）以国家代表身份行事的国家代表。

② ［英］詹宁斯、瓦茨修订：《奥本海国际法》（第9版）第1卷第2分册，王铁崖等译，中国大百科全书出版社1995年版，第278页。

认定至关重要。一般而言，具有国家代表身份的主体包括国家元首、政府首脑以及其他经授权代表国家行事的个人。国家元首作为一国的代表，政府首脑作为一国政府的最高领导，其公务行为自然可以等同于一国的国家行为。而其他经授权代表国家行事的个人则经过授权在一定范围和一定期间内被国家承认具有国家代表的身份，因而其主权行为也可以适用国家豁免。可以看出，在对国家代表身份的认定上，其根本的出发点还是主权行为。国家豁免的理论基础在于主权平等，而国家代表所行使的公务行为实质是国家主权行为的实现，其行为与主权行为在现实上合为一体。但是，国家代表的身份来源于国家授权，无论是国家元首、政府首脑还是其他经授权代表国家行事的个人，其所享有的国家豁免都来源于国家授予的资格，因此国家豁免权也会随着资格的转移而转移。此外，国家代表的行为享有豁免权的前提在于该行为属于公务行为，换言之，私人行为不属于主权行为，不能享有豁免权。

综上，无论是在各国司法实践中还是联合国国际法委员会都承认国家代表享有国家豁免权，但是国家代表并非在任何情况下都享有豁免权，只有其以国家代表身份行使国家权力的行为时才享有豁免权。

三、国家豁免的例外

国家豁免的例外是在限制豁免论的基础上形成的，指的是不得援引国家管辖豁免的诉讼。根据《联合国国家及其财产管辖豁免公约》第三部分的规定，国家豁免的例外包括国家与外国自然人或法人从事的商业交易；雇佣合同；人身伤害和财产损害；财产的所有权、占有和使用；知识产权和工业产权；参加公司或其他集体机构；国家拥有或经营的在诉讼事由发生时用于商业用途的船舶以及仲裁协议的效果。下文将主要就商业交易、侵权行为，雇佣合同和仲裁协议进行详细分析。

（一）商业交易

19世纪后随着经济的发展，越来越多的国家以民商事主体的身份参与到商业交易之中，国家的民商事行为与行使主权的行为并不完全等同，在此背景下，商业交易作为最早的国家豁免的例外情形被提出。

根据美国《外国主权豁免法》，商业行为是某种经常性的或特殊的商业活动或交易。以色列的《国家豁免法》将商业行为界定为具有商业性质的任何其他私法领域的行为，包括货物和服务的销售协议，有关金融、担保和赔偿的贷款以及任何依据其性质未被包含在主权权利中的交易或行为。英国《国家豁免法》第3条第3款则将商业行为表述为一切提供货物或服务的契约，一切借贷或其他金融行为以及行使主权权力范围外的其他一切商业、工业、金融、职业或类似性质之行为。

《联合国国家及其财产管辖豁免公约》采纳了与英国《国家豁免法》类似的规定，公约规定商业交易包括以下三种：第一是买卖合同、服务合同等传统的商业合同或交易；第二是贷款合同，或者其他涉及金融性质的合同；第三是商业、工业、贸易或专业性质的任何其他合同或交易，但不包括雇佣人员的合同。此外，《联合国国家及其财产管辖豁免公约》第10条第1款规定了商业交易的双方主体——国家和其本国国民外的自然人或法人，即国家豁免例外中的交易双方只能是国家与外国自然人与法人，而不能是两个国家，或者是两个不同国家的自然人或法人。综上，作为国家豁免例外情形的商业交易应该指国家和外国自然人或法人之间进行的具有商业性质的交易或活动，包括提供货物或服务的合同、贷款及其他金融性质交易的合同或商业、工业、贸易或专业性质的合同或交易等。

判断国家的行为是否属于商业交易时，还需要将商事交易的判断标准纳入考量。目前，国际社会上商业交易的判断标准主要包括性质标准、目的标准和混合标准。性质标准是指根据行为的性质来判断某一行为是否属于商事交易。美国《外国主权豁免法》中规定，应根据持续性商业经营行为或特定商业交易行为的性质来判断某一行为是否属于商业行为，而不是根据它们的目的做出判断。根据英国《国家豁免法》第3条第3款，只要一行为具有与该条款所列行为类似的性质就属于商业行为，可见其实质上采用的也是性质标准。2002年，英国上议院在科威特航空公司诉伊拉克航空公司及其他案中指出伊拉克航空公司属于伊拉克的国有公司，属于伊拉克的国家机构，根据英国《国家豁免法》不享有豁免权，但是如果其行为属于行使国家权利的行为则可以例外地享有豁免权。因此，应当根据伊拉克航空公司行为的性质来判断其是否享有豁免权，在判断的过程中无须考虑该行为是否是在政府的要求下做出和该行为是否为了实现政府的利益，只有该行为是由政府作出的时才能享有豁免，反之则不能享有豁免权。

目的标准则更多地考虑了国家作为商业主体与一般主体之间的差异，认为判断某一国家行为是否属于商业行为，应当将该行为是否具有政府的公共目的作为判断标准。目的标准得到了广大发展中国家的支持，因为发展中国家经济落后，为了发展经济、应对突发灾难，往往会更多地参与到相关交易之中，而如果仅仅将行为的性质作为商业交易的判断标准，那么发展中国家的很多行为就得不到国家豁免。但是，从定义就可以看出，目的标准具有很大的主观性，尤其是在公共目的的判断上，正如前文所言，归根结底，国家的全部行为，哪怕是商业行为在一定程度上都会具有公共目的，若以公共目的作为标准，就可能会产生绝对豁免的效果。

混合标准是整合性质标准和目的标准的产物，其以性质标准为基础，但也将公共目的纳入考虑。根据混合标准，当争议发生时，法院首先要确定争议的行为是否属于条约中明确规定的商业行为，如果不能很明确地断定，则可以依据行为的性质来决定该行为是否是商业行为。但是如果被告国能证明依该国的实践，该行为是基于公共目的而实施的，因而应当被视为非商业性行为，则法院也应当予以考虑。混合标准还是主要以行为的性质作为商事交易的判断标准，但是被告国如果可以证明其行为是基于公共目的而做出的，如突发性灾难下的赈灾需求、为对抗传染病采购药物等，就可以主张该行为并非商事交易。在混合标准中，尽管还是由法院最终判断某一国家是否构成商业行为，但是国家多以公共利益作为根据进行抗辩，有利于维护其合法权益。

(二) 国家实施侵权行为

"有侵权就应有救济"，当出现外国国家行动侵犯某国公民人身、财产权利的情形时，受害者主要通过外交保护途径获得救济，由受害者国籍国提出要求，通过协商或仲裁解决。也就是说，受害者能否获得救济在很大程度上取决于其国籍国的态度。但是在实践中，国家出于外交关系的考虑往往会谨慎行使外交保护，在这种情况下受害者的合法权益就不能得到充分的维护。因此如果侵权行为地法院可以对这种侵权行为行使管辖权，对于维护受害者的权益可以起到很大的促进作用。

根据《联合国国家及其财产管辖豁免公约》第12条的规定[1]，可归因于一国的作为或不作为构成侵权行为时，不享有国家豁免。美国《外国主权豁免法》第1605条中也规定了外国发生在美国的侵权行为对美国公民造成人身、财产损害责任时，该外国需要负担损害赔偿责任。此外英国《国家豁免法》第5条[2]、澳大利亚《外国国家豁免法》第13条[3]也规定了外国实施侵权行为不享

---

[1] 《联合国国家及其财产管辖豁免公约》第12条规定，除有关国家间另有协议外，一国在对主张由可归因于该国的作为或不作为引起的死亡或人身伤害，或有形财产的损害或灭失要求金钱赔偿的诉讼中，如果该作为或不作为全部或部分发生在法院地国领土内，而且作为或不作为的行为人在作为或不作为发生时处于法院地国领土内，则不得向另一国原应管辖的法院援引管辖豁免。

[2] 英国《国家豁免法》第5条规定，外国国家对由在英国的作为或不作为而引起的有关下列诉讼不得享有豁免：(a) 死亡或人身伤害；或 (b) 有形财产之损害或灭失。

[3] 澳大利亚《外国国家豁免法 (1985年)》第13条规定，外国国家在涉及下列内容的司法程序中不能享有司法豁免：(a) 人员的死亡或人身伤害；(b) 有形财产的灭失或损失；且是由于发生在澳大利亚的作为或不作为而引起的。

有豁免。

综上可知，一国法院对外国国家实施的侵权行为进行管辖，需要满足两个条件，存在领土联系，造成有形损害或伤害。领土联系是指外国国家实施的侵权行为需要与法院地国领土存在联系。并非外国实施的任何侵权行为都受当地法院的管辖，只有该侵权行为与法院地国存在一定的领土联系时，法院才具有管辖权。美国和加拿大实行的是损害发生地原则，即无论侵权行为发生在何地，只要损害发生在法院地国，法院地国就享有管辖权。加拿大《国家豁免法》指出，法院地国对损害结果发生在其境内的侵权行为享有管辖权，美国《外国主权豁免法》中也指出，外国侵权行为或不行为在美国造成的人身伤害或者财产损失需要进行赔偿。而英国、新加坡等国则更加强调侵权行为的发生地，认为只有侵权行为发生地的国内法院才能行使管辖权。《欧洲国家豁免公约》中指出一国对另一国家的侵权行为行使管辖权，不仅要求损害发生地在法院地国，而且损害发生时行为人处于法院地国。《联合国国家及其财产管辖豁免公约》第12条则规定，一国的侵权作为或不作为全部或部分发生在法院地国，行为人在侵权行为发生时处于法院地国，该国不享有管辖豁免。

由此可见，法院对外国侵权行为行使管辖权要求该侵权行为和法院地国存在一定的领土联系，但是对于领土联系的具体要求是存在差异的。损害发生地原则和侵权行为发生地原则，都是单一标准，则只要法院地国满足特定的损害发生地或者侵权行为发生地条件，就享有管辖权，但是这种情况很容易发生不同国家的法院均对某一侵权行为具有管辖权的现象，导致管辖权冲突。而《欧洲国家豁免公约》和《联合国国家及其财产管辖豁免公约》都采取了双重标准，即不仅要求法院地国是侵权行为发生地，同时还要求侵权行为人在侵权行为发生时位于法院地国，从而避免在跨国诉讼中，国内法院强行管辖的情况。

此外，只有当外国的侵权行为造成有形的人身伤害或者财产损失时，法院地国才能对外国行使管辖权。正如《联合国国家及其财产管辖豁免公约》中所指出的，法院只能对造成死亡或人身伤害，或有形财产的损害或灭失要求金钱赔偿等有形损害或伤害的侵权行为行使管辖权。因此，一般而言，由于外国国家侵权行为导致的精神损害或其他无形的损害或伤害，不能作为受害人向法院请求赔偿的理由。

（三）雇佣合同

在国际实践中，在同样作为雇主的情况下，国家和个人或法人具有完全不同的待遇，作为雇主的国家往往会享有豁免权。这主要是基于国家主权原则，国家的内部机构的组成是国家对内最高权力的体现，为了保护国家的这一权利，国家在任命代表其利益的个人时拥有绝对的、排他的权利。但是随着限制豁免理论的广泛传播，国家和个人之间的雇佣合同也有可能被归为私法性质，即普通性质的合同，而此类合同要受到合同法或劳动法的制约。因此在雇佣合同是否属于国家豁免的例外问题上，《联合国国家及财产管辖豁免公约》做出了严格的限制性规定。根据该公约的规定，一般情况下雇佣合同构成国家豁免的例外，但是如果招聘该职员是为了履行政府权力职能或者该职员是使领馆官员、常驻国际组织代表团外交人员等享有外交豁免的人员，可以适用国家豁免。

从具体的司法实践看，1996年的布朗诉沃尔梅特纸业机械公司案中法院便指出，要根据雇佣合同的性质来判断能否适用国家豁免。该案中，原告布朗是被告沃尔梅特纸业机械公司的雇员，其在工作中因为意外受到重伤并导致残疾，其后原告在密西西比南区地方法庭起诉被告，虽然法庭承认被告属于《外国主权豁免法》中的外国国家，但是原被告之间的雇佣合同是商业性质的合同，属于国家豁免的例外情形，并据此认为被告不享有豁免权。被告不服提起上诉，上诉法庭以同样的理由驳回了被告的请求。在欧洲人权法院2002年审理的福格蒂诉英国案中，福格蒂认为美国大使馆拒绝重新雇用她的行为构成性别歧视，对此美国大使馆援引国家豁免进行抗辩，英国工业法庭根据《主权豁免法》第16条第1款a项所规定的不得对涉及外交人员的雇佣合同适用国家豁免的例外，驳回了她的起诉。随后福格蒂又向欧洲人权法院提起诉讼，该法院认为在涉及公共职能的官员聘用时的性别歧视与雇佣合同无关，对这类人员的聘用权是国家的自由裁量权，最终维持了英国工业法庭的判决。

综上，可知在目前的司法实践和立法中，雇佣合同往往被视为商业合同的特殊类型而作为国家豁免的例外情形。基于此，即使雇主是国家，如果相关雇佣合同与普通主体的雇佣合同性质相同时，法院可以对其行使管辖权；但如果是涉及国家主权权利的外交和领事人员的雇佣合同，往往不能作为国家豁免的例外情形。

（四）仲裁协议

仲裁协议，是仲裁双方当事人在平等协商的基础之上将他们之间已经发生或者可能发生的争议提交仲裁解决的书面协议。一国与外国自然人或者法人订立了将有关商业交易的争议提交仲裁的书面协议，意味着国家在仲裁协议涉及的商业交易上，应当通过仲裁方式解决争端，也就是说仲裁协议实质上隐含了放弃国家豁免的意思表示。

《联合国国家及其财产管辖豁免公约》第17条规定，如果一国国家与外国自然人或法人就将有关商事争议提交仲裁解决达成书面协议，则除非仲裁协议中另有规定，国家不得在仲裁协议的有效性或解释、仲裁程序问题、撤销仲裁裁决事项上援引国家豁免。《欧洲国家豁免公约》第12条第1款中也作出了类似规定。① 根据上述规定可知，当事国同意将商业争议提交仲裁解决意味着其必须接受仲裁管辖所带来的后果，国家不得就仲裁协议的有效性、解释或适用、仲裁程序或者裁决的确认或撤销援引国家豁免。

四、国家豁免与国际强行法

根据《维也纳条约法公约》第53条和第64条的规定，国际强行法是指为国际社会主体公认的、不可违背的法律规范，当强行法与其他条约存在冲突或出现相抵触的情况时，与之抵触的条约无效。② 由此可知，国际强行法规范在效力等级上优于、高于其他国际法规范。

（一）国家豁免与国际强行法的冲突

自20世纪90年代开始，在国际司法实践中，就出现了诸多涉及国际强行法同国家豁免权冲突的案件。而从司法实践看，国际社会对国家实施违反国际强行法规定的行为是否构成国家豁免的例外情形这一问题并未达成共识。希腊、意大利是奉行强行法优先的典型国家，面对国际强行法和国家豁免权之间的冲突，相关法院往往根据两者在国际法中位阶的高低选择适用具体的规范。在2000年的沃伊蒂亚州诉德国案中，希腊最高法院认为德国在"二战"占领希腊期间对希腊平民进行屠杀的行为违反了国际强行法规范，其行为的性质已经不再是主权行为了，故该行为不能主张豁免。

在1998年的费里尼诉德国案中，意大利人费里尼在"二战"期间被德军俘获，并被运至德国进行强迫劳动，战后费里尼在意大利法院就此事对德国提起了赔偿诉讼。意大利最高法院虽然认可了德国的军事行为属于主权行为，但是认为禁止强迫劳动是国际强行法，其效力优先于国家豁免，因此不能给予德国国家豁免。法院在判决中指出，禁止强迫劳动是基本人权的内容，而保护基

---

① 《欧洲国家豁免公约》第12条第1款规定，缔约国已书面同意将已发生或可能发生的民事或商事争议交付仲裁时，该国不得主张免于另一缔约国法院的管辖，如仲裁系或将在该国领土内，或依照该国的法律进行，而诉讼又涉及下列有关事项：（一）仲裁协议的效力及其解释；（二）仲裁程序；（三）仲裁裁决的废弃；但仲裁协议另有相反规定时，不在此限。

② 《维也纳条约法公约》第53条规定，"与一般国际法强制规律（绝对法）抵触之条约"：条约在缔结时与一般国际法强制规律抵触者无效。就适用本公约而言，一般国际法强制规律指国家之国际社会全体接受并公认为不许损抑且仅有以后具有同等性质之一般国际法规律始得更改之规律。第64条"一般国际法新强制规律（绝对法）之产生"：遇有新一般国际法强制规律产生时，任何现有条约之与该项规律抵触者即成为无效而终止。

本人权属于国际强行法规范,其效力优先于包括国家豁免在内的所有条约和习惯法,如果对德国的强迫劳动行为进行豁免将阻碍对强行法规范的保护。因此,在面对同样有效的国际强行法和国家豁免之间的冲突时,当然应该优先适用国际强行法规范加以解决。费里尼案之后,意大利法院受理了更多针对德国的类似指控案件,并都认为德国不享有国家豁免,本国法院有管辖权。

从司法实践来看,尽管存在希腊、意大利这些典型的强行法优先的国家,但是从整体上看,由于国际法上并没有确立强行法优先于国家豁免的规则,国际社会普遍认为违反强行法的行为并不构成国家豁免的例外情形。美国、英国、加拿大在其相关司法实践中就一贯持这一观点。例如在2001年的桑普森诉德国案中,美国上诉法院指出违反强行法并不构成国家豁免的例外,认为对国家实施违反国际强行法的行为进行管辖可能会涉及对外国主权的管辖,如果对《国家主权豁免法》的例外情形进行扩大解释会干涉其他部门的对外决策并引发争端。之后的2004年琼斯诉沙特阿拉伯案中,英国上诉法院指出国家应当为其酷刑行为承担责任,但目前并没有证据表明强行法规范的强行性地位会导致不能适用国家豁免权,违反国际法的行为并不必然导致法院地国追究外国国家责任,并以此为由拒绝了原告针对沙特阿拉伯政府的酷刑指控。

此外,欧洲人权法院、国际法院在司法实践中也认为违反国际强行法并不会导致国家豁免的不得适用。欧洲人权法院在阿琳娜诉英国案中指出,尽管国际法中有禁止酷刑的规定,但是否定了违反禁止酷刑的国际强行法规范会导致国家豁免权的不能适用。而作为上文的费里尼案的延续,针对意大利法院作出的德国需要对意大利、希腊的纳粹罪行受害者进行赔偿的判决,德国认为意大利法院并未尊重德国依国际法享有的管辖豁免,违背了国际法规定的义务,并以此为由在2008年向国际法院提起诉讼,2012年国际法院以12∶3的投票结果作出判决,认定意大利违反了德国在国际法下所享有的国家豁免权。其中在国际强行法和国家豁免的关系问题上,国际法院在将两者进行区分后指出两者之间并不存在冲突,管辖豁免作为程序性规则只影响法院管辖权的判断,与被诉行为是否违反国际强行法无关,而强行法规范作为实体性规则只有在法院享有管辖权时才需考虑。

(二) 默示放弃豁免论

正如前文所述,国际司法实践倾向于承认国家在违背国际强行法规范时仍享有国家豁免权,尤其是国际法院对费里尼案的判决更是充分表明了司法实践中过分强调国家利益而忽视受害人利益保障的事实。与此相对的默示放弃豁的观点,则是将这一问题引向了另一个极端,即为了保护受害者利益而几乎完全抛弃国家豁免原则。

国家豁免的理论基础在于国家平等。基于国家平等和平等者之间无管辖权,在国际交往中,除非经一国同意,否则该国不能在他国法院被起诉,在败诉后法院也不得对其财产采取强制措施。但是,从另一个角度看,这也意味着国家豁免权作为一种权利,是可以由国家单方面放弃的,因为国家自愿放弃国家豁免权的情况并不会影响他国利益和国际社会的公共利益。根据《联合国国家及其财产管辖豁免公约》第7、第8条的规定,国家豁免的放弃有明示和默示两种。① 明示放弃豁免通常是指国家在书面函件中明确指出放弃国家豁免,而这种书面函件既包括国际协定也包括书面合同,以及国家在法院发表的声明或者是在特定的诉讼案中提交的放弃国家豁免的书面文件。默示放弃则是指国家的某些特定行为被认为是放弃豁免的表示,这些特定行为通常包括主动起诉或者参加诉讼、国家在外国法院直接提起诉讼,或者对以自己为被告的诉讼提起反诉,或者国家在外国法院通过与案件实体有关的任何其他步骤参与到特定诉讼案件中。

正因如此,有学者认为,国家在从事违反国际强行法的行为时其实就已经做出了默示放弃国家豁免的意思表示,因此,该国就该行为在他国法院被起诉时,不能主张享有国家豁免权。② 而上文所提及的沃伊蒂亚州诉德国案可以算作是这一观点在国内司法实践上的典型案例,该案中,希腊最高法院认为德国在"二战"期间对沃伊蒂亚州进行的大规模的屠杀行为构成国家豁免原则中的侵权例外,德国在占领希腊期间滥用武力的行为属于对国家主权的滥用。德国在实施这些严重违反强行法的行为的过程中,实际上已经默示放弃了所享有的国家

---

① 《联合国国家及其财产管辖豁免公约》第7条规定,"明示同意行使管辖":1. 一国如以下列方式明示同意另一国对某一事项或案件行使管辖,则不得在该法院就该事项或案件提起的诉讼中援引管辖豁免:(a) 国际协定;(b) 书面合同;或 (c) 在法院发表的声明或在特定诉讼中提出的书面函件。2. 一国同意适用另一国的法律,不应被解释为同意该另一国的法院行使管辖权。第8条规定,"参加法院诉讼的效果":1. 在下列情况下,一国不得在另一国法院的诉讼中援引管辖豁免:(a) 该国本身提起该诉讼;或 (b) 介入该诉讼或采取与案件实体有关的任何其他步骤。但如该国使法院确信它在采取这一步骤之前不可能知道可据以主张豁免的事实,则它可以根据那些事实主张豁免,条件是它必须尽早这样做。2. 一国不应被视同意另一国的法院行使管辖权,如果该国仅为下列目的介入诉讼或采取任何其他步骤:(a) 援引豁免;或 (b) 对诉讼中有待裁决的财产主张一项权利或利益。3. 一国代表在另一国法院出庭作证不应被解释为前一国同意法院行使管辖权。4. 一国未在另一国法院的诉讼中出庭不应被解释为前一国同意法院行使管辖权。

② Adam C. Belsky, Mark Merva, Naomi Roht-Arriaza, *Implied Waiver under the FSIA: A Proposed Exception to Immunity for Violation of Peremptory Norms of International Law*, 77 California Law Review, March 1989, p. 365.

豁免权。之后，意大利最高法院在费里尼案的判决中否定了希腊最高法院的默示弃权论，认为必须通过表明国家明确放弃意图的具体、确定的事实来判断豁免权的放弃，而不是根据抽象的猜测来判断。认定某一国家默示放弃国家豁免权需要有大量的事实证据来证明，只有当这些证据可以毫无疑问地证明该国有放弃国家豁免的明确意图时，才能认定默示放弃，而被告国在诉讼期间提出国家豁免主张充分说明了其并没有放弃豁免的意图。鉴于此，意大利最高法院在本案的判决中指出，国家的行为即使违反了国际强行法也不能推断其有放弃国家豁免的意图。

与意大利最高法院在费里尼案的判决中所持观点相同，美国法院在2001年的桑普森诉德国案的判决中也明确指出《外国主权豁免法》有关默示放弃的条款应该被狭义解释，必须用强有力的证据证明国家放弃豁免的意图时才可以认定默示放弃，而不能仅仅依据违反国际强行法的行为本身就认定放弃国家豁免。

从理论上来说，这种通过某一具体的违法行为来推断国家自愿放弃豁免权的说法显然是相当牵强的。国家豁免是主权国家在国际交往过程中的固有权利，而放弃豁免则意味着国家放弃这一本来享有的权利，自愿接受外国法院的管辖。在司法实践中，主权国家在被起诉后往往会主张国家豁免，拒绝接受外国法院管辖。因此，以国家违反强行法的行为来推定其放弃管辖豁免显然是不合理的。

（三）国家豁免与国际强行法关系分析

实际上，在1999年国际法委员会国家及其财产管辖豁免工作组报告附录中便提出了"在国家违反国际法强制规范的案件中存在或不存在豁免的问题"，而联合国大会第六委员会组成的工作组"一致同意这一问题受到大家的普遍关注"，但是认为"将这一问题放在现有条款草案中并不很恰当，对该问题作出明文规定的时机不够成熟"，并指出"应由第六委员会而非工作组来决定是否对这一问题采取行动或采取什么行动"。① 而在之后的辩论过程中，并没有国家建议将"强行法"限制作为豁免的例外，因此在最终成文的《联合国国家及其财产管辖豁免公约》中并没有将违反国家强行法规范作为国家豁免的例外情形之一进行规定，为之后在该问题上的争论埋下了隐患。

正如上文所言，国际强行法具有最高的法律效力，任何与之抵触的其他国际法规范都会归于无效。而国家豁免则是国家主权原则和国家司法管辖权冲突协调下的产物，更为准确地说，国家豁免应该是基于国家主权原则产生的国家司法管辖权的一种例外情形，属于一般性的国际法规范。那么从法律的效力层级看，毫无疑问，国际强行法完全高于国家豁免，国家豁免不应该也不可能成

---

① "国家及其财产财产豁免工作组主席的报告"，载 https：//documents - dds - ny. un. org/doc/UNDOC/LTD/N99/342/03/img/N9934203. pdf？OpenElement. 2019 - 4 - 8。

为执行国际强行法规范的限制。但是，从上文所提及的国际司法实践可以看出，国家豁免在实践中实质上已经高于国际强行法的效力层级，因为违反国际强行法并不会导致国家豁免的不能适用，法院还是对实施了违反国际强行法的行为给予了豁免。

国际法院在费里尼案中指出，国际强行法和国家豁免权是两个不同的法律问题，在两者之间不会存在冲突。国家豁免的提出从性质上来说是程序性的，它所确定的是法院的管辖权问题，而这种管辖权的认定与案件所涉行为合法或非法之间并没有关系。因此，承认国家豁免并不意味着承认国家所实施的违反国际强行法的行为是合法的。根据《国际不法行为责任草案》第41条[①]的相关规定，承认国家豁免权不会与国家承担损害赔偿责任相冲突。国际强行法和国家豁免权并不冲突的理由更多的是出于政治考虑，正如美国在2001年的桑普森诉德国案中所指出的，如果将违反国际强行法作为国家豁免的例外，将会干涉美国其他部门的对外决策并引发争端，影响其正常的内政外交。

但是，上述观点的说服力有待商榷。不可否认的是，这种认为国际强行法和国家豁免属于两个不同问题的做法，在事实上会导致违反国际强行法的行为得不到处罚而受害者的合法权益也无法得到保障。因为违反国际强行法的行为，如果被认定为是一国的国家行为，而该国在诉讼程序中主张豁免权，那么法院就无权对该行为行使管辖权。也就是说，案件在管辖权判断阶段就会结束，根本不可能进入实质性审判程序，其结果是违反国际强行法的行为因为国家豁免权的存在而不会得到处罚，而被害人的诉讼权益将在事实上得不到维护。早在2006年，欧洲理事会秘书长在一份关于秘密逮捕和引渡的调查报告中，就已经明确提出了国家豁免权导致事实上的免于处罚的可能性，并强调确保严重违反人权者不会因国家豁免原则而事实上免于承担责任。[②] 然而从上文所提及的司法实践中，显而易见的事实就是国家实施的违反国际强行法的行为屡次因为"国际强行法与国家豁免属于两个问题，两者不存在矛盾"而在事实上不能被追究国家责任。

---

① 《国际不法行为责任草案》第41条规定，严重违背依本章承担的一项义务的特定后果：1. 各国应进行合作，通过合法手段制止第40条含义范围内的任何严重违背义务行为。2. 任何国家均不得承认第40条含义范围内的严重违背义务行为所造成的情况为合法，也不得协助或援助保持该状况。3. 本条不妨碍本部分所指的其他后果和本章适用的违背义务行为可能依国际法引起的进一步的此类后果。

② Secretary - General, "Follow - Up to the Secretary General's Reports under Article 52 ECHR on the Question of Secret Detention and Transport of Detainees Suspected of Terrorist Acts, Notably by or at the Instigation of Foreign Agency", SG/Inf (2006) 5 and SG/Inf (2006) 13.

其中，从国家豁免的发展历程看，国家豁免权的范围一直在呈现出逐渐缩小的态势，《联合国国家及其财产管辖豁免公约》虽未生效，但其对国家豁免权的规定已经由最初的绝对豁免权发展到限制豁免权，国家豁免的例外也逐渐从商业交易扩展到侵权行为、雇佣合同等诸多方面。这充分说明国家豁免并不是一成不变的，它是随着国际社会的发展而不断调整完善的国际法原则。国际强行法作为国际豁免例外的情形之一，既有现实的必要性又有法理的可行性，各国可以通过缔结或者修订条约，对违反国际强行法的行为能否构成国家豁免的例外，以及哪些违反国际强行法的行为可以构成国家豁免的例外等内容进行约定以预防其后可能出现的争端。

第三章 国际法上的个人

第一节 国籍与外交保护

一、国籍

(一) 概述

国籍是指一个人属于某一个国家的国民或公民的法律资格。一个人具有某个国家的国籍就意味着这个人和这个国家建立了特定法律联系。因此，国籍具有重要的法律意义。在国内法上，拥有一国国籍的人是该国公民，享有国籍国法赋予其的权利，也要承担相关的法律义务，而在国际法上，国籍是判断一国能否对特定个人行使属人管辖权、提供外交保护的依据。

国籍问题属于国家主权范畴内的事项，因此国籍的取得、丧失、变更等事项主要通过国内法来确定。1930年的《关于国籍法冲突的若干问题的公约》中明确指出，每一国家依照其法律决定何人为其国民，而这一法律如果符合国际公约、国际习惯以及一般承认的关于国籍的法律原则，其他国家应予以承认。但是由于各国立法上的差异，有关国籍取得、丧失、变更的规定也大不相同。

国籍的取得，主要包括因出生取得国籍和因加入取得国籍，其中因出生取得国籍是国籍取得的主要方式。各国立法为原始取得规定了不同的原则，包括血统主义原则、出生地主义原则和兼采血统主义和出生地主义的混合制原则。因加入而取得的国籍主要包括自愿申请入籍，因婚姻、收养、领土交换而取得国籍。在国籍的丧失上，则可以按照当事人主观意愿的差异，分为自愿丧失国籍，如申请退出某一国籍、自愿选择某一国籍，和非自愿丧失国籍，如因婚姻、收养、剥夺等原因丧失国籍。而国籍的恢复，顾名思义，即是针对已经丧失的国籍，重新取得该国籍。

（二）国籍的冲突

正如前文所言，国籍问题是一国国内法管辖的事项，而各国对于国籍问题的规定也是各不相同，因此在国际交往过程中，就容易出现国籍冲突。国籍冲突可以分为积极冲突和消极冲突。积极冲突是指特定个人拥有两个及以上的国籍，消极冲突则是指特定个人没有任何国籍。积极冲突和消极冲突都可以因为出生、婚姻、收养等原因而出现，此外，入籍也可能导致积极冲突，而剥夺国籍则可能出现消极冲突。

国籍冲突，无论是积极的还是消极的，都会给个人和国家带来严重的后果。因此，国籍冲突的解决至关重要。从目前的国际实践看，主要通过国内立法、双边条约和多边条约来预防和消除国籍冲突。

国内立法是解决国籍冲突的基本方法。一方面，国籍问题本身就是国内法加以规范的问题，国籍冲突主要是基于各国国籍法规范的差异而出现的；另一方面，与国内法相比，规定国籍问题的双边条约和国际公约从内容、数量乃至缔约国范围看都相当有限。为了避免国籍的积极冲突，各国在立法上应当多规定一些条件条款或自动条款，诸如加入本国国籍的外国人必须以退出外国国籍为条件，加入外国国籍的本国人意味着自动退出本国国籍等。例如，1985年的《日本国籍法》中就规定自愿取得外国国籍即丧失日本国籍。此外，针对国籍的消极冲突，各国可以采用在国内法中规定定居或者出生在本国的无国籍人即可取得本国国籍。例如，我国1980年的《国籍法》便规定了定居在我国的无国籍人在我国所生的子女可以取得我国国籍。

对于存在于特定两个国家之间的国籍冲突，通过平等协商，签订双边条约来解决，不失为一种切实可行的方法。例如，我国与印度尼西亚在1953年签订的《关于双重国籍的条约》以及1955年两国政府通过换文制定的该条约的《实施办法》，上述文件明确规定凡是具有我国和印度尼西亚双重国籍的人，需要在两个国籍中选择一个国籍保留，并放弃另一个国籍，如果该人没有在两年内作出选择，则依据其父亲的血统来决定其国籍。而在条约生效后出生的儿童则以单一的血统主义原则来判断其国籍。我国和印度尼西亚通过该条约彻底消除并有效避免了两国国民间现有的和可能出现的双重国籍问题。

由于国内立法和双边条约所涉主体都相当有限，对于涉及两个以上的国家间存在的国际冲突问题，还可以通过缔结多边条约来解决。目前国际上关于国籍冲突的国际条约有1930年的《关于国籍法冲突的若干问题的公约》和《关于双重国籍某种情况下兵役义务的议定书》、1954年的《关于无国籍人地位的公约》、1961年的《减少无国籍状态公约》以及1997年的《欧洲国际公约》等。以《减少无国籍状态公约》为例，该公约从出生取得国籍的情形、国籍的变更、国籍的放弃、国籍的剥夺这4个方面对无国籍现象的消除和预防进行了详细规定。例如该公约第5条指出，依缔约国的法律，因个人身份的变更，如婚姻或收养而丧失国籍者，其国籍的丧失应以具有或取得另一国籍为条件。

二、外交保护

（一）外交保护概述

外交保护是一项传统的国际法制度，其前身是18世纪瑞士法学家瓦特尔提出的伤害拟制理论。该理论的核心内容在于将本国国民人身或财产受到他国不法行为的伤害拟制为国家受到伤害，在此基础上主张以国家的名义追究他国责任，并对受伤害的本国国民进行保护。此后，1924年的"马弗罗马蒂斯诉巴勒斯坦特许权案"确定了外交保护作为一项惯法规则的法律地位，该判决指出"一国在他的国民遭受另一国国际不法行为的损害，而那些国民通过正常途径不能得到满足时，有权向其受害的国民提供保护。这是国际法的一条基本原则。"①

外交保护是指一国针对其国民因另一国国际不法行为而受的损害，以国家的名义为该国民采取外交行动或其他和平解决手段。② 在20世纪90年代中期，外交保护被联合国大会列为重要议题之一，此后，联合国委员会就该问题进行研究编纂，并于2006年完成了《外交保护条款草案》。根据《外交保护条款草案》第1条的规定，外交保护是指一国对于另一国国际不法行为给属于本国国民的自然人或法人造成损害，通过外交行动或其他和平解决手段援引另一国的责任，以期使该国责任得到履行。

外交保护是一种国家权利。外交保护是国家主权的体现，基于属人管辖权原则，国家有权为在国外受到侵害的本国公民或者法人实施外交保护。2011年初，面对利比亚国内动乱可能对海外华侨安全的威胁，我国政府在2月底调动了182架次民航包机、5艘货轮，动用了4架军机，租用了20余艘外籍货轮，把35860名我国公民接回国内；2015年沙特阿拉伯组织联军对也门境内的胡塞武装发动空袭，面对这一情势，我国于3月26日开始撤侨行动，至3月30日

---

① 《中国国际法年刊》（1998），法律出版社2002年版，第284页。
② 邵沙平主编：《国际法》，中国人民大学出版社2010年版，第221页。

需要撤离的我国公民已全部撤离也门。①

外交保护是国籍国对受到外国不法侵害的本国国民提供的保护，那么外交保护是不是只有并且只要在受侵害的本国国民提出请求后就会行使呢，并非如此。当事人在遭受外国不法侵害时可以选择向国籍国寻求外交保护，但是是否行使外交保护由国家自行决定，国家完全可以根据自己的利益需求来决定是否行使外交保护。如果国家认为有必要，即使当事人没有提出请求，也可以行使外交保护。此外，一旦国家决定并开始行使外交保护权，以国家的名义对已经发生侵害本国国民的国际不法行为采取外交行动或者其他和平解决手段，该事件所涉法律关系就从原先的自然人和外国国家之间的关系变成了两个国家间的关系。所以，从本质上讲，外交保护是国家权利，外交保护制度是处理国家间关系的制度。

外交保护的理论依据主要包括国家主权原则、外国人待遇理论、国家责任原则和国际人权理论。根据国家主权原则，国家有权对其领土上的一切人、事、物行使属地管辖权，对其国民行使属人管辖权，当两者出现冲突时，属地管辖权优先于属人管辖权。因此，每个国家对于在外国的本国公民都享有保护的权利，但是只有在侵害国当地救济已经用尽、国民仍得不到合理救济时，国籍国才可以行使外交保护。外国人待遇是指外国人在东道国所享有的待遇。阿·菲德罗斯在其所著的《国际法》中指出，"各国相互间负有义务在外国人的人身上尊重人的尊严。所以，它们有义务给予外国人以人的尊严生活所不可缺少的那些权利"，具体包括被承认为法律主体；尊重私权利；给予基本的自由权利；开放诉讼方法；保护其免受在生命、自由、财产和荣誉上的攻击。② 国家责任原则要求国家对其所实施的国际不法行为承担责任，因此如果东道国实施的不法行为对他国国民造成了损害，应当承担相应的国家责任，国籍国可以根据这一原则主张东道国的国家责任，从而保护本国公民的合法权利。此外，外交保护的提起及其结果反映了国籍国对本国国民基本人权的保护。

正如前文所言，外交保护属于国家权利，其在行使上受到严格限制。根据国际法规定和国际实践，行使外交保护需要满足三个基本原则：国籍持续原则、实际损害原则和用尽当地救济原则。

根据《外交保护条款草案》第 5 条第 1 款③的规定，确定国籍持续的依据

---

① "祖国就在我们身后——也门撤侨亲历者回忆录"，载 http://news.gmw.cn/2017-10/09/content_26449970.htm. 2019-3-31。

② [奥]阿·菲德罗斯等：《国际法》（下册），李浩培译，商务印书馆 1981 年版，第 434~435 页。

③ 《外交保护条款草案》第 5 条第 1 款规定，一国有权对从发生损害之日到正式提出求偿之日持续为其国民的人行使外交保护。如果在上述两个日期该人都持有该国籍，则推定该国籍是持续的。

是损害发生之日和正式提出求偿请求之日两个时间点，如果在这两个时间点该自然人的国籍并未改变，则可推定其国籍是具有持续性的。如果自然人在提出求偿之日为某一国家的公民，但是在受到损害之日并非该国家国民，该国也可以行使外交保护，但是需要满足以下三个条件：寻求外交保护的人曾具有被继承国的国籍，或者已经丧失原国籍；该人基于与提出诉求无关的原因已获得另一国的国籍；新国籍是以不违反国际法的方式取得的，且取得国籍的原因必须与提出求偿无关，在一定程度上有利于防止受害者通过改变国籍来寻求大国的保护以及大国滥用外交保护干涉他国内政的情形的出现。此外，根据《外交保护条款草案》第5条第3、第4款的规定，自然人提出求偿时的国籍国不得对受损害时的国籍国行使外交保护，自然人在提出求偿后获得被求偿国国籍的，求偿国不再有权继续此项求偿。①

实际损害原则是指外国的不法行为对一国国民的合法权利造成了损害，此时需要明确两个问题，外国的不法行为具体指什么，外国人享有什么待遇。外国的不法行为，即外国国家所实施的可归于国家的与该国在国际法上的义务相违背的行为。一国国民在外国的合法权利，即该自然人在居留国享有的作为外国人的待遇。根据特定个人是否享有外交特权和豁免，可以将外国人分为依照国际法的规定而享有外交特权和豁免的外国人以及普通的外国人，如外国留学生、外商、外国游客等，而外交保护中的外国人特指后者。外国人在居留期间的权利由居留国规定，由于各国立法的差异，外国人在不同国家享有的权利也不尽相同。一般而言，外国人所享有的民事权利包括人身权、财产权、劳动权、婚姻家庭权、受教育权、隐私权、诉讼权等。

用尽当地救济原则一直都是一国行使外交保护的必要条件之一。用尽当地救济原则是指当一个国家对它的领土内的外国人的待遇不符合它的国际义务，但可通过以后的行动为该外国人获取它的义务所要求的待遇（或同等待遇）时，国际法庭将不会受理代表该外国人提出的求偿，除非该外国人已经用尽有关国家内可以利用的一切法律救济办法。② 这一原则的提出主要是基于国家主权原则和属地管辖权，国家对其管辖范围内的一切侵权行为行使管辖权，因此涉及外国人的侵权事件当然也属于居留国法律的管辖范围。《外交保护条款草

---

① 《外交保护条款草案》第5条第3款规定，一人在受到损害时为其原国籍国国民，而不是现国籍国的国民，则现国籍国不得针对原国籍国就该人所受到的损害行使外交保护。第4款：一国对于在正式提出求偿之日后获得被求偿国国籍的人不再享有为其行使外交保护的权利。

② [英]詹宁斯、瓦茨修订：《奥本海国际法》（第9版）第1卷第2分册，王铁崖等译，中国大百科全书出版社1995年版，第309页。

案》第14条①就用尽当地救济原则从实体和程序两个方面都进行了严格规定,首先,用尽当地救济原则要求受害者已经用尽居留国的一切救济方法,包括司法的和行政的,地方的和中央的所有救济程序,并将所有程序运用到最终;其次,用尽当地救济原则要求受害者在寻求救济的过程中符合居留国的程序要求。但是,在很多情况下面对一国政府及其官员所实施的不法行为,受害者仅凭自身的能力根本无法实现自救,遑论用尽所有自救的方法,由此可见,用尽当地救济在很大程度上仅仅是一种理想的愿望。因此,尽管用尽当地救济原则是外交保护的一般要求,但是其在适用中也存在例外情形。根据《外交保护条款草案》第15条的相关规定,如果当地救济是徒劳的或者是无效的,救济过程受到由被指称应负责的国家造成的不当拖延,受害人与被指称应负责国家之间在发生损害之日没有相关联系,受害人明显地被排除了寻求当地救济的可能性,被指称应负责的国家放弃了用尽当地救济的要求时,无需用尽当地救济,即可行使外交保护。② 国际法委员会在2004年的第56届会议工作报告草稿中对当地救济是徒劳的或者是无效的具体情况进行了列举,具体包括:当地法院对争议问题没有管辖权、当地法院不会审查外侨申述行为所依据的国家法律、当地法院极不独立、存在一贯对外侨不利的明确判例、当地法院无权给予外侨适当充分的救济、被告国没有适当的司法保护制度。而在受害人明显地被排除了寻求当地救济的可能性的判断上,国际法委员会认为在具体的判断上应对案件按其实质进行审查,故没有对其进行列举式规定,但是建议可以在以下情况行使这一例外权:在国家可能设法阻止受害外侨实际上接触该国法庭,或拒绝其进入该国领土,或制造危险使之感受到进入该国领土是不安全的;东道国的刑事密谋阻碍求偿人在当地法院提出诉讼;用尽当地救济的费用过高。

---

① 《外交保护条款草案》第14条规定,"用尽当地救济":1. 除非有第15条草案规定的情形,一国对于其国民或第8条草案所指的其他人所受的损害,在该受害人用尽一切当地救济之前,不得提出国际求偿。2. "当地救济"指受害人可以在所指应对损害负责的国家,通过普通或特别的司法或行政法院或机构获得的法律救济。3. 在主要基于一国国民或第8条草案所指的其他人所受的损害而提出国际求偿或请求作出与该求偿有关的宣告性判决时,应用尽当地救济。

② 《外交保护条款草案》第15条规定,"当地救济规则的例外":在下列情况下,无需用尽当地救济:(a) 不存在合理地可得到的能提供有效补救的当地救济,或当地救济不具有提供此种补救的合理可能性;(b) 救济过程受到不当拖延,且这种不当拖延是由被指称应负责的国家造成的;(c) 受害人与被指称应负责国家之间在发生损害之日没有相关联系;(d) 受害人明显的被排除了寻求当地救济的可能性;或 (e) 被指称应负责的国家放弃了用尽当地救济的要求。

（二）外交保护和领事保护

领事保护指一国的领事机关或领事官员，根据《维也纳领事关系公约》及与驻在国所签条约的规定，在其驻在国保护本国及本国国民的权利和利益的行为。领事保护对在外国的本国国民的保护发挥了重要作用。以我国为例，近年来，外交部和各驻外使领馆组织实施撤离海外我国公民行动10余次，处理涉及境外我国公民遭绑架、袭击案件数百起，受理寻人、补办证件、协助就医等各类领事保护求助案件约50万起，涉及近100万人。仅2018年，外交部和各驻外使领馆就妥善处置领事保护和协助案件超过8万起，其中包括泰国普吉岛游船倾覆、印尼龙目岛地震和美国塞班岛遭台风袭击致我国游客滞留等重大事件。①

外交保护和领事保护都是保护本国国民在外国的合法权益的制度，两者之间存在诸多相同之处，例如两者的保护对象都是在外国的本国普通公民，两者的法律渊源都包括国家主权原则和属人管辖权。但是外交保护和领事保护作为两种不同的制度，也存在着本质的区别。其一，直接法律依据不同，外交保护是在属人管辖权的基础上形成的，其依据是国家主权原则，而领事保护的直接依据在于《维也纳领事关系公约》以及特定国家间有关领事关系的双边、多边条约。其二，行使的条件不同，外交保护针对的是外国不法行为，而领事保护针对的是驻在国境内使本国国民利益遭受侵害的任何行为，并不要求该行为是国家行为，该行为可以是普通的民事、商事、刑事纠纷，甚至在本国公民或法人利益尚未遭受实际侵犯的情况下，也可以实施领事保护。与存在实际损害、用尽当地救济后方可以实施的外交保护相比，领事保护更强调对于侵权行为的预防和协助本国国民更好地适用当地救济，所以相对而言，领事保护的行使条件更为宽松。其三，制度的性质不同，外交保护属于国家权利，在面对外国不法行为对本国公民的侵权事实时，国家有权决定是否行使外交保护；领事保护从性质上看更倾向于公共服务制度，驻外领事馆本身就有在驻在国保护本国国民人身、财产等合法权益的义务。因此，外交保护作为国家权利，其行使并不受受害人个人行为的控制；而领事保护则更多地表现为领事机关在受害人的请求下所提供的保护与援助。

（三）双重国籍人的外交保护

随着全球化的发展，个人拥有双重国籍的情况也是屡见不鲜。据不完全统

---

① "外交部领事保护中心：为我国公民平安出行保驾护航"，载http://paper.people.com.cn/rmrbhwb/html/2019-03/09/node_873.htm. 2019-3-31。

计，目前全球范围内承认双重国籍的国家和地区已经达到了 201 个。① 在这种情况下，就出现了一个问题，即当一个双重国籍人的合法权益在外国受到侵害时，究竟哪一国有权行使外交保护呢？具体而言，针对该问题，外交保护主要包括两种情况。第一种情况是，双重国籍人的一个国籍国对该人的合法权益存在侵害行为时，另一个国籍国能否主张外交保护。第二种情况是，一个双重国籍人的合法权益被第三国侵害时，两个国籍国是否均有权主张外交保护，如果只能有一个国籍国主张外交保护，如何确定其保护资格。

1. 国籍国之间行使外交保护

在 20 世纪 50 年代以前，国籍国之间行使外交保护主要适用的是无责任原则。1930 年的《关于国籍法冲突的若干问题的公约》第 4 条明确规定，一国不能为本国国民向该国民同样拥有国籍的另一国实施外交保护。无责任原则的法理依据在于国家平等原则，即基于各国主权平等，两国就不能互相对同为另一国国民的本国国民行使外交保护，否则就是将本国主权置于外国主权之上。无责任原则在国际实践中也有着丰富的案例，例如在 1898 年的亚历山大案、1929 年的奥尔登堡案、1949 年联合国损害赔偿案的咨询意见中，法院判决都明确指出国籍国不能为本国公民针对另一国籍国提供外交保护。但是，无责任原则也存在明显的不足之处，当双重国籍人的其中一个国籍国侵犯了该人的合法权益，该人另一个国籍国却不能行使外交保护，一方面违背了人道主义精神，另一方面也在实质上形成了对不法行为的放纵。因此，在 20 世纪后半叶，主要国籍原则开始占据优势地位。

主要国籍原则是对无责任原则的改良，其将双重国籍人的两个国籍国分为主要国籍国和次要国籍国，允许主要国籍国针对次要国籍国行使外交保护。根据《外交保护条款草案》第 7 条的规定，一般情况下在国籍国之间行使外交保护时，适用无责任原则，但是如果其中一个国籍国在发生损害之日和正式提出求偿之日都是该双重国籍人的主要国籍时，该国籍国可以为同属另一国国民的人向另一国籍国行使外交保护。主要国籍原则的核心问题是对主要国籍的判断。国际法委员会"外交保护"专题特别报告员约翰·杜加尔德在 2000 年国际法委员会第 52 届会议上做出的《关于外交保护的第一次报告》中指出，伊朗美国索赔法庭的判例对阐明在确定个人与其国籍国的有效联系时所应考虑的因素做出了重大贡献，该法庭在许多案件中予以考虑的因素包括惯常居住地、个人信息、归化情况、与另一国籍国的关系、兵役情况。

---

① "双重国籍"，载 https://baike.so.com/doc/706563-747894.html. 2019-3-31。

确定个人与其国籍国有效联系时的考量因素

考量因素	惯常居住地	个人信息	家庭情况	归化情况	与另一国籍国的关系	兵役情况
具体内容	惯常居住地居留时间	教育和就业 金融利益 社会和公共生活 语文的使用情况 税务、银行账户和社会保障保险	家庭生活地 家庭联系 家庭的国籍	在索赔之前作为保护国国民的时间	出生登记 结婚登记 对另一国籍国的探访 其他联系 拥有、使用护照 国籍的放弃	在何国服兵役

该报告中对于主要国籍的判断因素所采纳的是列举式规定,这种规定在很大程度上可以方便实践中对于主要国籍的认定,但也存在一些新的问题,例如除了列举之外的其他因素能否作为判断依据,列举的因素之间存在冲突时应该如何权衡。对判断主要国家的因素应采取列举式和概括式相结合的规定方法,在现有的基础上加上"等其他判断双重国籍人与某一国籍国的联系程度的因素",并将现有的因素按照对联系紧密程度影响的大小进行排列。即在面对双重国籍人的其中一个国籍国对另一个国籍国对该人的侵害行为主张外交保护时,首先对双重国籍人和两个国籍国之间的联系的紧密程度进行判断,并将其分为主要国籍国和次要国籍国,再适用主要国籍国原则,如果联系的紧密程度无法明显区分,则直接适用无责任原则。

2. 国籍国和非国籍国之间行使外交保护

当双重国籍人的两个国籍国都对非国籍国对该人的侵害行为主张外交保护时,保护资格又应该如何认定?有观点认为应当适用主要国籍国原则,例如乌兹别克斯坦在提交给国际法委员会的政府意见中就认为,有权对双重国籍人行使外交保护的国家应当是两个国籍国中与其联系最密切的国家。国际法学会在1965年的华沙会议的决议中也指出,双重国籍人的其中一个国籍国只有在证明其与该人存在更为密切或主要的关系时才可以行使外交保护。在国籍国和非国籍国之间行使外交保护这一问题上,判断主要国籍国和次要国籍国是毫无意义的,因为不同于国籍国之间的关系,在非国籍国和国籍国之间,只要是国籍国就满足提供外交保护的主体要件,就有权为本国国民行使外交保护。

也有观点认为应当采取有效和实质联系原则来判断某一国籍国是否有权针对非国籍国实施外交保护。例如国际法委员会特别报告员加西亚·阿马多尔在1958年向联合国提交的研究报告中曾经指出,"在双重或多重国籍案件中,只有外侨与之具有更强和更真正的法律或其他关系的国家才应行使提出赔偿要求的权利",国籍国"理应不能为双重或多重国籍者提供外交保护,除非能够证明个人与愿意提供此种保护的国家的关系比起任何其他国家来说更深更真切"。[1] 根据该观点,法院在面对双重国籍人的国籍国是否有权行使外交保护问题时,需要判断国籍国与自然人之间是否存在实际联系,只有存在实际联系法院才承认该国籍。但是国籍属于一国内政问题,国籍的取得由一国国内法规范,外国不得干涉。如果允许一国国内法院对外国的国籍取得制度适用有效和实质联系原则,也就是允许一国对外国国籍法提出异议,而这种行为是对不干涉内政原则和主权平等原则的违反。

因此在实践中,《外交保护条款草案》中并未采纳上述两种观点,而在第6条第2款中明确规定,两个或两个以上国籍国均可为具有双重或多重国籍的公民行使外交保护。换言之,在双重国籍人的两个国籍国和非国籍国之间行使外交保护上的要求与一般的外交保护行使要求并无区别,只要满足国籍持续原则、实际损害原则和用尽当地救济原则即可。

第二节 庇 护

一、庇护概述

(一)庇护的概念

庇护,是指国家对于因政治原因而遭受追诉或受迫害而来避难的外国人,准其入境和居留,给予保护,并拒绝将他引渡给另一国。[2] 这一概念包括三层意思:首先,允许寻求庇护者进入国境;其次,接纳寻求庇护的人在其境内避难,国家可以根据寻求庇护者的请求、国内立法及有关的国际条约等,来决定寻求庇护者居留的条件和待遇;最后,国家应当对寻求庇护者提供保护。这一保护是从寻求庇护者提出申请时就开始直到其离开该国领土后才结束的。而且

---

[1] "关于外交保护的第一次报告",载 https://documents-dds-ny.un.org/doc/UNDOC/GEN/N00/330/75/pdf/N0033075.pdf? OpenElement. 2019-4-9。

[2] 梁西主编:《国际法》,武汉大学出版社2011年版,第255~256页。

这一保护是主动而非被动的一个过程，不仅包括允许其入境、居留、提供一般外国人的待遇，还包括拒绝将其遣返至可能使其生命或自由受到威胁的国家。

(二) 庇护的依据

庇护，也被称为领土庇护，给予庇护的权利是以国家的属地管辖权为依据。而属地管辖权是指一国对其领土范围内，除国际法规定的外交特权和豁免外的一切人、事、物，有权进行管辖。领土管辖权是国家主权的重要内容，一个寻求庇护的外国人，一旦处于某一国的领土范围之内，便依据领土主权原则受到该国的管辖，即一国授予寻求庇护者庇护的权力来源于其领土主权。因此国家有权依据其国内法，对寻求庇护者作出或予以遣返，或予以庇护，或要求其离开本国境内的决定。

综上，庇护权是国家的主权权利。其一，庇护权属于给予庇护的国家，其他国家应当尊重这一权利。个人是不享有庇护权的，其能够向一国请求庇护，但无权要求该国必须提供庇护。1967年联合国通过的《领土庇护宣言》第1条第1款指出，一国行使主权，对有权援用《世界人权宣言》第14条之人，包括反抗殖民主义之人，给予庇护时，其他各国应予尊重。[①] 其二，庇护权是国家的权利，国家有权根据其国内法决定是否提供庇护。例如我国《宪法》第32条就规定，中华人民共和国对于因为政治原因要求避难的外国人可以给予庇护。对于国家而言，其有给予庇护的权利，但没有必须给予庇护的义务，是否提供庇护完全是国家自行决定的事情，任何外国国家或个人都无权干预。

(三) 庇护的对象

现代国际法意义上的庇护所针对的主要是政治犯，对于普通罪犯则不能适用该制度。《世界人权宣言》第14条规定，人人有权在其他国家寻求和享受庇护以避免迫害。但在因为非政治性的罪行或违背联合国的宗旨和原则的行为被起诉时不适用庇护制度。《领土庇护宣言》中也指出一国行使主权，对有权援用《世界人权宣言》第14条的人，包括反抗殖民主义之人，给予庇护时，其他各国应予尊重，而犯有"危害和平罪""战争罪"和"危害人类罪"的人不能受到庇护。也就是说，犯有被国际公约和国际惯例确认为国际犯罪的罪行，或者一般公认的刑事犯罪都不属于庇护的对象。

20世纪后，特别是在1951年《关于难民地位的公约》和1967年《关于难民地位的议定书》通过后，国际法上的庇护制度有了新的发展，一些国际条约

[①] 《世界人权宣言》第14条规定，(一) 人人有权在其他国家寻求和享受庇护以避免迫害。(二) 在真正由于非政治性的罪行或违背联合国的宗旨和原则的行为而被起诉的情况下，不得援用此种权利。

和国内立法开始将难民也作为庇护的对象(有关难民问题详见本章第三节)。例如《都柏林公约》第1.1(b)指出,依据《关于难民地位的公约》及《关于难民地位的议定书》有合法难民身份的外国人可以提出寻求公约签约国保护的请求。《非洲难民公约》第1条第2款规定,可享有庇护的难民包括《关于难民地位的公约》和《关于难民地位的议定书》中所界定的难民和由于外来侵略、占领、外国统治或严重扰乱其原住国或国籍所属国的一部分或全部领土上的公共秩序的事件,而被迫离开其常住地到其原住国家或其国籍所属国以外的另一地去避难的人。此外,根据美国《移民和国籍法》第208条的规定,在寻求庇护者能证明其为《移民和国籍法》所定义的"难民"的前提下,美国国土安全部部长或司法部长可以授予其庇护。① 英国《移民法》也明确在条文中规定,寻求庇护者应为被《关于难民地位的公约》及《关于难民地位的议定书》定义为"难民"的人。

(四)庇护的内容

正如前文所言,庇护包括两层含义:一方面,国家不能将被庇护人遣返至被庇护人本国或者第三国;另一方面,国家需要给予被庇护人以必要的保护。外国人之所以向他国寻求庇护,便是因为受到其本国的追诉或迫害,因此一国如果还将其遣返至本国或者第三国,那么庇护的目的根本就无法实现。

国家一旦决定对请求庇护者给予庇护,包括准许其入境、拘留,并提供其必要的就业和基本生活保障。而给予受庇护者什么样的待遇,提供什么样的保护属于一国的内政问题,国家会在其国内法中进行规定。一般地说,获得庇护而未加入庇护国国籍的人,其法律地位与一般外国人相同,通常在民事方面享受与庇护国国民或公民相同的国民待遇,其人身权利和财产权利都受庇护国的法律保护。至于庇护国本国公民享受的政治权利,外国人一般是不能享受的。同时,在居留期间,受庇护者需要遵守庇护国的法律制度,履行相应的义务,接受庇护国的属地管辖。例如我国《宪法》第32条规定,我国境内的外国人的合法权利和利益受到我国保护,但是其必须遵守我国的法律。

二、外交庇护

外交庇护是指在国家的驻外使馆或者领事馆之内庇护外国人。②

---

① 美国《移民和国籍法》第101(a)(42)(A)条规定,难民是指正在遭受迫害或有充分理由畏惧由于种族、宗教、国籍、属于某一特定社会团体或具有某种政治观点遭受迫害而留在其本国之外(无国籍人留在其最近经常居住国境外),并且由于此项畏惧而不能或不愿返回该国,及不能或不愿受该国保护的人。

② 白桂梅:《国际法》,北京大学出版社2015年版,第218页。

（一）外交庇护的理论分析

目前，国际上没有任何具有普遍约束力的国际公约对外交庇护制度做出明文规定，而且外交庇护是一国在他国领土内对他国公民提供庇护，依托的是使领馆不受侵犯原则，在法律依据上难免有些牵强，因此外交庇护制度的法律地位一直存在着争议性和不确定性。

外交庇护最重要的法律基础在于治外法权说。治外法权说最早是由格劳秀斯提出来的，其认为凡在外国领土上的人不受接受国管辖，驻外使领馆属于外国领土，因而使领馆内的人不受接受国管辖。根据该理论，驻外使领馆属于派遣国领土，尽管其处于接受国境内，但是并不属于接受国领土，因此不受接受国的领土管辖。也就是说，一国在其驻外使领馆内对申请庇护者提供庇护，就跟在其境内对其提供庇护是一样的，因此国家有权进行外交庇护。但是治外法权说中的领土并不是真正的领土，只是在理论上拟制的领土，驻外使领馆并不是国家领土的延伸，而是毫无疑问地属于接受国领土。从本质上讲，治外法权说相当于将驻外使领馆视为一个"国中之国"，而这明显是与国家主权原则相违背的。因此，在20世纪后，随着国际法的发展，治外法权说逐渐为现代国际法所摒弃，因此将其作为理论基础的外交庇护也失去了其存在的合法性。

而从现代国际法来看，外交庇护显然也是不符合国际法的相关规定的。首先，外交庇护有悖于使领馆的外交职能，并且违反了1961年联合国通过的《维也纳外交关系公约》的相关规定。《维也纳外交关系公约》中指出，外交代表机构及外交人员享有外交特权和豁免是为了确保代表国家之使馆能有效执行职务。基于一国驻外国使馆是执行外交职能的机关的原因，使馆及其人员才能享受特别的保护和尊重。根据《维也纳外交关系公约》第41条第3款[①]的规定，使领馆不得用作与其职务不符之用途，利用一国的驻外使领馆提供庇护，显然不属于行使外交职能的行为。

其次，外交庇护是侵犯他国领土主权、干涉他国内政的行为。外交代表机构及其工作人员在享有外交特权和豁免时，需要遵守公认的国际法基本原则和准则，尊重接受国的国家主权，不得干涉他国内政。《维也纳外交关系公约》第41条第1款规定，在不妨碍外交特权与豁免的情形下，凡享有此项特权与豁免的人员，均负有尊重接受国法律规章和不干涉该国内政的义务。《国际法原则宣言》中也对国家主权原则和不干涉内政原则进行了确认。基于此，国家对

---

① 《维也纳外交关系公约》第41条第3款规定，使馆馆舍不得充作与本公约或一般国际法之其他规则，或派遣国与接受国间有效之特别协定所规定之使馆职务不相符合之用途。

其领土范围内的一切人、事、物进行管辖，是其国家主权的体现，任何外国国家或者个人不得以任何理由予以侵犯，而且国家依据其国内法对其境内的犯罪进行追究，是属于一国内政，任何外国国家或者个人都无权进行干涉。外交庇护要求该国默认逃犯享有免遭逮捕的保护权，准许外交庇护会涉及对别国领土主权的侵犯问题。[1] 除非得到接受国明示或默示的同意，一国提供外交庇护是对他国主权的侵犯和内政的干涉。

再次，尽管拉丁美洲国家间缔结了一系列关于庇护的公约，例如1928年在哈瓦那签订的《美洲国家关于政治庇护的公约》、1933年在蒙得维亚签订的《美洲国家间关于政治庇护权的公约》，其中都规定了缔约国之间相互承认各自的使馆在接受国外外交庇护的权利。但是这种外交庇护的合法性来源于特定的国际公约，仅仅在这两个公约的缔约国之间存在法律约束力，属于区域性例外，并不会影响国际法上对于外交庇护的普遍性规定。目前，除拉丁美洲外，世界上大多数国家和地区是不承认外交庇护的。美国虽然是《美洲国家关于政治庇护的公约》的缔约国，但是在签署时也对外交庇护条款做出了保留，指出其不承认也不采纳所谓庇护主义（即外交庇护）属于国际法的一部分。美国国务院进一步指出提供庇护不属于使馆的职责范围，外交庇护的做法有损接受国的领土管辖权，使馆及其工作人员在与使馆职务无关的事务中应该充分尊重接受国政府的属地管辖权。由此可见，拉美国家间有关外交庇护的公约，并不能成为证明外交庇护合法性的法律基础。

目前学界普遍认为，可以将人道主义作为外交庇护考量因素，也就是说出于人道主义考虑，国家可以在特定情况下提供外交庇护。可是这里也存在一个新的问题，"特定情况"应该怎么判断，有没有具体的标准。正如马尔科姆·N. 肖在《国际法》中所说的，出于对紧迫的保护人权的目的，也许能构成庇护权产生的依据，但是，其性质和范围都是不明确的。[2] 那么就可能会存在一国以人道主义考虑下的外交庇护为由干涉他国内政，导致人权的滥用和对他国主权的侵犯。

（二）外交庇护实践

尽管外交庇护缺乏法理支撑，但是实践中外交庇护的案例还是屡见不鲜。例如，1991年埃塞俄比亚人民革命民主阵线攻入首都亚的斯亚贝巴，埃塞俄比亚前代总统、前副总理及相关官员进入意大利驻埃塞俄比亚大使馆避难；2009

---

[1] J. G. Starke, *An Introduction to International Law*, Ninth Edition, 1984, pp. 345 – 347.
[2] 马尔科姆·N. 肖：《国际法》，白桂梅等译，北京大学出版社2011年版，第599页。

年"基地"组织头目本·拉登的女儿伊曼挣脱伊朗看守逃入沙特阿拉伯驻伊朗大使馆寻求庇护；2012年8月维基解密创始人阿桑奇①进入厄瓜多尔驻英使馆避难等。

需要强调的一点是，即使国际司法实践和立法对于外交庇护都持否定态度，但是如果一国使馆已经提供外交庇护，该使馆并没有交出受庇护者的义务。正如国际法院在托雷庇护权案中所指出的，哥伦比亚没有将托雷交送秘鲁当局的义务。这是基于主权平等原则，一国不能要求另一国按照其意志从事某种行为，因此一国不能要求另一国使馆交出受庇护者。此外，《维也纳外交关系公约》第22条规定，使馆馆舍不得侵犯，未经许可，不得进入使馆馆舍。两者结合在一起，也就是说，如果一国已经对某些人提供了外交庇护，那么无论两国之间是否承认外交庇护，至少一个国家是无法将人强制从他国驻该国使馆带出的。在实践中，有些国家正是利用这一点，无视使馆的外交职能，在事实上将使馆用作提供外交庇护的场所，使得外交庇护虽然缺乏法律依据，但是国家在实践中面对外交庇护又是无可奈何的。

1991年，埃塞俄比亚前政府官员在意大利驻埃大使馆避难过程中，意大利面对埃塞俄比亚政府提出的交出埃塞俄比亚前政府官员的要求，以埃没有废除死刑为由拒绝，继续向相关人员提供庇护。2009年伊曼进入沙特阿拉伯驻伊朗大使馆避难后，使馆相关人员与伊朗进行外交接触，并在之后给伊曼提供了类似护照的证明，使得伊曼与其母在2010年成功离开伊朗前往叙利亚。2018年12月，厄瓜多尔总统莫雷诺表示维基解密创始人阿桑奇可以离开该国驻伦敦大使馆，相关的安全顾虑"已被清除"，但并未说明是否会将阿桑奇强行赶出使馆，而阿桑奇则表示不会接受英厄之间的协议，将继续留在大使馆。② 所以说，在面对外交庇护已成事实的情况下，即使外交庇护并不具有法律依据，但是已经提供外交庇护的国家也没有义务交出受庇护者，这时候两个国家之间应该选择通过外交途径，进行协商沟通，以促进争端的解决。正如国际法院在托雷案中所指出的，哥伦比亚的外交庇护虽然需要立即停止，但没有义务将托雷交给秘鲁，建议双方基于国际礼让进行平等协商以解决这一问题。

---

① 阿桑奇2006年创建网站"维基解密"，后因泄露大量情报遭到美国通缉，还因强奸和性侵犯罪受到瑞典方面的指控，2012年6月阿桑奇向厄瓜多尔驻英使馆寻求政治避难，同年8月16日厄瓜多尔外长帕蒂诺对外宣布正式接受阿桑奇提出的政治避难请求。白朝阳："逃往大使馆的那些人"，载《中国经济周刊》2012年第38期。

② "维基解密创始人阿桑奇拒绝接受'离开使馆'协议"，载 http://www.xinhuanet.com/world/2018-12/08/c_1210011396.htm. 2019-3-31。

第三节 难 民

一、概述

难民问题是21世纪不容忽视的一个问题。而实现难民保护的前提就是明确难民的概念。目前，国际法上的难民一般是指1951年《关于难民地位的公约》（以下简称《难民地位公约》）和1967年《关于难民地位的议定书》（以下简称《难民地位议定书》）中的难民概念。上述两个文件对难民所下的定义是，有正当理由畏惧由于种族、宗教、国籍、属于某一社会团体或持某种政见等原因而遭受迫害，而停留在其本国或经常居住国之外，并且由于此种畏惧不能或者不愿接受本国保护或不愿返回经常居住国的人。

从文本上看，显而易见，《难民地位公约》和《难民地位议定书》仅仅指政治难民，也就是狭义的难民概念。但是从广义上讲，难民还包括战争难民。例如《非洲统一组织关于非洲难民问题特定方面的公约》将难民的范围在《难民地位公约》和《难民地位议定书》的基础上，进一步扩展到"由于外来侵略、占领、外国统治或在他原籍国的部分或全部发生严重扰乱公共秩序的事件而被迫离开家园的人"。此外，1984年，部分美洲国家签订的《卡塔赫纳宣言》中也指出，难民包括"由于普遍化的暴力、外国侵略、国内冲突、大规模侵犯人权，或者其他严重扰乱公共秩序的环境的原因使其生命、自由或安全受到威胁而逃离本国的人"。而在具体的实践中，难民的概念也呈现出扩张趋势。以欧洲为例，近年来，由于中东、北非地区战乱频发，局势动荡，极端组织活动猖獗，大量难民涌入欧洲寻求庇护，欧洲各国对蜂拥而来的难民的收容早已超出其容纳范围，仅德国接收的难民就已经超过百万人。因此，难民的概念从现代国际法来说应当不仅限于政治难民，而泛指一切因为政治迫害或侵略战争、国内冲突被迫逃离本国或者经常居住国，而流亡到其他国家的人。

二、难民的确定

（一）难民的构成要件

根据上文所提出难民的界定，可知其需要满足三个要件：有正当理由畏惧遭受政治迫害或战争、内乱的危害；停留在其本国或经常居住国之外；不能或不愿意接受本国保护或不愿返回经常居住国。

"有正当理由畏惧遭受政治迫害或战争、内乱的危害"是难民最为核心的特征。因此申请难民保护的人必须要证明为什么会畏惧受到政治迫害或者战争、内乱的危害，包括为什么会受到迫害或危害和为什么会畏惧迫害或危害。首先，为什么会受到迫害或危害，根据难民的定义，个人会遭受迫害是由于政治原因，遭受危害是由于战争、内乱。举例而言，种族迫害是基于种族歧视或矛盾而对特定群体实施的迫害，如"二战"期间德国纳粹屠杀犹太人和日本进行的南京大屠杀，1994年卢旺达种族大屠杀等。其次，为什么会畏惧迫害或危害，如果个人已经是政治迫害或者战争、内乱危害的受害者，那么其畏惧再次受到迫害是无可厚非的。但是畏惧一词，不仅仅包括业已遭受迫害或危害的人，还包括那些与已经受到迫害或危害的人处于同等状态但是并未受到迫害或危害而担心遭遇迫害或危害的人，而这类人就需要满足"有合理理由"畏惧迫害和危害。而此处的"合理理由"的判断应当包括主观和客观两项标准。主观上，该个人畏惧自己会遭受迫害；客观则是对主观提出了进一步要求，即畏惧必须是基于客观事实和正当理由的，该个人必须现实面临生命或自由遭受威胁的客观危险。

"身处本国或经常居住国之外"是个人取得难民身份的基本条件之一。因为基于国家主权原则，国家对其境内的一切人、事、物具有属地管辖权，而一国将另一国境内的人认定为难民并进行保护，会侵犯他国的属地管辖权，是违背国际法基本原则的行为。"身处本国之外"是针对有国籍的人而言的，为的是与"身处经常居住国之外"所针对的无国籍人相区别。虽然无国籍人不是其经常居住国的公民，但是无国籍人的经常居住国有责任保护其基本人权和自由，因此，判断无国籍人是否属于难民，就需要判断其经常居住国是否对其实施了迫害，使其因为畏惧受到迫害而离开其经常居住国。而针对有国籍的人，其有正当理由畏惧的迫害必须是国籍国施加的。如果迫害并不是来源于其国籍国，而是来源于国籍国以外的其他国家，该个人根本不需要也不能申请难民保护。其作为一国公民，国籍国有义务对其提供保护，如果该个人权利受到外国侵犯，最有效且可行的途径就是寻求本国的外交保护。《世界人权宣言》与《公民权利和政治权利国际公约》都规定了国家要保证实现国际、国内的秩序，以保障国民基本权利和自由。

不能或不愿意接受本国保护或不愿返回经常居住国是个人申请难民保护的直接原因。对于有国籍的人而言，难民通常都是丧失本国政府保护的人。不能受本国保护，意味着从主观上讲，申请难民保护的人是希望获得其国籍国保护的，但是可能客观情况不允许国籍国向申请人提供保护，或者国籍国拒绝申请人提出的保护申请。不愿接受本国保护往往是申请人基于正当理由畏惧迫害或危害而产生的心理。如果申请人愿意接受其国籍国提供的保护，就会与"有正当理由畏惧迫害"相矛盾，因为如果国籍国可以提供保护并且申请人愿意接受保护，那么申请人就没有理由要求难民保护。而不愿返回经常居住国是针对无国籍人而言的，因为经常居住国对申请人的保护是基于属地管辖权，如果申请人离开其经常居住国，经常居住国就没有义务对其提供保护。

（二）难民资格的排除

满足难民的构成要件，是否就一定具有难民资格呢？其实不然，《难民地位公约》中也规定了难民资格的排除条款。排除难民资格的理由具体可以分为三类，已经受到联合国保护的人；已经受到其他国家保护的人；犯有《难民地位公约》中规定的严重罪行的人。

已经受到联合国保护的人不能取得难民地位。该条款的目的在于避免重复保护。历史上的联合国韩国重建局及联合国近东巴勒斯坦难民救济和工程处都曾经作为联合国难民署以外的联合国机关或机构向特定地区的难民提供过保护和援助。以近东巴勒斯坦难民救济和工程处为例，其根据1949年联合国大会第302（Ⅳ）号决议设立，旨在为1948年阿以冲突造成的巴勒斯坦难民和受1967年中东战争影响的其他难民提供救济和援助。

已经受到其他国家保护的人不能取得难民资格。此处所指的受到其他国家保护的人包括取得该国正式公民资格的人，和虽未取得该国正式公民资格但实际上已经享有该国国民通常享受的大多数权利，即《难民地位公约》中所表述的"具有附着于该国国籍的权利和义务的人"。此类人在其他国家已经享有等同于国民的保护，因此无须再通过难民保护对其提供保护。

犯有《难民地位公约》中规定的严重罪行的人也不能取得难民地位。因为难民保护的目的在于向那些真正受到迫害和危害的难民提供保护和救济。如果犯有重大罪行的人也能受到保护，一方面很有可能会导致难民制度的滥用，另一方面，违背了法律的公平正义，可能会影响国际社会的公共秩序和安全。正如难民署所指出的，"对那些犯有令人发指罪行的人剥夺他们的难民保护权利，以保证接受国的安全不受罪犯的危害。从这个角度说，排除条款有助于保持庇护概念的整体纯洁性"①。而此处的严重罪行主要包括破坏和平罪、战争罪、危害人类罪、其他严重的非政治犯罪或者违反联合国宗旨和原则的罪行。

(三) 难民地位的终止

难民署的第一任高级专员赫芬·格德哈特在《难民地位公约》起草过程中,就指出开始保护和终止保护都是非常重要的,提供难民保护是重要的,但是保护应当是在绝对必要的时间内。如果客观情况表明,一个拥有难民身份的人已经不再需要难民保护,那么对其提供的难民保护就应该终止。而《难民地位公约》第1条第3款所规定的就是难民地位的终止条件。

根据该条款,针对以下六类人,应当终止难民保护：自动接受其本国保护的人、自动取得原国籍的人、已取得新国籍的人、已在过去由于畏受迫害而离去或躲开的国家内自动定居下来的人、客观情况表明迫害不存在而不能继续拒绝其国籍国保护的人、客观情况表明迫害不存在而可以回到其经常居住国的人。上述六种情况中,前四种都是难民的主观态度发生改变,即本来不愿接受本国保护的,自愿接受本国保护；本来放弃本国国籍的,自愿取得原国籍或者取得新国籍；本来因畏惧受到迫害或伤害而离去该国家的,自愿在该国家定居。而后两种情况,都是不考虑当事人的主观心态,而着眼于客观情势的变化,由于导致当事人产生畏惧的迫害或伤害已经不存在,即该当事人已经不满足难民的构成要件,而不能享受难民保护。

(四) 确定难民地位的程序规则

《难民地位公约》和《难民地位议定书》在确定难民地位上,集中于对确定难民地位的实体性规定,而在程序规则上相对欠缺,仅仅在公约第9条中提及了难民审查,但是并没有对其进行细化规定。由此可见,难民审查程序在《难民地位公约》并没有明确的规定,各国可以自行决定采用何种难民审查程序。目前美国、英国、法国等国已经有专门的难民审查法律和程序,而在大多数国家难民审查程序和接纳外国人的一般程序并无区别。

但是,任何实体规定的执行都需要程序规则的支持,对于难民保护而言,《难民地位公约》中的实体性规定和难民审查程序缺一不可。鉴于此,联合国难民署执行委员会在1977年通过了"关于难民身份甄别"第8号决议,对难民审查程序提出了基本要求,例如根据不推回原则行动、提供必要的指导和帮

---

① 联合国难民署编：《难民（中文本）》,2001年版,转引自梁淑英：《国际难民法》,知识产权出版社2009年版,第105页。

助、由确定的主管部门及时审查、提供翻译人员、及时告知审查决定等。① 难民署希望《难民地位公约》所有缔约国都能按照这些标准建立庇护审查程序，并在相关程序实施过程中积极同难民署展开合作，从而长久地建立起公正和快捷的甄别难民地位的程序。

此外，欧盟理事会也于 2005 年 12 月 1 日颁布了旨在为欧盟成员国建立难民地位审查程序的最低标准，帮助其建立公正、合理的难民地位审查程序，促进难民保护发展的第 2005/85/EC 号《关于授予和撤销难民地位程序的最低标准的指令》。该指令为欧盟成员国建立难民地位审查程序提出了一系列基本要求。包括：由在庇护和难民领域具有完全资格的机关客观公正地审查、审查以书面形式作出并说明理由、在庇护申请期间申请人有权停留并与审查机关联系、面谈或提交证据、为申请人提供必要的帮助等在内的基本要求。②

三、难民的待遇

（一）难民不推回原则

根据《难民地位公约》第 33 条第 1 款的规定，难民不推回原则是指任何缔约国不得以任何方式将难民驱逐或送回（"推回"）至其生命或自由因为他的种族、宗教、国籍、参加某一社会团体或具有某种政治见解而受威胁的领土边界。

---

① 难民审查程序的基本要求如下：1. 缔约国边境或领土内接受难民身份申请的负责官员（例如移民官员或边境警察）应得到明确指示，以便处理那些可能属于有关国际规则范围内的案件。该负责官员应根据不推回原则行动，并将此类案件提交给上级主管机构处理。2. 应使难民申请人得到程序方面的必要的指导和帮助，说明他应遵循的程序事项。3. 对难民的申请应有确定的主管当局——尽可能是统一的中央当局负责审查，并应尽快作出初审的决定。4. 对难民申请人应提供必要的帮助，包括为其提供能胜任的翻译人员，以便使他的案情提交有关当局。同时申请人还应及时被告知，他可以与联合国难民署的代表取得联系。5. 如果认可申请人的难民地位，应将该认可的决定通知本人并发给他难民身份证件。6. 如果不承认申请人的难民身份，亦应给他合理的时间按照现行办法向同一或另一主管的行政或司法机构提出上诉，请求重新考虑其难民身份的决定。7. 在上述第 3 项提到的主管当局未就申请人的初步申请作出决定之前，应准许他继续居住在该国，除非主管当局已经确定他的申请显然是滥用程序。申请人在向上级行政或司法机关申诉期间，也应被允许在该国居留。参见联合国难民署执行委员会：《关于难民国际保护问题的结论（中文本）》，1985 年版。

② 欧盟理事会第 2005/85/EC 号《关于授予和撤销难民地位程序的最低标准的指令》中的最低程序标准如下：1. 庇护申请应由在庇护和难民领域具有完全资格的机关审查。2. 庇护申请应被单独地、客观地、公正地审查和决定。3. 庇护申请的决定应以书面方式作出，并应说明决定的原因。4. 在庇护申请期间，申请人有权停留在审查国境内。5. 主管机关应以庇护申请者懂得的语言告知其所需遵循的庇护申请程序，在申请中所享有的权利和应承担的义务，以及不履行义务或不与主管机关合作的后果。6. 审查庇护申请时，主管机关应考虑所有相关事实，并给庇护申请者提交证据的机会。7. 在最终决定作出之前，庇护申请者有权依据审查国国内法与主管机关进行面谈。8. 申请者应获得必要的帮助，例如充足的人员和设施。9. 庇护申请者有权与难民署或难民署的代表机构联系。

尽管在该条文中，不推回原则针对的是难民，但是此处的难民不仅仅指被正式确认为难民的人，还应当包括尚未被确认为难民的人。一般认为，难民不推回原则包括紧急情况下边界不拒绝、不遣返或不引渡和不驱逐三项内容。

其一，紧急情况下边界不拒绝。但是大多数学者认为，难民不推回原则应该包括在紧急情况下边界不拒绝。尽管从理论上讲，是否允许外国人进入本国领土是一国的主权权利，国家并没有义务必须接受外国人入境。梁淑英教授认为，不论是否合法入境和是否被正式确认为难民，国家不应拒绝已越过边界进入其边境的难民停留，且在紧急情况下也不应拒绝难民入境，即使不给予难民长久的庇护，也不得将他们驱赶到其生命和自由受到威胁的领土边界。[①]《领土庇护宣言》《非洲统一组织关于非洲难民问题的公约》《卡塔赫纳宣言》等国际法文件中指出，国家不得在边界或其领土范围内拒绝难民入境。例如《领土庇护宣言》第3条第1款[②]便指出，不得对难民在边界予以拒斥。但是不拒绝难民入境，并不意味着对其提供难民保护，是否确认其难民地位由国家通过庇护审查程序来判断。

其二，不遣返或不引渡。《难民地位公约》中并未明文规定不引渡原则，但是公约明确指出国家不能将难民驱逐或送回到可能使其生命或自由受到迫害的地方。显而易见，国家不能将难民引渡或遣返回其可能遭受危险的国家。在《欧洲引渡公约》《泛美引渡条约》《联合国引渡示范条约》中也指出，不能将犯罪嫌疑人引渡至其可能受到迫害的国家。此外，在各国的司法实践中也普遍认为难民不推回原则包括不引渡。例如法国行政院在Bereciartua Echarri案中指出，除非具有难民身份的上诉人属于第33条第2款规定的难民不推回原则的例外，否则不能将其引渡回国。[③]

其三，不驱逐。根据《难民地位公约》第33条第1款的规定，难民不推回原则显然包括不驱逐，但是从文本看，似乎仅仅指不能将难民驱逐至"其生命或自由受威胁的领土边界"。但是，在实践中，也存在另一种可能性，即一国将难民驱逐至没有直接对难民施加迫害，但是会将难民遣返到可能使其遭受迫害的领土的第三国。对此联合国难民署认为，缔约国在履行难民不推回义务时要考察遣返难民的第三国的安全性，即难民遣返至该国后在生命或者自由上可能面临的任何风险。换言之，难民不推回原则，要求缔约国严格遵循"安全第

---

① 梁淑英：《国际难民法》，知识产权出版社2009年版，第153页。
② 《领土庇护宣言》第3条第1款规定，凡第一条第一款所述之人，不得使受诸如下列之处置：在边界予以拒斥，或于其已进入请求庇护之领土后予以驱逐或强迫遣返其可能受迫害之任何国家。
③ 《难民地位公约》第33条第2款规定，如有正当理由认为难民足以危害所在国的安全，或者难民已被确定判决认为犯过特别严重罪行从而构成对该国社会的危险，则该难民不得要求本条规定的利益。

三国"政策。而所谓安全第三国主要指既不会对难民施加迫害，也不会将其遣送至可能使其遭受迫害国的国家。不同于边境不拒绝，不引渡和不驱逐所适用不仅可能是尚未取得难民地位的难民，也可能是已经在一国享有难民保护的人，该两者紧密联系，使得难民不致因为其所希望获得庇护的国家的原因而被迫回到其可能遭受迫害的国家。

（二）难民的接待待遇

不同于正式的难民待遇，难民的接待待遇是指从难民提交难民申请到正式取得难民地位期间所享有的一系列待遇。

从人权保护的大范围看，难民享有《世界人权宣言》《经济、社会及文化权利国际公约》《公民权利与政治权利国际公约》等国际人权法中规定的各项基本权利，包括生命权、人格尊严、工作权、受教育权、身体自由及人身安全等权利。而具体到难民保护，联合国难民署认为，所有的寻求庇护者在等待难民地位决定的特殊时期应当受到人道的保护，一般包括向其提供基本的食和住、提供有效法律咨询、不限制行动自由、基本谋生技能培训、医疗保障和从业自由，并且针对老人、未成年人和妇女等特殊群体提供特殊保护。例如对于未成年人的保护而言，需要遵循《儿童权利公约》与《保护和关心儿童难民行动指南》的指导，从保护未成年人的最大利益出发，从教育、医疗、心理、娱乐等各个方面提供保护。

难民接待待遇要求国家向难民提供适当的生活标准的待遇，但是也允许国家依据其自身情况向难民提供相应的待遇。一国在难民的食宿、就业、医疗保障、教育等问题上提供何种保护是其自由决定的范围，但是这一保护不应低于保障难民人格尊严和基本的生活需求的最低限度。例如在2003年，欧盟理事会颁布了2003/9/EC号指令，即《关于成员国接待寻求庇护者的最低标准的指令》，为成员国的难民接待待遇设定了统一的最低标准，从居住和自由迁移的权利、未成年人的受教育权、工作权、物质待遇、医疗保障等方面保障尚未取得难民地位的难民也可以在成员国享有一定的生活条件和生活标准。英国还专门为这类难民设立了住宿中心，使难民可以获得住宿、食物和其他生活必需品，接受教育和职业培训，获得一定的医疗待遇和其他有关帮助。

（三）难民的正式待遇

难民的正式待遇，即申请人取得难民地位后在申请国所享有的待遇和权利。而这些权利可以进一步划分为经济权利、社会权利、公民权利和政治权利、获得永久解决方案的权利。经济、社会权利包括就业权、自由职业从业权、社会救济权、住房权、知识产权等权利。难民所享有的公民权利和政治权利主要包括提供保护的国家应向难民签发旅行证件以代替护照,保障难民国际旅游的权利;难民可以参与非政治性和非营利性的社团以及同业公会组织;难民有出席法院的权利,可以向法院提出自己的诉求,接受法院的审判。

但是上述的难民权利从实质上讲都属于治标不治本的难民保护,而难民保护的最终目的应该是永久性地解决难民的安置问题。结合《难民地位公约》的相关规定,以及联合国难民署和联合国大会的相关报告,解决难民问题的主要方式包括自愿遣返、协助自愿回国、加入保护国国籍和第三国重新安置。① 自愿遣返,是指因为难民迫害国国内情况发生了根本变化,出现《难民地位公约》第1条第3款第5项和第6项所指出的"该个人被认为是难民所依据的情况不复存在"的情况,也就是不存在迫害威胁时,难民享有返回其来源国的权利。既然是否返回来源国属于难民权利,也就是说保护国不能强制其返回来源国,如果难民还是畏惧迫害不愿返回,保护国应通过其他途径解决难民问题。自愿回国定居作为实践中最为主要的解决难民最终安置问题的途径,是指难民自愿返回到还是存在迫害危险的来源国定居。当然将其作为解决难民安置问题的途径是从难民保护国的角度而言,毕竟从难民角度看,迫害威胁还是存在,换言之,难民寻求难民庇护的原因还是没有解除。根据《难民地位公约》第1条第3款第4项,本公约应停止适用于已在过去由于畏惧受迫害而离去或躲开的国家内自动定居下来的任何人。就地入籍是指难民取得保护国的国籍,其不再以难民身份受到保护国的保护而是以公民的身份受到保护国的保护。《难民地位公约》第34条规定了难民的入籍问题,但是该规定仅仅指出保护国需要在入籍问题上对难民提供帮助,并没有规定保护国必须接收难民加入其国籍,难民可以申请加入保护国国籍,但是否允许难民加入保护国国籍是由保护国依据其国内法自行决定的,保护国有权拒绝难民入籍。因此,在实践中如果难民保护国不愿意难民加入本国国籍或者难民本人不愿意返回来源国,而希望前往更为合适的地方重建家园,就可能会出现难民在保护国以外的第三国重新安置的情形,根据《难民地位公约》中的有关规定,保护国应当为重新安置过程中的难民转移其合法财产提供便利和援助,还应当为非法入境的难民提供便利,协助其获得在第三国重新安置的机会。但是,重新安置与其他安置方式相比,无论是时间还是物资上都会耗费更多的成本,对此联合国难民署认为,只有在自愿遣返或就地入籍都不能使用、重新安置到第三国最符合难民本身权益时,才可以补充适用。

---

① 督促所有成员国支持联合国难民署寻求难民最终解决方案的努力,建议通过自愿遣返、协助自愿回国、第三国重新安置、加入庇护国国籍等方式解决。参见 General Assembly, Report of the United Nations High Commissioner for Refugees, GA, Res. 38/121, A/38/PV. 100, 16 Dec. 1983.

四、难民保护的困境及其对策

(一) 难民保护的困境

1. 法律规定的欠缺与不足

国际难民法的欠缺在很大程度上制约了难民保护。不可否认,《难民地位公约》和《难民地位议定书》多年来在国际难民保护中发挥着重要作用。但是,伴随着经济和全球化的发展,国际社会对难民保护提出了新的要求,一直保持稳定的《难民地位公约》和《难民地位议定书》难免显得有些不合时宜,例如在难民身份的界定和国家自由裁量权的行使上。

《难民地位公约》中对于难民的界定狭隘。正如前文所言,《难民地位公约》中所指的难民仅指政治难民。但是从现状来看,这一难民概念已经无法涵盖所有需要救助的难民群体了。随着国际形势的发展,新的难民形态不断出现,但是难民的概念却没有实现与时俱进,而呈现出与时代相脱节的态势,这显然不利于难民保护的发展。环境难民便是近代以来大量出现的新的难民群体,2006 年英国"眼泪基金会"的数据显示,截至当年全球环境难民总数已达 2500 万人,2017 年美国康奈尔大学学者预测海平面上升可能将在 2100 年前后导致大约 20 亿人离开家园成为难民。[1] 环境难民已经成为不可忽视的群体。但是,目前对于环境难民的讨论却主要集中在学术界。联合国环境规划署研究员埃尔欣纳维将环境难民定义为由于显著的环境破坏有碍其生存或严重影响生活品质,被迫暂时或永远搬离其原来居处的人民。[2] 但是环境难民的法律地位却没有得到国际法的承认。而国际法对环境难民的保护所持的漠视态度,导致大量因为环境问题而离开家园的人无法在他国得到救济和安置,其人身权和财产权都无法得到保障,实在是难民保护中的一大漏洞。

国家滥用自由裁量权以逃避难民责任。《难民地位公约》虽然以保护难民权利为根本宗旨,但是公约毕竟是各国利益妥协的产物,出于国家安全和利益的考虑,缔约国在制订《难民地位公约》时为本国行使自由裁量权保留了很大的空间。例如在确定难民地位问题上,公约集中于对确定难民地位的实体性规定,而并没有对程序规则进行细化。各国可以自行决定采用何种难民审查程序,必要时国家可以通过国内立法在具体的程序上排斥特定的难民,使其根本无法

---

[1] "美专家:2100 年前海平面上升将致 20 亿人",载 http://www.china.com.cn/news/world/2017-06/28/content_41114192.htm. 2019-3-31。

[2] E. El-Hinnawi, Enviromental Refugees, Nairobi, United Nations Enviromental Program (UNEP), 1985. pp. 11-16.

获得难民地位。以不推回原则的例外为例，根据《难民地位公约》第33条的规定，如果国家有正当理由怀疑该难民对庇护国国家安全构成威胁，则可以驱逐该难民。但是对于对国家安全构成威胁的具体标准却没有规定，而把判断的权利交给了国家，这种情况就可能会导致国家对该概念进行扩大解释而滥用不推回原则的例外情形。

2. 难民保护机构面临的困境

联合国难民署从20世纪50年代设立以来就在难民保护中发挥着无可比拟的作用，但是联合国难民署作为一个政府间国际组织，在难民保护问题上也有着很多局限性。

联合国难民署作为一个政府间国际组织，其决定对于各国政府并没有强制力。不可否认，尽管在《联合国难民署章程》中规定难民署有权监督各国解决难民问题，但是由于联合国难民署对于不执行难民保护与安置的国家缺乏法律强制力，使得这一职能在很大程度上被弱化。即使国家违反公约怠于行使对难民的保护，甚至限制或迫害难民的权利，难民署也无权对这些国家采取强制行动要求其提供难民保护。而很多情况下，出于国家利益的考量，这种非强制的道义上和舆论上的要求并不会对难民保护产生实际作用。

资金严重不足。难民权利保护的全过程都需要资金的投入。联合国难民署每年预算源自联合国拨款和各国认捐，其中各国认捐占绝大多数，但是因为认捐款项没有任何强制力约束，所以在实践中常常会出现各国拖延，甚至拒不兑现的情况。而经费是难民署开展工作的保障，经费的多少直接关系到对难民保护行动方案的实施以及相关救济活动的开展。经费的不足会直接导致难民署无法进行难民保护工作。此外，经费主要来源于国家的现实情况，还可能会导致难民保护行动为国家政策和国际政治所左右，使得难民署成为国家利益博弈的工具，而背离了其难民保护的宗旨。

3. 国内保护实践面临的困境

从《难民地位公约》可知，国家是提供难民保护的主要力量。无论是难民的认定、待遇，乃至安置问题，庇护国在难民保护过程中，自始至终都要提供援助和救济。但是，必须承认的是，大规模难民涌入庇护国，必然会对庇护国的政治、经济、文化、社会等诸多方面带来冲击。而且近年来恐怖主义的威胁也使得各国在对难民的接收问题上采取更为谨慎的态度。上述情况的存在使得各国开始收缩国内的难民政策，可以受到难民保护的人和难民保护的力度都有所降低，国际社会难民保护面临严峻形势。

难民在种族、文化、宗教信仰上与庇护国本国公民之间难免存在差异，而这种差异会在生活的诸多方面得到体现。各庇护国在承担国际义务、接收难民群体的同时，也承受着来自该群体对于国内经济、文化、社会等诸多方面的冲击，尤其是在经济和社会治安上。在经济方面，接受和安置难民的成本会给本国财政带来压力，对国内经济产生冲击。在社会治安上，难民的涌入也增加了治安的压力。英国媒体指出自难民涌入欧洲后，英国的治安持续受到影响，伦敦在 2019 年（截至 3 月 2 日）就出现了 18 起袭击案件。在德国，难民也在很大程度上影响了其国内治安，例如 2018 年年底来自阿富汗、叙利亚和伊朗的 4 名青少年难民在安贝格的街头袭击路人造成 12 人受伤，难民暴力事件也引发了德国民众的仇外思想，2017 年德国共发生 2219 起针对难民的袭击事件，极大地影响了社会的和平稳定。①

大量恐怖分子假借难民之名有组织有目的地进入欧洲，使其原本平静的社会秩序被打破，逐渐成为恐怖袭击的焦点。2015 年 11 月 13 日，法国首都巴黎辖区内发生多起袭击，极端组织"伊斯兰国"随后声称实施了此次袭击；2016 年 3 月 22 日，比利时首都布鲁塞尔市郊的扎芬特姆机场和市内欧盟总部附近地铁站先后发生爆炸，比利时内政部一度将该国的安全警戒级别调至最高级；2016 年 7 月 14 日，法国国庆日当晚，一辆卡车在法国南部海滨城市尼斯冲撞观看国庆节烟花表演的人群，法国总统认为这起袭击事件的"恐怖性质"不可否认，并因此宣布将全国紧急状态延长 3 个月。在打击恐怖主义的观念影响下，各国开始收紧难民政策，最为明显的表现就是对外来人口越来越苛刻的检查和对待。恐怖主义活动的肆虐及其带来的巨大危害，使得政府对外来人口采取越发严格的措施，对难民保护产生了消极影响。例如，美国在 2001 年通过的《加强美国安全统一法》中设置了加强入境审查的条款，规定因恐怖主义原因而被拒绝入境者的妻子和子女也可以因为家庭关系而不是个人行动而被拘留，并且扩大了"秘密证据"的使用范围，使得无须向嫌疑犯和法院出示任何证据就可以将嫌疑犯驱逐出境。②

（二）难民保护的完善

面对《难民地位公约》的缺陷和不足，首先需要扩大难民定义的外延，其次需要对国家的自由裁量权进行一定的限制。对于难民的定义，除了传统的《难民地位公约》中规定的政治难民，还应该将战争难民、环境难民也纳入难民的范畴，并对环境难民的概念做出权威的定义。对于各国的自由裁量权问题，

---

① "默克尔走了 给欧洲留下 300 万难民"，载 http://www.sohu.com/a/293059402_600557. 2019-3-31。

② "难民保护出现的新情况"，载 http://www.china.com.cn/chinese/zhuanti/263528.htm. 2019-4-10。

为了更好地实现对难民的保护，需要在《难民地位公约》中明确难民地位的程序性规则以及在除外条款的适用上提供一定的原则性标准，而不能完全由缔约国自行规定。《难民地位公约》可以适当吸收上文提及的联合国难民署"关于难民身份甄别"的第8号决议和欧盟理事会促进难民保护的发展的第2005/85/EC号《关于授予和撤销难民地位程序的最低标准的指令》中对于难民审查标准的最低要求的相关规定，以对缔约国在确定难民地位的程序性规则上的自由裁量权加以限制。特别是对于"拒绝给予难民身份"或者"对国家安全构成威胁"的情况，国际社会应该设定标准，以限制特定国家对相关概念进行扩大解释而故意将部分难民排除在保护范围以外的行为。

面对难民保护机构在难民保护中面临的困境，首先需要强化联合国难民署的监督权，其次需要保障难民署的资金来源。正如前文所言，联合国难民署的行为缺乏强制力，对于国家而言效力主要在舆论和道义上，因此需要赋予联合国难民署在难民保护问题上的法律强制力，具体来说，可以通过修改《联合国难民署章程》来实现。《难民署章程》中可以规定《难民地位公约》的缔约国应当定期向难民署报告本国难民现状和保护情况，难民署对相关报告进行分析并采取对应措施，对难民问题严重的国家要提供指导，对不履行义务的国家加以告诫。在联合国难民署的资金问题上，可以通过修改《联合国大会章程》使联合国难民署成为联合国的半官方机构，使联合国拨款成为难民署的主要资金来源，以保障难民署资金来源的稳定性和独立性。

至于国家保护实践上面临的困境，对于国家而言是其自由裁量权的体现，国家有权决定向哪些群体提供保护，不向哪些群体提供保护。尽管应当对自由裁量权进行限制以防止国家滥用该权利以逃避难民保护，但是从本质上讲，对特定个人是否提供难民保护是国家的权利而非义务，不能强制国家提供难民保护。因此，面对由于难民对国家秩序的冲击和恐怖主义导致的难民政策的收缩，并不能直接在《难民地位公约》或者其他难民保护公约中要求国家放松难民政策，接收更多难民，否则不仅不能实现难民保护的目的，还可能会导致国际局势的紧张，应当采取鼓励的态度，动员缔约国为难民提供保护。

归根结底，无论是通过难民保护机构、国家还是相关立法提供的难民保护，虽然可以在难民问题出现之后解决燃眉之急，但是并不能从根本上消除难民问题。要想真正意义上地消除难民问题，需要加强国家和民族之间的沟通、促进不同文化的交流、防止国际冲突的发生、消除贫困、保护环境，最终使每个人都能在国内自由幸福地生活，而不用担心受到迫害或危害。

第四节 引　　渡

一、引渡制度概述

（一）引渡的概念及其发展

引渡是指一国应外国要求，把在其境内被该外国指控为犯罪或判刑的外国人，移交给外国审理或处罚的一种国际刑事司法协助行为。①

引渡最早可以追溯至公元前1280年，埃及和赫梯族两国国王在叙利亚战争结束后签订的《和平条约》中规定，双方要互相遣返逃到对方境内的被请求引渡人。这一时期的引渡实质上是统治者用来维护其政治统治，进行政治交易的一种工具和手段，其倚助的是"政治"和"外交"手段，主要引渡对象是政治犯罪（如政敌），军事犯罪（如逃兵）和宗教犯罪（如异教徒）等。②

到了18世纪后，随着资产阶级革命的发展，引渡也发生了重大变化，意大利法学家贝卡利亚首次提出从法律角度保障被请求引渡人的权利，并且倡导引渡不应作为统治者政治交易的工具。③ 在1833年比利时颁布了《引渡法》，第一次在法律上明文规定了禁止引渡政治犯，此后政治犯不引渡原则在欧洲各国国内立法和引渡条约以及欧洲国家和美国的引渡条约中得到广泛承认。在这一背景下，出现了现代国际法意义上的引渡制度，即不涉及政治犯，主要针对刑事犯罪的国家间的刑事司法协助行为。

在国际法上，国家之间并没有引渡被请求引渡人的义务，正如前文所指出的，引渡往往是基于引渡条约进行的。如果两国之间并不存在引渡条约，一国可以自行决定是否向他国引渡被请求引渡人，但是一旦两国之间签订了引渡条约或者同为某一个引渡公约的缔约国，那么国家就必须承担条约义务，应他国要求向其引渡被请求引渡人。目前国际社会上，有专门的引渡条约，包括双边的和多边的，如《欧洲引渡公约》（1952）、《引渡示范条约》（1990）、《美洲国家间引渡公约》（1993）、《中国与西班牙引渡条约》（2006）等，此外在一些

---

① 梁西主编：《国际法》，武汉大学出版社2011年版，第253页。
② 李英、邓锦云："论引渡的国际法原则——兼评《中华人民共和国引渡法》"，载《国际关系学院学报》2001年第4期。
③ 黄风：《引渡制度》，法律出版社1997年版，第5页。

跨国犯罪、国际犯罪的公约中也有关于引渡的规定，如《联合国打击跨国有组织犯罪公约》《联合国反腐败公约》等。

(二) 引渡原则

引渡原则是在引渡实践中逐渐形成的，通过引渡公约确定下来的，对引渡制度的各个领域具有指导意义，为国际社会所公认的，在引渡中普遍适用的准则。[①]

1. 双重犯罪原则

所谓双重犯罪原则是指只有被请求引渡者的行为，依请求国与被请求国之法律，均构成犯罪的，才能准许被引渡。有其中一国认为被请求引渡所指向的行为不构成犯罪的，则不能引渡，也有国家以具体双罚性作为引渡是否适宜的标准。[②] 双重犯罪原则的确立一方面是罪刑法定原则在国际刑事司法协助上的体现，另一方面也是尊重被引渡国的国家主权和保护基本人权的要求。根据双重犯罪原则，被请求国在收到请求国引渡请求时，被请求国需要独立地依据本国法律审查引渡请求国所要求引渡者所犯的罪行在本国是否构成犯罪，并且将该判断作为是否引渡该人的依据，即该人的行为必须在被请求国也构成犯罪时，被请求国才会将该人引渡给请求国进行审判和惩处。但是，在这里需要明确的一点是，双重犯罪所要求的并不是被请求引渡者在被请求国实际实施了犯罪行为，即该人所犯罪行切实地违背了被请求国法律，而是假设被请求引渡者的行为如果发生在被请求国是否构成犯罪来进行判断，否则被请求国就可以基于属地管辖权直接拒绝外国的引渡请求。此外，如果仅将请求国本国的法律规定作为是否引渡的理由，而无视被请求国的法律规定，一味地强调被请求引渡者的行为在请求国属于犯罪并将其作为引渡的理由，是对被请求国法律的不尊重。再者，如果被请求国将依照本国法律不属于罪犯的被请求引渡者引渡给请求国，使其遭受审判和惩处，在道义上将会被认为是侵犯基本人权的行为。因此，在引渡中必须遵循双重犯罪原则。

双重犯罪原则在有关引渡的诸多国内立法、双边条约或国际公约中都得到了体现。例如《中国引渡法》第7条第2款也规定了为了提起刑事诉讼而请求引渡的，引渡请求所指的罪行需要在我国和请求国的法律中都可以判处1年以上有期徒刑或者其他更重的刑罚。《中国和俄罗斯联邦引渡条约》第2条也规定了该条约所称的可引渡的犯罪指根据缔约双方法律均构成犯罪。《引渡示范

[①] 刘亚军：《引渡新论——以国际法为视角》，吉林人民出版社2004年版，第33页。
[②] 李英、邓锦云："论引渡的国际法原则——兼评《中华人民共和国引渡法》"，载《国际关系学院学报》2001年第4期。

条约》中明确指出，可予引渡之犯罪行为系指按照缔约国双方法律规定可予监禁或以其他方式剥夺其自由最长不少于 1~2 年或应受到更为严厉惩罚的任何犯罪行为。而这里就涉及一个问题，对于作为引渡理由的罪行是否有最低法定刑的限制。其实，在以往的引渡实践中，并没有这一限制，但是现代引渡制度中基于保护基本人权和诉讼成本的考虑，对于最低法定刑开始提出了要求，对于那些犯罪性质、犯罪情节比较轻微的犯罪或者执行刑罚的引渡中未服刑期间太短，即使被请求国和请求国都认为该行为属于犯罪，也应当不予引渡。例如《中国引渡法》中要求可引渡之罪的刑期为 1 年以上，为执行刑罚而请求引渡的，该人尚未服完的刑期至少为 6 个月。在《中国和俄罗斯联邦引渡条约》第 2 条第 1、第 2 款中也作出了相同规定。此外《欧洲引渡公约》《引渡示范条约》中也对可引渡之罪所应当判处的最低刑罚和为了执行判决而请求引渡时所要求的最低未服刑期做出了要求。

2. 政治犯不引渡原则

政治犯不引渡原则是指被请求引渡的犯罪在被请求国被视为政治犯罪或者与政治有关的犯罪，被请求国可以拒绝引渡请求。这一原则形成于 18 世纪末，在 1793 年《法国宪法》中确定的庇护制度为政治犯不引渡原则奠定了基础。此后 1833 年《比利时引渡法》正式规定禁止引渡政治犯，后来政治犯不引渡原则被普遍接受，成为公认的原则。政治犯不引渡原则体现了对被请求国国家主权和基本人权的尊重，有利于被请求国在请求国政治冲突中保持中立，进而保障司法协助的顺利进行。首先，政治犯不引渡对于被请求国而言是根据其自身对政治犯的判断来拒绝请求国的引渡请求，即以被请求国对被请求引渡者属于政治犯的认定来对抗请求国所提出的不属于政治犯的认定，体现了在该问题上被请求国的司法主权。其次，因为政治犯损害了国家的政治利益，将其引渡回被请求国接受审判很可能会面临不公正的待遇，所以政治犯不引渡也是保护人权的要求。最后，如果被请求国将政治犯引渡回请求国，那么从结果上看被请求国和请求国就共同处于反对政治犯的立场上，而政治犯罪往往涉及一国内政，在国际关系上相当敏感，可能会出现干涉他国内政进而产生国家矛盾的结果。

而且在实践中，由于政治犯罪概念的界定不明确，以及是否构成政治犯罪是由被请求引渡的国家来确定，使得该原则受政治因素影响极大，国际社会在政治犯的认定上存在着很大的争议。例如，在 2013 年就斯诺登政治犯身份认定上，美国和俄罗斯之间就出现了争议。① 美国认为斯诺登不属于政治犯。在实践中美国对于政治犯的认定所采纳的是英国在 Castioni 案中所提出的政治犯的审查标准，即必须有起义或者其他暴力性武装冲突的发生，而犯罪行为伴随上述冲突出现并促进其发展，只有满足上述两个条件才能被认定为政治犯。根据这一标准，斯诺登虽然侵犯了政府的利益，但是其行为并非是在起义或者武装冲突中产生，因此并不属于政治犯。而俄罗斯则根据宪法和相关条例的规定肯定了他的政治犯身份。目前，斯诺登仍身处俄罗斯，而美俄两国之间也并未就该问题达成一致意见。

一般而言，如果被请求国和请求国在被请求引渡者是否属于政治犯问题上出现争议时，被请求国都会拒绝引渡。如前文所言，政治犯的界定中存在着很大程度的政治考量，换言之，在某些情况下即使某一犯罪并不属于政治犯罪，被请求国也可能将其认定为政治犯罪并拒绝引渡。政治犯罪应该如何认定呢？相关国内法和国家条约中往往只是笼统地强调政治犯罪，但是对政治犯罪的具体认定却没有规定。例如《中国引渡法》中的表述是"因政治原因"和"可能因其种族、宗教、国籍、性别、政治见解或者身份等方面的原因而被提起刑事诉讼或者执行刑罚，或者被请求引渡人在司法程序中可能由于上述原因受到不公正待遇"时被请求国应当拒绝引渡。而事实上，目前并没有任何一个涉及引渡的国内法或国际公约对政治犯罪这一纯法律概念作出明确定义。联合国《引渡示范条约》中，也出现以下笼统的界定，"被请求国有充分理由确信，提出引渡请求是为了某人的种族、宗教、国籍、族裔本源、政治见解、性别或身份等原因而欲对其起诉或惩处，或确信该人的地位会因其中任一原因而受到损害"。被请求国应当结合主观有责和客观违法两个层次对被请求引渡者是否属于政治犯进行判断，主观有责要求罪犯是出于特定的政治目的或者政治动机而故意实施所谓犯罪行为，客观违法则要求罪犯所实施的具有政治性质的行为对请求国国家利益造成了损害。

3. 本国国民不引渡原则和或引渡或起诉原则

本国国民不引渡原则无论是在立法还是实践上都存在两种截然相反的主张，首先是以英国为代表的英美法系国家，由于其实行的是属地管辖权原则，所以

---

① 爱德华·约瑟夫·斯诺登，前美国中情局情报分析员、前美国国家安全局外包公司的系统管理员，他因工作原因知晓了美国政府的监听计划"棱镜计划"，并认识到美国政府正在侵犯美国公民的隐私甚至世界上其他国家的合法权益，遂向媒体秘密爆料美国政府的该项丑闻。2013 年 5 月 20 日斯诺登离开美国飞抵中国香港地区，美国于 6 月 21 日对斯诺登提起刑事指控并向中国香港地区提出引渡斯诺登的请求，6 月 23 日斯诺登飞往莫斯科，同年 8 月 1 日俄罗斯同意向斯诺登提供临时庇护，后该庇护期延长至 2020 年。

对引渡本国人一般是持赞成或不反对的态度；而在奉行属人管辖权的国家，往往会拒绝引渡本国公民。例如1947德国的《基本法》第16条第2款就明确规定，"不允许引渡德国公民"。在"二战"后，随着刑事诉讼人权保护观念的发展，一些国家出于本国公民可能在外国审判中处于不利地位的担心，同时由于语言翻译等问题而造成审判的不便或纰误而不愿意引渡本国公民。本国国民不引渡原则得到了进一步的发展。但是这一原则很有可能会导致域外犯罪的犯人借此逃避法律制裁的情形出现，即被请求国既不愿意将该人引渡给请求国进行惩处，也不在国内追究该人的责任。在此背景下，或引渡或起诉原则应运而生。

或引渡或起诉原则是指如果在被请求国应当按照有关条约将该被请求引渡人引渡给请求国，如果不引渡该被请求引渡人，应当按照本国法律对该被请求引渡人提起诉讼以追究其刑事责任。格劳秀斯在《战争与和平法》中就已经提到，由于通常情况下一个国家不会允许另一方的武装力量进入其领土以惩罚罪犯，所以罪犯所在的王国就有必要基于受害方的控诉，或者自己对罪犯进行惩罚，或者将他移交给受害方处置。① 1970年的《非法劫持航空器公约》中明确指出，在其境内发现被指称的罪犯的缔约国，如不将此人引渡，则不论罪行是否在其境内发生，应无例外地将此案件提交其主管当局以便起诉。或起诉或引渡原则是被请求国拒绝引渡后的重要补救措施，可以使得被请求引渡者并不致因为拒绝引渡而免于惩罚，体现了国际社会共同努力打击犯罪的思想。

或引渡或起诉原则在引渡实践中也发挥着重要作用。以比利时诉塞内加尔案为例，国际法院在2012年作出的判决中指出塞内加尔如不将哈布雷引渡，则应立即将其交由有关当局起诉。乍得前总统侯赛因·哈布雷，在1982~1990年担任乍得总统期间犯下战争罪、反人类罪等多种国际罪行。2000年，乍得籍受害人在达喀尔地方法院提起诉讼，以酷刑罪等罪名指控哈布雷，达喀尔地方法院将哈布雷软禁，但哈布雷以初审法院没有管辖权提起上诉，并得到了上诉法院和塞内加尔最高法院的支持，之后哈布雷被释放。于是，受害人又以同一理由在比利时起诉，比利时向塞内加尔提出将哈布雷引渡到比利时进行审判的请求。然而，塞内加尔既没有对哈布雷进行起诉，也没有同意比利时的引渡请求。2009年比利时以塞内加尔违背《禁止酷刑和其他残忍、不人道或有辱人格的待遇或处罚公约》中相关规定为由将其诉至国际法院。在国际法院作出或引渡或起诉的判决后，2016年非洲特别法庭以反人类罪、战争罪等罪名判处哈布雷终身监禁。

在或引渡或起诉原则的适用上还需要注意的是引渡请求的提出时间。如果

---

① [荷] 格劳秀斯：《战争与和平法》，何勤华等译，上海人民出版社2005年版，第318页。

请求国是在被请求国对被请求引渡者起诉前提出引渡请求的，被请求国应对该引渡请求进行审查以确定是否引渡，如果同意，则将被请求引渡者引渡至请求国，由请求国进行惩处；如果不同意，则需要在被请求国国内对被请求引渡者提起诉讼。如果请求国是在被请求国对被请求引渡者起诉后提出引渡请求的，则被请求国完全可以以国内起诉对抗引渡请求，拒绝请求国的引渡请求。此外，如果一国拒绝引渡被请求引渡人，而该国依本国法对该犯罪并无管辖权，即不能根据本国法律追究被请求引渡人的刑事责任，或引渡或起诉原则实质上就会归于无效，这种情况该如何处理呢？或引渡或起诉原则的适用存在必要的前提，即依据拒绝引渡国家的国内法也可以追究被请求引渡人的刑事责任，否则，在满足引渡的其他要求的情况下，被请求国就应当同意引渡请求。

4. 死刑不引渡原则

死刑不引渡原则是在国际人权运动的发展中逐渐形成的，是指对于按照引渡请求国的法律可判处死刑的被请求引渡人，除非请求国做出不对其判处死刑，或判处死刑但不执行的保证，被请求国可以拒绝引渡。18 世纪以前，死刑并不是拒绝引渡的理由。在 18 世纪后，随着文艺复兴和启蒙运动的发展，人道主义思想开始出现并得到广泛传播。"二战"后，人权的内容日益丰富，对于生命权的保障在诸多国际条约中得到体现。《世界人权宣言》第 3 条规定人人有权享有生命、自由与人身安全；第 5 条指出，对任何人不得加以酷刑或施以残忍的、不人道的或者侮辱性的待遇或者刑罚。此后《公民权利和政治权利国际公约》《经济、社会及文化权利公约》等人权文件中也是多次强调生命权是基本人权之一，不得任意剥夺。而人权保护，尤其是对作为基本人权的人身权、生命权的保护，为死刑不引渡原则奠定了法理基础。

死刑不引渡原则在诸多有关引渡的国内法和国际条约中都有规定。最早规定死刑不引渡原则的国际公约是 1933 年的《泛美引渡条约》，根据该条约，若是引渡对象依据请求国法律应被判死刑的，请求国应对引渡对象判处死刑以外的刑罚。之后 1957 年的《欧洲引渡公约》第 11 条规定，如果被请求引渡者所犯罪行在请求国可能会判处死刑的，除非请求国作出使被请求国认为足够的不执行死刑的保证，被请求国可以拒绝引渡。相关规定也被写入了《引渡示范条约》第 4 条第 4 款之中。①《英国引渡法》中明确规定国务大臣在受到法院提交

---

① 《引渡示范条约》第 4 条规定，(d) 按请求国的法律作为请求引渡原因的罪行应判处死刑，除非该国作出被请求国认为是充分的保证，表示不会判处死刑，或即判死刑，也不会予以执行。如被请求国据此拒绝引渡，则应在对方提出请求的情况下将此案交由其本国主管当局审理，以便就作为请求引渡原因的罪行对该人采取适当行动。

的引渡案后，必须考虑被请求人是否会被判处死刑，除非得到请求国对于被请求人不会被判处死刑或者判处死刑后不会执行的书面保证，否则不能引渡。

（三）引渡程序

引渡是发生在请求引渡国和被请求引渡国之间的司法活动，很显然，它的主体包括请求引渡国和被请求引渡国。在国际条约、国内立法和司法实践中，被请求引渡的国家是指被请求引渡者所在的国家。而请求引渡国则相对复杂，可以是被请求引渡者的国籍国，请求国依据属人管辖权对本国公民的犯罪享有管辖权有权要求引渡；可以是犯罪行为发生地国，请求国依据属地管辖权对其领土内的犯罪享有管辖权有权要求引渡；也可以是受害国，基于属地优越性的延伸原则，请求国享有保护性管辖权，因为受到犯罪行为后果的影响而对该犯罪享有管辖权要求引渡。

正如上文所述，有权请求引渡的国家可能不止一个，如果这些国家同时要求引渡，被请求国有权自行决定将被请求引渡人引渡给哪一个国家。正如《引渡示范条约》第16条所规定的，一缔约国如从另一缔约国和第三国收到引渡同一人的请求，应斟酌决定将其引渡给哪一个国家。但是也有条约直接对这一问题作出了具体规定。如1933年的《美洲国家间引渡条约》，其中第7条规定：如果多个国家为同一罪行请求引渡时，犯罪发生地国有优先权；如果这个人犯有几项罪行而被请求引渡时，则按照被请求国法律，罪行最重的犯罪地国有优先权；如果被请求国认为各罪行同样严重时，优先权依其提出引渡请求的先后顺序决定。

引渡主要是以被请求引渡者为客体而进行的活动，被请求引渡者，即被引渡的对象，是指被一国指控为犯罪或判刑的人，而根据前文所指出的政治犯不引渡原则和本国公民不引渡原则，被请求引渡人应该是指除政治犯外，为请求国指控为犯有可予引渡的罪或判刑的非被请求国公民。而可予引渡的罪行，需要满足双重犯罪原则。当然，各国也可以在双边条约或者国际条约中对可予引渡的罪行作出具体的规定，例如明确约定可以引渡的具体罪名、概括规定判刑多少年以上的犯罪可以引渡等。例如在《引渡示范条约》第2条第1款就规定了可予引渡之犯罪行为是指按照缔约国双方法律规定可予监禁或以其他方式剥夺其自由最长不少1~2年或应受到更为严厉惩罚的任何犯罪行为，如果是为了执行判决的，仅在其未服刑期至少有4~6个月时方可准予引渡。

引渡的流程在相关条约、国内立法以及司法实践中一般包括以下三个步骤：提出引渡请求，请求国主管机关通过外交渠道向被请求国主管机关提交引渡请求书、佐证文件及其他相关材料；被请求国按照本国国内法对上述材料进行审查,如果认为相关材料不够充分,可以要求请求国在合理时间补充材料,如果已经对是否引渡作出决定应及时通知请求国,拒绝引渡请求时应当说明理由;引渡的执行,一旦通知准予引渡,被请求国应当及时移交被请求引渡人,请求国必须在合理期间内接受该被请求引渡人,请求引渡人移交完成引渡程序即告结束。

在被请求引渡人移交后,请求国可以依据国内法对被请求引渡人进行审判,但是请求国只能就其引渡时所依据的罪名,加以审判和处罚。如果请求国以其他罪名对被请求引渡人进行审判和处罚,被请求国可以提出抗议,并要求被请求国承担相应的国际责任。此外,如果请求国需要将被请求引渡人引渡给第三国,需要经过被请求国的同意,除非被请求引渡人在其受引渡罪行结案后合理时间内可以离开而不离开被请求国或者在离开被请求国后又自愿返回被请求国。

二、引渡制度的新发展

(一) 双重犯罪原则呈弱化趋势

正如前文所言,双重犯罪原则既体现了对国家主权的尊重,也体现了对被请求引渡人人权的保护,是引渡的重要原则。但是,各个国家在意识形态、社会制度、人文社会等方面存在不同,在对犯罪的认定上不可能完全一致,因此双重犯罪原则很容易对国际司法协助造成障碍。为了更好地完善引渡制度,促进国际刑事司法合作的发展,双重犯罪原则呈现出一种弱化趋势,最为典型的就是出现了双重犯罪的例外。

双重犯罪的例外是指在特殊情况下,即使被请求引渡人的行为并不属于被请求国国内法上的犯罪,即并不满足严格意义上的双重犯罪原则,也可以被引渡。双重犯罪的例外包括三种情形:某一犯罪在请求国和被请求国的国内立法中罪名和犯罪构成要件不一致,请求国和被请求国就某一罪行是否可罚的要求不同,多种罪行中只有部分罪行构成双重犯罪。

其一,在适用双重犯罪原则的问题上,并不要求某一具体犯罪在请求国和被请求国的国内立法中罪名和犯罪构成要件完全一致。只要同一行为同时触犯请求引渡国和被请求引渡国的法律,就符合双重犯罪的条件,至于在罪名和具体的构成要件上的差异则是无须考虑的。各国法律制度自然存在差异,同样的侵害行为在不同国家的刑法中可能有着不同的罪名或者规定了不同的构成要件。如果一味地苛求罪名和构成要件上的一致,放大各国国内法之间的差异,必然会妨碍引渡合作,不利于国家间刑事司法协助的开展。在我国与外国缔结的引渡条约中,都规定了不要求罪名和犯罪类别相一致,如《中国和柬埔寨引渡条约》第2条第3款便指出犯罪种类和罪名的差异并不影响双重犯罪的认定。①《引渡示范条约》中也指出在确定某一行为是否构成双重犯罪时没有必要强调犯罪类别和罪行的同一。②

其二，请求国和被请求国就某一罪行是否可罚的要求不同，也可以准予引渡。例如，1982年《瑞士引渡法》第4条明文规定，根据请求国的法律认为是可罚的行为，而按照瑞士法是不可罚的，瑞士仍然可以允许引渡。而根据《联合国反腐败公约》第44条第2款③的规定，如果被请求国和请求国都是《联合国反腐败公约》的缔约国时，意味着在国际法层面上双方都承认腐败构成犯罪。因此在缔约国本国法律允许的前提下，即使该缔约国的国内立法对于腐败行为的定性尚不明确或者并不认为其属于犯罪行为时，也可以根据《联合国反腐败公约》准予引渡请求。由此可见，尽管在一般情况下，引渡需要遵循双重犯罪原则，但是该原则并非是强制性条件，因为根据其国内立法判断某一行为是否构成犯罪，对于被请求国而言是权利而非义务，这就意味着被请求国可以通过国内立法、双边条约或者国际公约放弃这一权利，使得在某些情况下被请求国可以对在本国不构成犯罪的行为准予引渡。

其三，多种犯罪中只有部分犯罪构成双重犯罪，也可以准予引渡，即所谓的附带引渡。其主要包含两层含义：首先，这些犯罪中只要有一种犯罪构成双重犯罪就可以准予引渡，但是对在被请求国不构成犯罪的罪行，请求国不得进行惩处；其次，如果这些犯罪在两国都构成犯罪，但是并非所有犯罪都满足引渡所要求的刑期标准，只要其中有一项犯罪符合有关的刑期标准，那么对于其他未达到该标准的轻微犯罪也可以引渡，请求国可以对满足其他要求的所有犯罪进行惩处。附带引渡体现了刑法司法合作中的充分合作精神，被请求国在刑事司法协助上尽可能向请求国提供最大程序的协助。同时附带引渡还体现了特定性原则，即请求国将被请求引渡者引渡回国后，只能就引渡请求所指明的罪行对其进行追诉、审判或处罚，而不得对引渡理由之外的其他罪行进行审判或惩罚，即特定罪名只有在引渡请求中明确列举时才能作为追究被请求引渡者的

---

① 《中国和柬埔寨引渡条约》第2条第3款规定，在确定一项犯罪是否违反缔约双方法律时，缔约双方法律是否将构成该项犯罪的行为归入同一犯罪种类或使用统一罪名不应产生影响。

② 《引渡示范条约》第2条第2款规定，在确定某一犯罪行为是否构成违反缔约国双方法律的犯罪行为时：(a) 不应计较缔约国法律是否将构成该犯罪的行为或不行为列入同一犯罪类别或者是否对该罪行采取同一用语；(b) 应对由请求国提出的行为或不行为作整体考虑，而不论根据缔约国法律规定该犯罪行为的组成部分是否有别。

③ 《联合国反腐败公约》第44条第2款规定，尽管有本条第一款的规定，但缔约国本国法律允许的，可以就本公约所涵盖但依照本国法律不予处罚的任何犯罪准予引渡。

责任的理由。例如《联合国反腐败公约》第44条第3款指出，如果引渡请求涉及的几项独立犯罪中只要有一项犯罪可以依公约予以引渡，其他相关的独立犯罪即使不符合缔约国的最低限度刑罚标准，也可以依照公约准予引渡。我国引渡法以及我国与其他国家签订的引渡条约也都体现了这一主张。例如《中国引渡法》第7条第3款①、《中国与俄罗斯引渡条约》第2条第4款②、《中国与西班牙引渡条约》第2条第3款③。这一主张在实践中也得到广泛认可。例如在黄海勇④引渡案中，秘鲁最高法院第二临时刑事法庭在对本案引渡程序中的首次咨询判决中指出，我国针对黄海勇以逃避关税罪（《中国刑法》中的走私普通货物罪）和行贿罪提出引渡请求是正确的，符合《中国和秘鲁共和国引渡条约》的规定，但是秘鲁刑法中并不存在洗钱罪，因此我国以洗钱罪对黄海勇提出引渡，这一引渡请求并不符合秘鲁引渡所遵循的双重犯罪原则。由此可见，尽管在黄海勇案中，我国对秘鲁提起的引渡请求中涉及的多种犯罪，有部分在秘鲁并不构成犯罪，但是其并不影响我国以其他罪名为由请求引渡黄海勇。

（二）政治犯不引渡原则受到限制

因为政治犯概念界定上的模糊性，使得"政治犯不引渡原则"常常成为一国根据自己的政治需要拒绝引渡请求的借口，从而导致一些犯罪分子逃避了应有的惩罚。但是这样一来就在实质上形成了对罪行的放纵，不仅会破坏正常的法律秩序，还会导致对国际社会正义的损害。因此，需要对政治犯不引渡原则进行限制。对此，目前国际社会已经达成共识，将国际犯罪、腐败犯罪和恐怖主义犯罪等排除在政治犯罪之外。

国际犯罪非政治化，即明确将国际犯罪排除在政治犯不引渡的范围之外。例如《前南斯拉夫问题国际刑事法庭规约》（1993）、《卢旺达问题国际刑事法庭规约》（1994）、《国际刑事法院规约》（1998）中均指出有关国家需要

---

① 《中国引渡法》第7条第3款规定，对于引渡请求中符合前款第一项规定的多种犯罪，只要其中有一种犯罪符合前款第二项的规定，就可以对上述各种犯罪准予引渡。

② 《中国与俄罗斯引渡条约》第2条第4款规定，如果引渡某人的请求涉及几个行为，每个行为根据缔约双方法律均应处以刑罚，但其中有些行为不符合本条第一、二款规定的条件，在该人至少因一个可引渡的行为而被允许引渡时，被请求的缔约一方也可因这些犯罪行为允许引渡该人。

③ 《中国与西班牙引渡条约》第2条第3款规定，如果引渡请求涉及两项以上依双方法律均构成犯罪的行为，只要其中有一项行为符合本条第一款规定的刑罚期限的条件，被请求方即可以针对上述各项行为同意引渡。

④ 黄海勇，深圳裕伟贸易实业有限公司法定代表人，涉嫌走私罪，案值12.15亿元，并涉嫌逃税7.17亿元，1998年8月出逃，先后逃至美国、秘鲁等国。"红通人员秘鲁被羁押八年《红色通缉》揭幕后故事"，载http://www.chinanews.com/sh/2019/01 - 06/8721147.shtml. 2019 - 4 - 12。

向国际特别刑事法庭和国际刑事法院移交或引渡犯有规约规定的国际罪行的人。上述刑事法庭规约对于不适用政治犯不引渡原则的国际犯罪进行了规定，但是这是否意味着国际罪行仅指规约中规定的侵略罪、战争罪、反人类罪呢？并非如此，许多其他的专门性公约也对排除在政治犯范围之外的国际罪行进行了规定。《防止及惩治灭绝种族罪公约》(1948)、《消除一切形式种族歧视国际公约》(1965)、《禁止并惩治种族隔离罪行国际公约》(1973) 明确指出灭绝种族罪、种族歧视罪和种族隔离罪不应视为政治犯罪。此外，根据《废止奴隶制、奴隶贩卖及类似奴隶制之制度与习俗补充公约》(1956)、《制止非法劫持航空器公约》(1970)、《关于防止和惩处侵害应受国际保护人员包括外交代表的罪行的公约》(1973)、《禁止酷刑和其他残忍、不人道或有辱人格的待遇或处罚公约》(1984)、《联合国禁止非法贩运麻醉药品和精神药物公约》(1988) 等国际公约的规定贩卖奴隶罪、非法劫持航空器罪、侵害受国际保护人员包括外交代表罪、酷刑罪、贩毒罪等罪行也不属于政治犯。

  将腐败犯罪排除在政治犯罪之外。腐败是对民主法制和公平正义的亵渎，对国家的社会和经济发展，以及国际社会的稳定和安全都有着很大的消极影响。在该背景下，腐败犯罪的非政治化得到发展，国家积极参与国际刑事司法合作，携手打击腐败犯罪。2003 年，联合国大会通过了旨在预防和打击腐败犯罪的《联合国反腐败公约》，其中第 44 条第 4 款规定如果缔约国本国法律允许，公约中所规定的任何犯罪都不属于政治犯罪。① 由此可见，《联合国反腐败公约》中明确指出政治犯罪不包含腐败犯罪，因此腐败犯罪并不能适用政治犯不引渡原则。《联合国反腐败公约》中的相关规定对全球范围内的反腐合作起到了积极的促进作用。在 2018 年 11 月 30 日，我国成功将外逃保加利亚的职务犯姚锦旗引渡回国。② 我国在 1996 年就和保加利亚签署了引渡条约，而且我国和保加利亚都是《联合国反腐败公约》的缔约国，两国之间就腐败犯罪不属于政治犯罪并不存在争议，因此在保加利亚警方抓获姚锦旗一个月后，保加利亚索菲亚地

---

① 《联合国反腐败公约》第 44 条第 4 款规定，本条适用的各项犯罪均应当视为缔约国之间现行任何引渡条约中的可以引渡的犯罪。缔约国承诺将这种犯罪作为可以引渡的犯罪列入它们之间将缔结的每一项引渡条约。在以本公约作为引渡依据时，如果缔约国本国法律允许，根据本公约确立的任何犯罪均不应当视为政治犯罪。

② 姚锦旗，浙江省新昌县原常务副县长，涉嫌利用职务之便多次收受他人巨额财物。"国家监委引渡第一案姚锦旗：外逃 13 年生活太凄凉"，载 https://news.sina.com.cn/zx/2018-11-30/doc-ihmutuec5099654.shtml. 2019-4-10。

方法院便作出裁决同意向我国引渡姚锦旗。① 2016年11月杨秀珠回国投案自首。② 在潜逃荷兰、美国期间，杨秀珠多次辩称其行为属于政治犯，并请求政治避难，但是荷兰、美国法院均否认了这一说法，拒绝向杨秀珠提供庇护。尽管荷兰和美国并没有与我国签订引渡条约，也并未将杨秀珠引渡回我国，但是荷兰和美国也是《联合国反腐败公约》的缔约国，而且从其在杨秀珠案的判决中也可以看出该两国也认为腐败犯罪并不属于政治犯罪。

将恐怖主义犯罪排除在政治犯罪之外。恐怖活动由来已久，对国际和平安全、社会经济发展而言都是严重威胁，国家合作联合反恐是国际社会的共识。③ 在联合国的主持下，各国通过了《关于制止非法劫持航空器公约》（1970）、《关于制止危害民用航空安全的非法行为的公约》（1971）、《反对劫持人质国际公约》（1979）、《制止恐怖主义爆炸事件国际公约》（1997）、《制止向恐怖主义提供资助的国际公约》（1999）、《打击跨国有组织犯罪公约》（2000）等，而上述公约都规定了在缔约国对非法劫持航空器、危害民用航空安全、劫持人质、恐怖主义爆炸、资助恐怖主义等恐怖主义犯罪提出引渡请求时，应当将恐怖主义犯罪排除在政治犯罪之外，不能适用政治犯不引渡原则。例如，《制止恐怖主义爆炸事件国际公约》第11条中规定为了引渡或相互法律协助的目的，第2条④所列的任何罪行不属于政治犯罪，对于就上述罪行提出的引渡请求，不可只以其属于政治犯罪而加以拒绝。

---

① "外逃职务犯罪嫌疑人姚锦旗被引渡回国"，载 http://www.sohu.com/a/278742082_114988.2019-3-31。

② 杨秀珠，原浙江省建设厅副厅长，因涉嫌贪污受贿犯罪先后潜逃至荷兰、美国。"专访杨秀珠——'死也要死在美国'的她为何回来了？"，载 https://zj.zjol.com.cn/news/1116481.html.2019-4-10。

③ 《欧洲制止恐怖主义公约》第1条规定，国际恐怖主义犯罪包括：1. 属于1970年12月16日订于海牙的制止非法劫持航空器的公约规定范围的罪行；2. 属于1971年9月23日订于蒙特利尔的制止危害民用航空器安全的非法行为的公约规定范围的罪行；3. 涉及侵害受国际保护人员包括外交代表的生命、人身或自由的严重罪行；4. 涉及绑架、劫持人质或严重非法拘禁的罪行；5. 涉及使用炸弹、手榴弹、火箭、自动喷火枪或信函或包裹炸弹，只要其使用危及人的罪行；6. 企图犯前述罪行或作为犯有或企图犯此种罪行的人的同谋而参与。

④ 《制止恐怖主义爆炸事件国际公约》第2条规定，1. 本公约所称的犯罪，是指任何人非法和故意在公用场所、国家或政府设施、公共交通系统或基础设施，或是向或针对公用场所、国家或政府设施、公共交通系统或基础设施投掷、放置、发射或引爆爆炸性或其他致死装置：（a）故意致人死亡或重伤；或（b）故意对这类场所、设施或系统造成巨大毁损，从而带来或可能带来重大经济损失。2. 任何人如意图实施本条第1款所述罪行，也构成犯罪。3. 任何人如有以下行为，也构成犯罪：（a）以共犯身份参加本条第1款或第2款所述罪行；或（b）组织或指使他人实施本条第1款或第2款所述罪行；或（c）以任何其他方式，出力协助为共同目的行事的一群人实施本条第1款或第2款所列的一种或多种罪行；这种出力应是蓄意而为，或是目的在于促进该群人的一般犯罪活动或意图，或是在出力时知道该群人实施所涉的一种或多种罪行的意图。

（三）死刑不引渡原则广泛适用

随着国际人权理论的发展，从立法上看，无论是国内立法、双边条约或是国际公约，死刑不引渡原则都得到了广泛的适用。首先，在国内法有关引渡制度的规范中就明文规定了死刑不引渡原则，例如上文提及的《英国引渡法》中就指出，如果请求国对于被请求引渡者可能判处死刑的可以不予引渡。葡萄牙《宪法》第33条第6款也规定了，如果依据请求国法律，被请求引渡人可能判处死刑的，不予引渡。其次，在双边条约上，是否包含死刑不引渡原则已经不再与本国是否保留死刑制度存在必然联系。例如比利时和挪威，尽管两国都废除了死刑制度，但是在其双方签订的引渡条约中还是重申了死刑不引渡原则；而菲律宾和印度，尽管国内都还保留死刑制度，但是在双边引渡条约中也规定了死刑不引渡原则。以我国为例，我国是存在死刑制度的，但是在我国与西班牙、法国、澳大利亚等国的双边引渡条约中，都采用了死刑不引渡原则，例如《中国与西班牙引渡条约》第3条第8款①、《中国与法国引渡条约》第3条第7款②、《中国与澳大利亚引渡条约》第3条第6款③。最后，在国际公约中明确规定死刑不引渡原则。例如在《欧洲引渡公约》第11条中规定，如果根据请求国的法律，对于其要求引渡的罪行可能判死刑的，而被请求国的法律对于这种罪行不判处或通常不执行死刑，除非请求国作出能为被请求国满意的不执行死刑的保证，可以拒绝引渡。《引渡示范条约》第4条第4款中也作出了类似规定。④

除了在立法上，在实践中死刑不引渡原则也得到了国际社会的广泛接受。早在1942年，玻利维亚向巴西提出引渡请求，请求引渡一名名叫盖拉的罪犯，虽然巴西最高联邦法院批准了这一引渡请求，但是要求玻利维亚必须承诺不对盖拉适用死刑。在我国，最早体现死刑不引渡原则的是余振东案，在2003年我

---

① 《中国与西班牙引渡条约》第3条第8款规定，根据请求方法律，被请求引渡人可能因引渡请求所针对的犯罪被判处死刑，除非请求方作出被请求方认为足够的保证不判处死刑，或者在判处死刑的情况下不执行死刑。

② 《中国与法国引渡条约》第3条第7款规定，引渡请求所针对的犯罪依照请求方的法律应当判处死刑，除非请求方作出被请求方认为足够的保证不判处死刑，或者在判处死刑的情况下不予执行。

③ 《中国与澳大利亚引渡条约》第3条第6款规定，根据请求方法律，被请求引渡人可能因引渡请求所针对的犯罪被判处死刑，除非请求方保证不判处死刑，或者在判处死刑的情况下不执行死刑。

④ 《引渡示范条约》第4条第4款规定，按请求国的法律作为请求引渡原因的罪行应判处死刑，除非该国作出被请求国认为是充分的保障，表示不会判处死刑，或即使判处死刑，也不会予以执行，可拒绝引渡。

国对美国旨在将余振东遭返回国作出的有关承诺中，就已经保证免除对余振东的死刑处置，并放弃对其妻子所犯罪行的追讨；在 2004 年余振东和美国达成的认罪协议中，也明确列出了我国的承诺，判处余振东不超过 12 年的有期徒刑，并保证其不会在监禁期间被虐待。在此背景下，尽管我国没有与美国签订双边引渡条约，也成功地将余振东引渡回国。死刑不引渡原则在黄海勇案中也有着充分体现，甚至可以说是我国在引渡黄海勇过程中存在的最大障碍。2008 年黄海勇在秘鲁被秘鲁警方逮捕后，我国便根据《中国和秘鲁共和国引渡条约》向秘鲁提出了引渡请求。在秘鲁对该引渡案进行审理过程中，黄海勇提出如果其被引渡回中国将有可能被执行或适用死刑，因此秘鲁政府要求中国作出不对黄海勇判处死刑的承诺，2009 年我国外交部做出了相关承诺。在此前提下，2010 年 1 月，秘鲁最高法院判决同意引渡黄海勇，但是之后黄海勇又向秘鲁宪法法院提出了违宪申诉，秘鲁宪法法院认为我国的外交承诺不充分并要求秘鲁政府停止引渡程序，引渡程序被迫中止。与此同时，黄海勇也向美洲人权委员会提出了申诉，2013 年 6 月该委员会作出报告，认为我国的刑罚状况令人疑虑，并建议秘鲁政府终止引渡。2013 年 10 月，此案被提交至美洲人权法院，2015 年法院作出正式判决指出引渡黄海勇回国不存在其被判处死刑或者遭遇酷刑的风险，秘鲁政府可以引渡黄海勇回国。在该案中，法院判决的核心都是围绕死刑不引渡原则，关键在于判断黄海勇引渡回国后会不会被判处死刑，而黄海勇一直将被引渡回国可能会遭遇死刑作为抗拒引渡的理由，我国也一直以不会对黄海勇判处死刑主张引渡。2016 年 5 月，秘鲁政府作出最终决定向我国引渡黄海勇，7 月黄海勇被成功引渡回国。

综上所述，随着实践的发展，引渡制度也在不断地发展，在这一过程中双重犯罪原则呈现弱化趋势，政治犯不引渡原则受到限制，死刑不引渡原则得到广泛适用。而这些新发展使引渡制度更加完善，可以更好地促进国家之间的司法协助，加强国际合作以联合打击犯罪，维护国家和国际社会秩序，从而促进国际和平与发展。

第四章 海洋法专题

第一节 现代海洋法体系概述

一、海洋法的概念及其发展历程

海洋面积达到地球总面积的71%，蕴含着丰富的生物资源和矿物资源，对人类的生存发展有着重要意义。人类利用海洋的活动推动着海洋法的出现和发展。海洋法是指各种有关海域的法律地位以及各国在各种海域从事各种活动的原则、规则和制度的总称。[①]

海洋法的起源最早可以追溯至古罗马时期。古罗马法学家埃流斯·马尔西安在《法学阶梯》中指出，根据自然法，空气、流水、大海及海滨是一切人共有的物。[②] 到了中世纪，随着海军实力的增强，欧洲君主开始宣布对其控制下的海域拥有"领有权"，而15、16世纪，地理大发现和资本主义萌芽更是进一步加剧了各国对于海洋的争夺。格劳秀斯在《海洋自由论》中明确指出海洋如此之大因此它们是不能被侵占的，海洋资源是取之不尽，因此海洋是可以自由使用的。[③] 但是，格劳秀斯的观点遭到了诸多学者的抨击。其中英国学者塞尔登在《闭海论》中明确指出英国君主有权占领英伦三岛周围海域。到了18世纪，随着资本主义的进一步发展和海洋贸易的扩大，各国开始认识到完全控制海洋的主张不可能实现，也不利于国家发展，此时的海洋主张就开始转变为"领海主权、公海自由"。

20世纪，特别是"二战"后，科学技术的发展使得海洋的经济价值进一步凸显，各国对海洋的主张开始出现分歧，在此背景下海洋法迎来了新的发展。

[①] 邵沙平主编：《国际法》，中国人民大学出版社2010年版，第413页。

[②] ［意］桑德罗·斯奇巴尼：《物与物权》，范怀俊、费安玲译，中国政法大学出版社2009年版，第17页。

[③] ［荷］格劳秀斯：《海洋自由论》，宇川译，华东师范大学出版社2005年版，第23页。

1949年国际法委员会第一次会议提出的工作议程中就包括重新检讨公海制度和领海制度的问题,并在1956年完成了有关海洋制度的草案。1956年联大第11届会议通过第1105号决议,决定召开政府间会议以对战后海洋制度的构建问题进行探讨。① 在该共识下,先后召开了3次联合国海洋法会议。

1951年在日内瓦召开了第一次联合国海洋法会议,通过了《领海与毗连区公约》《公海公约》《捕鱼与养护公海生物资源公约》和《大陆架公约》这四个公约。上述公约是"二战"后海洋法制度体系化、法典化的成果,但是并没有解决领海宽度、渔区问题等饱受争议的海洋法难题。因此,1958年联大第13届会议通过第1307号决议,决定召开第二次海洋法会议以审议"领海宽度和渔业区界限"的问题。② 第二次海洋法会议于1960年再次在日内瓦召开,但是由于各国在领海宽度和渔业区问题上都存在着重大分歧,这次会议并没有任何成果。

20世纪60年代之后,海洋法所面临的问题不断增加,除了领海宽度和渔业问题,大陆架、专属经济区、群岛水域的划界;民族独立国家对海洋主权和资源的诉求;国际海底区域的开发问题等都对海洋法提出了新的发展要求。在此背景下,第三次海洋法会议于1973年在纽约召开,直到1982年第11次会议各国才通过了《海洋法公约》,并于同年12月开放签字,1994年11月16日《公约》正式生效。《海洋法公约》继承和发展了1958年日内瓦海洋法公约的内容。而根据《海洋法公约》第311条第1款的规定,在缔约国间,本公约应优于1958年4月29日日内瓦海洋法公约,可见《海洋法公约》的效力层级高于"日内瓦海洋法体系"。截至2019年4月,《海洋法公约》已得到168个缔约方的批准,是当今国际社会中最具普遍性和权威性的国际海洋法文件,是海洋法发展史上的里程碑。③

二、《海洋法公约》的发展及其基本内容

(一)《海洋法公约》的发展

尽管《海洋法公约》在1982年已经通过,但是从宏观上看,第三次海洋法会议并不是《海洋法公约》发展的终点,恰恰相反,而是《公约》发展的起

---

① "联大第11届会议第1105号决议",载 http://www.un.org/zh/documents/view_doc.asp?symbol=A/RES/1105(XI).2019-3-31。

② "联合国大会第1307号决议",载 https://www.un.org/zh/documents/view_doc.asp?symbol=A/RES/1307(XIII).2019-4-12。

③ "《海洋法公约》签署及保留声明",载 https://treaties.un.org/pages/ViewDetailsIII.aspx?src=TREATY&mtdsg_no=XXI-6&chapter=21&Temp=mtdsg3&clang=_en.2019-4-12。

点。从 1982 年开始，可以将《海洋法公约》的发展历程分为三个阶段。

第一阶段是 1982 年 12 月 10 日在牙买加通过了《海洋法公约》。《海洋法公约》正文包含 1 个序言、17 个部分，共计 320 个条款。而且根据《海洋法公约》第 318 条，公约的 9 个附件也属于《海洋法公约》的组成部分。①

第二阶段是指 1994 年通过的《关于执行 1982 年 12 月 10 日〈联合国海洋法公约〉第十一部分协定》（以下简称《第十一部分执行协定》）和 1995 年通过的《执行 1982 年 12 月 10 日〈联合国海洋法公约〉有关养护和管理跨界鱼类种群和高度洄游鱼类种群之规定的协定》（以下简称《鱼类种群执行协定》）。《第十一部分执行协定》第 2 条第 1 款明文规定，本协定和第十一部分的规定应作为单一文书来解释和适用。此外，《鱼类种群执行协定》第 4 条中也对其与《海洋法公约》的关系进行了相同规定。可见，《第十一部分执行协定》和《鱼类种群执行协定》是《海洋法公约》新的组成部分，是对《海洋法公约》的发展和补充。

第三阶段则是开始于联大第 69 届会议。该次会议上联合国大会通过了题为《根据〈联合国海洋法公约〉的规定就国家管辖范围外区域海洋生物多样性的养护和可持续利用问题拟订一份具有法律拘束力的国际文书》的决议，并计划在此后召开的政府间会议上对相关问题进一步探讨。这一阶段中，联合国大会的立法和决议开始更多地针对的是国家管辖范围外区域海洋生物多样性的养护和可持续利用，是在社会发展和生态理念的推动下，对《海洋法公约》中规定相对薄弱的生物多样性问题的补充和完善。但是这一阶段尚未形成具有约束力的法律文件，更多的是体现未来《海洋法公约》的发展趋势。

（二）《海洋法公约》的基本内容

根据上文可知，《海洋法公约》共有 17 个部分、9 个附件和 2 个执行协定，从内容上看可以将其分为四个部分：

首先，一般性和原则性的规定，包括《海洋法公约》的第一部分"用语"，第十六部分"一般规定"和第十七部分"最后条款"，附件一"高度洄游鱼类"和附件九"国际组织的参加"。其中第一部分对区域、管理局、区域内活动、海洋环境的污染等海洋法相关概念进行了解释。第十六部分则包含了诚意和滥用权利、海洋的和平使用、泄露资料、在海洋发现的考古和历史文物、损害赔偿责任等内容。第十七部分对公约签字、批准、生效、例外等公约的一般程序性规定进行了说明。而附件一和附件九则分别对高度洄游鱼类的种类和国家组织加入《公约》的问题进行了介绍。

---

① 《海洋法公约》第 318 条附件有以下地位：各附件为本公约的组成部分，除另有明文规定外，凡提到本公约或其一个部分也就包括提到与其有关的附件。

其次，是有关海域和海床的规定，包括《海洋法公约》的第二部分"领海和毗连区"、第五部分"专属经济区"、第六部分"大陆架"和附件二"大陆架界限委员会"、第七部分"公海"、第十一部分"区域"、附件三"探矿、勘探和开发的基本条件"和附件四"企业部章程"以及《第11部分执行协定》和《跨界鱼类执行协定》，涉及有关海域和海床的划分、开发、管理等诸多方面的内容。以第六部分"大陆架"为例，该部分包括大陆架的定义、沿海国对大陆架的权利、上覆水域和上空的法律地位以及其他国家的权利和自由、大陆架上的海底电缆和管道、大陆架上的人工岛屿、设施和结构、大陆架上的钻探、对二百海里以外的大陆架上的开发应缴的费用和实物、海岸相向或相邻国家间大陆架界限的划定、海图和海地坐标表、开凿隧道等方面的规定。

再次，是关于海洋的特殊性规定，包括《海洋法公约》第三部分"用于国际航行的海峡"、第四部分"群岛国"、第八部分"岛屿制度"、第九部分"闭海或半闭海"、第十部分"内陆国出入海洋的权利和过境自由"、第十二部分"海洋环境的保护和保全"、第十三部分"海洋科学研究"、第十四部分"海洋技术的发展和转让"这8个部分的内容。其中群岛国、岛屿、闭海或半闭海、内陆国是海洋特殊地形的产物，而国际航行、海洋环境、海洋科学、海洋技术都涉及海洋的功能性价值。

最后，是有关争端解决的规定，包括《海洋法公约》第十五部分"争端的解决"、附件五"调解"和附件六"国际海洋法庭规约"、附件七"仲裁"和附件八"特别仲裁"。根据《海洋法公约》第十五部分，缔约国应当以和平方式解决争端，争端解决途径包括缔约国通过协议自行选择的和平方法、《海洋法公约》规定的调解以及按照附件六设立的国际海洋法庭、国际法院、按照附件七组成的仲裁法庭、按照附件八组成的处理其中所列的一类或一类以上争端的特别仲裁法庭解决争端，其中特别仲裁程序只适用于渔业、保护和保全海洋环境、海洋科学研究和航行、包括来自船只和倾倒造成的污染的条文在解释或适用上的争端。

第二节　领海和毗连区问题研究

一、领海问题研究

（一）领海概述

领海概念的形成主要来源于习惯国际法，最早表现为国家对其海岸相邻近的海域提出管辖主张。此后随着资本主义制度和国家安全观念的发展，领海制度也不断得到完善和发展。根据《海洋法公约》第2条的相关规定，领海是指沿岸国的主权及于其陆地领土及其内水以外邻接的一带海域，在群岛国的情形下则及于群岛水域以外邻接的一带海域。领海制度的出现，一方面是国家利益的体现，国家需要拥有沿海海域内的资源，以满足国内生产消费的需要，另一方面也是国家基于安全的需要独占海岸及其近海区域以保障沿海安全，需要对进出其沿岸海域的船舶进行检查以防范危险。

领海的宽度问题是领海制度中饱受争议的问题。历史上，人们提出了多种确定领海宽度的主张和方法，诸如航程说、视力说、射程距离说等。其中最具影响力的是荷兰法学家宾刻舒克在《海洋主权论》中提出的射程距离说，其基本论点是陆上国家的权力以其大炮射程所及的范围为限。[①] 而当时最好的大炮的射程距离为3海里，因此英美等国开始提出并坚持将3海里作为领海范围。

但是19世纪中叶之后，随着技术的发展，大炮的射程早已超过了3海里，换言之，确认3海里领海宽度的前提已经被推翻，各国在领海宽度上又出现了明显分歧。因此，3海里领海宽度并不是普遍承认的国际法规则。但是领海宽度问题关系国家主权，对国家而言具有重要意义，因此海洋法会议一直试图解决这一问题。可是正如前文所言，第一、二次海洋法会议均未就该问题得出结论，直到第三次海洋法会议，对领海宽度的分歧才得到解决。因此，1958年《领海与毗连区公约》第二节"领海之界限"中只规定了测算领海宽度的基线的划定方法，并没有规定领海的宽度，直到1982年《海洋法公约》第3条才做出了明确规定。[②]

领海作为沿海国领土的组成部分，国家对领海的主权不仅及于海域本身，也扩展到了海域的上空及其海床与底土。根据1958年《领海与毗连区公约》第1、2条的规定，国家主权及于陆地、内水和领海，并延伸至领海的上空、海底和地层。而在《海洋法公约》第2条中也作出了类似规定。[③] 由此可知，领海是主权国家领土的一部分，在领海范围内国家享有绝对的、排他的主权。

沿海国的领海主权具体表现为对自然资源的主权、沿海航运与贸易权、航运管理权、国家防卫权、领空权、海洋科学研究权、海洋环境保护和保全权以

---

① 邵沙平主编：《国际法》，中国人民大学出版社2010年版，第420页。
② 《海洋法公约》第3条规定，每一国家有权确定其领海的宽度，直至从按照本公约确定的基线量起不超过12海里的界限为止。
③ 《海洋法公约》第2条规定，1.沿海国的主权及于其陆地领土及其内水以外邻接的一带海域，在群岛国的情形下则及于群岛水域以外邻接的一带海域，称为领海。2.此项主权及于领海的上空及其海床和底土。3.对于领海的主权的行使受本公约和其他国际法规则的限制。

及领海内的司法管辖权等。以司法管辖权为例，尽管根据属地管辖权原则，沿海国对其领海范围内的一切人和物都享有管辖权，但是这种管辖权受到严格的限制。首先，沿海国不得对享有外交特权和豁免的人以及军舰和其他用于非商业目的的政府船舶行使管辖权，而且沿海国一般情况下也不应对通过领海的外国船舶上行使刑事管辖权，不应为对通过领海的外国船舶上某人行使民事管辖权的目的而停止其航行或改变其航向，只有在满足特定要求的情况下，诸如行为后果基于沿海国、船长请求协助等，才能行使管辖权。

（二）无害通过权

领海主权中虽然指出了沿海国对其上空享有专属权利，外国航空器非经允许不得进入，但是沿海国对于领海本身却不享有这一专属权利。出于促进国际航运和减少不必要的行驶管辖权考虑，提出了国际法上对与国家主权最为主要的限制——无害通过权。1958年的《领海与毗连区》公约第15条中明文规定沿海国不得妨碍其领海的无害通过。《海洋法公约》第17条也指出在公约的限制下，所有国家的船舶都享有无害通过他国领海的权利。所谓无害，是指不损害沿海国的和平、良好秩序或安全，而通过则要求外国船舶在通过领海的过程中要继续不停和迅速前进。

目前在国际实践中，外国商船享有无害通过权已经得到国际法上的普遍承认，但是在军舰是否享有无害通过权这一问题上，还是存在着极大的争议。1955年，国际法委员会在其编纂的有关海洋制度的草案中指出沿岸国有权规定军舰在通过其领海之前必须征求许可或事先通知。在第一次海洋法会议上，各国虽然就该问题展开了激烈争论但并未达成一致，因此，在最后通过的《领海与毗连区公约》中并未就军舰是否享有无害通过权进行明确规定，而是规定了"一切船舶"均享有无害通过领海的权利。这一问题即使在《海洋法公约》中也没有明确。根据《海洋法公约》第二部分"领海与毗连区"下第三节"领海的无害通过"中的相关规定，《公约》按照主体的不同按照A、B、C三个分节，分别规定了适用于所有船舶的、商船和用于商业目的的政府船舶的、军舰和其他用于非商业目的的政府船舶的无害通过的规则。但是C分节中只涉及了军舰的定义、军舰对沿海国法律和规章的不遵守、船旗国对军舰造成的损害的责任和军舰豁免权等规定，并未涉及无害通过的具体规定。因此，和《领海与毗连区公约》一样，《海洋法公约》中也并未明确规定军舰的无害通过权问题，而仅仅规定了所有船舶均享有无害通过权。换言之，从《海洋法公约》文本中，并不能得到军舰是否能够在一国领海内享有毫无限制的无害通过权的结论。

国际社会对军舰是否享有无害通过权的分歧，从各国就《海洋法公约》所作的声明中就有所体现。部分国家反对军舰享有无害通过权,例如苏丹、佛得角、罗马尼亚等国家声明保留针对军舰通过领海采取维护其安全利益的措施的权利;埃及、克罗地亚、瑞典等国家要求外国军舰通过领海必须事先通知;我国、伊朗、阿曼则明确要求军舰通过领海必须得到事先许可。部分国家则赞成军舰享有无害通过权,例如荷兰、智利、阿根廷等国家认为《海洋法公约》允许外国军舰无害通过他国领海,意大利、德国等国家也指出《海洋法公约》并未授予沿海国权利可以要求事先通知或许可。[1]

美国并不是《海洋法公约》的缔约国,其在"过度海洋主张"的理论下提出了"航行自由计划"。过度海洋主张是指沿海国提出的关于海洋区域或管辖权的主张侵犯了其他国家利用海洋及其上空的权利和自由,与国际海洋法不符。航行自由计划的核心在于航行自由,具体到无害通过问题上,即表现为外国军舰享有无须经过事先通知或得到许可即可通过沿海国领海的无害通过权。近年来,我国逐渐成为美国所谓航行自由计划的主要目标。

关于军舰的无害通过问题,我国的立场是十分明确的,我国在1992年公布的《中华人民共和国领海及毗连区法》中就明确规定,外国军用船舶进入我国领海须经我国政府批准。我国坚决反对美国军舰多次以"航行自由行动"为名进入我国领海,指出我国对南海诸岛及其附近海域拥有无可争辩的主权,美国军舰进入我国南海,威胁和损害了包括中国在内的沿海国的主权和安全利益。[2] 面对2019年1月"麦坎贝尔"号进入我国西沙群岛事件,我国在事件发生后随即派出军舰军机依法对美国军舰实施查证识别,予以警告驱离,并就该军舰未经批准进入我国领海的行为向美国提出了严正交涉。

从上文可知,关于军舰是否享有无害通过权,虽然在《海洋法公约》上并没有明确规定,但是大多数国家在实践对此持否定态度。其法理依据为国家主权原则和国家安全考量。首先,从《海洋法公约》看,尽管《公约》中对于无害通过权的规定,还是沿袭了1958年的《领海与毗连区公约》中的"所有船舶"的说法,但是并非对无害通过权毫无限制。例如《海洋法公约》第30条规定任何军舰不遵守沿海国关于通过领海的法律和规章,沿海国可以要求其立即离开领海,即沿海国可以就军舰通过领海的制度通过国内法进行规定。其次,国家对领海享有主权,尽管领海主权受到无害通过权的制约。但是,需要强

---

[1] "《联合国海洋法公约》签署及保留声明",载 https://treaties.un.org/pages/ViewDetailsIII.aspx?src=TREATY&mtdsg_no=XXI-6&chapter=21&Temp=mtdsg3&clang=_en#EndDec. 2019-3-31。

[2] "详讯!美军舰今天闯西沙挑衅,进入我岛礁12海里",载 http://world.huanqiu.com/exclusive/2019-01/13999452.html. 2019-3-31。

调的是，无害通过权制度的目的，在于促进海上航行和货物贸易，在经济全球化的当下减少不必要的航行审批，可以说无害通过权是沿海国为促进全球贸易而让渡的部分主权。所以无害通过权的核心应该在于无害，即要求通过的外国船舶不得损害沿海国的利益。但是军舰通过他国领海，可能会对沿海国的国家安全构成威胁。因此，军舰和商船在无害通过权上的制度绝不能一概而论。

(三) 紧追权

沿海国对于违反该国法律和规章的外国船舶有权派军舰、军用飞机或其他经授权的船舶或飞机对该外国船舶进行追逐以便将其捕获的权力即是紧追权。[①]紧追权是由国家主权引申出来的一项国家属地管辖权，是沿海国管辖权的扩大和延伸。[②] 早在19世纪前半期，在英美等国就已经出现了有关紧追权的实践，但是直到第一次海洋法会议上通过的《公海公约》中才正式将其明文规定。此后，《海洋法公约》第111条中也对紧追权进行了规定。

在紧追权的适用条件上需要满足两个条件：第一，沿海国主管当局有充分理由认为外国船舶违反相关法律和规章时，或者违反沿海国按照本公约适用于专属经济区或大陆架包括这种安全地带的法律和规章，可对该外国船舶进行紧追。第二，被追逐的船舶进入其本国领海或第三国领海时，紧追权需要立即终止。

而在具体的紧追权行使上，需要注意，紧追权的主体，只有军舰、军用飞机或其他有清楚标志可以识别的为政府服务并经授权的船舶或飞机才可以行使紧追权。紧追权的主体受到严格限制，只有行使政府职能的船舶、飞机才享有紧追权。紧追的开始，要求外国船舶的行为违反了沿海国的法律和规章，始于沿海国的内水、群岛水域、领海或者毗连区，并且行使紧追权的船舶已经在外国船舶视听所及的距离内发出视觉或听觉的停驶信号。而在这一追逐过程中，紧追必须连续不断地进行，一旦中断，则不能从紧追开始时以外地区域继续进行。例如在1935年的"孤独号"案中，在行使紧追权的过程中，行使该权利的主体由美国海岸警卫船"沃尔科特号"变成了"狄克斯特号"导致美国因违反紧追必须连续不断地进行的规定而承担责任。在紧追的终止上，基于对被追逐船舶的旗船国和第三国主权的尊重，紧追权于被追逐的外国船舶进入其本国领海或者第三国领海时终止。

---

① 白桂梅：《国际法》，北京大学出版社2015年第3版，第403页。
② 周忠海主编：《国际法》，中国政法大学出版社2008年版，第320页。

二、毗连区问题研究

(一) 毗连区概述

毗连区是处于领海以外的一个海洋区域，该区域不属于沿海国领土，沿海国在该区域并不享有完全的主权权利，只能为了保护沿海国的特别利益行使某些权利。

毗连区制度最早的国家实践是英国于1736年所颁布的"游弋法"，其中规定了英国对离其海岸5英里内的船舶有检查权。此后，美国、法国、我国等诸多国家也相继制定法律法规在领海之外设立了毗连区。但是在当时关于毗连区是否属于国际习惯法在国际范围内存在着很大争议，直到1958年《领海与毗连区公约》才在条约中正式将毗连区制度以规范化条文的形式确定下来。根据《领海与毗连区公约》第二部分"毗连区"中的相关规定，沿海国可在毗邻其领海的公海区域内主张毗连区，毗连区从测算领海宽度的基线量起不得超过十二海里。《领海与毗连区公约》中毗连区的测算起点与领海的测算起点是一样的，但是由于该公约未明确规定领海的宽度，所以领海和毗连区的范围具体划分并不明确。《海洋法公约》在《领海与毗连区公约》的基础上，明确了领海的宽度（不超过12海里），并对毗连区的宽度进行了修改，将其规定为从测算领海宽度的基线量起不得超过二十四海里，客观上扩大了毗连区的范围。[①]

(二) 毗连区的管制权

正如前文所言，毗连区并不属于沿海国领土的组成部分，沿海国的主权并不能及于毗连区。沿海国仅在某些特定方面有权进行必要的管制。根据《海洋法公约》第33条第1款的规定，沿海国在毗连区内可以为执行海关、财政、移民或卫生的法律和规章享有管制权。[②]

《海洋法公约》第33条第1款以列举的形式对沿海国有权对东道国进行管制的特定事项进行了规定，这一穷尽式列举的规定具有很强的明确性，但也引发了争议，即沿海国在毗连区是否仅仅只能对关税、财政、移民或卫生等四个事项行使管制权。《海洋法公约》是各国妥协的产物，各国在沿海国在毗连区可以就哪些事项行使管辖权这一问题也存在着很大的争议，最后确定了关税、财政、移民、卫生这四项，只能证明各国在这四项进行管制的问题上达成了共

---

① 《海洋法公约》第33条第2款规定，毗连区从测算领海宽度的基线量起，不得超过二十四海里。
② 《海洋法公约》第33条第1款规定，沿海国可在毗连其领海称为毗连区的区域内，行使为下列事项所必要的管制：(a) 防止在其领土或领海内违犯其海关、财政、移民或卫生的法律和规章；(b) 惩治在其领土或领海内违犯上述法律和规章的行为。

识，而不能说《公约》禁止沿海国对除了这四项以外的其他事项行使管制权。例如根据《海洋法公约》第303条的规定，如果其他国家在毗连区海域内未经沿海国许可考古和历史文物从该海域的海床移出的，沿海国可以按照有关规定对该行为进行管制。我国《领海与毗连区法》也规定，我国有权在毗连区内为防止和惩处在其陆地领土、内水或者领海内违反有关安全、海关、财政、卫生或者入境出境管理的法律、法规的行为行使管制权。

第三节　专属经济区权利和义务问题研究

一、专属经济区概述

专属经济区的概念在"二战"后开始出现。1947年6月智利和秘鲁先后发布宣言，声称沿海国对邻接其海岸直至200海里的海域拥有主权和管辖权，但不影响在该海域适用公海自由航行原则。1952年8月智利、厄瓜多尔和秘鲁共同发布《圣地亚哥宣言》宣布其对自海岸线延伸制200海里的海域拥有唯一主权和管辖权。但是在该时期提出这一主张的国家相当有限，因此在第一次和第二次海洋法会议中均未对200海里海域的问题进行讨论。

进入20世纪60年代后，许多中、南美洲国家开始承认200海里海洋权。1970年智利、秘鲁等21个拉美国家在利马召开会议，并发布了《拉丁美洲国家关于海洋法的宣言》，认为沿海国享有200海里的领海权。1972年加勒比国家发布《圣多明各宣言》，提出12海里领海和200海里承袭海，沿海国对承袭海内的资源拥有主权。1972年8月肯尼亚在联合国海底委员会上正式提出《关于专属经济区概念的条款草案》。此后，专属经济区的概念开始在亚洲、非洲及中南美洲国家中广泛传播，并得到相关国家的普遍支持。

第三次海洋法会议中，围绕200海里专属经济区的问题各国展开了激烈讨论。美国、苏联等国家最初坚决反对200海里专属经济区的主张，认为这是对公海自由的分割和掠夺。但是随着时间的推移，这些国家认识到专属经济区并不影响传统的航行自由，而且意味着更多的自身利益，于是开始改变立场。例如美国就在1974年向联合国海底委员会提出了200海里专属经济区的草案。因此，在第三次海洋法会议上，专属经济区的概念得到了各国的普遍接受，并在最终通过的《海洋法公约》第五部分专门规定了专属经济区的相关制度。

根据《海洋法公约》第五部分的相关规定，"专属经济区是领海以外并邻接领海的一个区域，受本部分规定的特定法律制度的限制，在这个制度下，沿海国的权利和管辖权以及其他国家的权利和自由均受本公约有关规定的支配"。"专属经济区从测算领海宽度的基线量起,不应超过二百海里"。

专属经济区既不同于领海,也不同于公海。首先,专属经济区与领海不同,它并不属于沿海国的领土范围。根据上文对专属经济区的界定,可知专属经济区是领海以外的区域,其从测算领海宽度的基线量起不应超过200海里。而且,领海属于国家的主权范围,沿海国在该区域享有完全的主权,而在专属经济区,沿海国只享有对自然资源的主权权利以及公约规定的管辖权,与此同时,其他国家在专属经济区也享有一定的权利和义务,双方在行使权利和义务时都要顾及对方的利益。由此可见,沿海国在领海的权利是基于主权而享有的固有的权力,而在专属经济区的权利则是由《海洋法公约》所赋予的,两者在权利来源上也存在着差异。

其次,专属经济区也与公海不同。尽管在专属经济区内,包括沿海国在内的所有国家都享有公海制度下的航行、飞越以及铺设海底电缆和管道的自由,但是一方面国家的上述自由需要受到公约有关规定和沿海国相关规章制度的限制,另一方面并不是所有的公海自由的内容在专属经济区内都向所有国家开放,例如专属经济区内自然资源的主权权利就只归属于沿海国。

二、国家在专属经济区的权利和义务

(一) 沿海国在专属经济区的权利和义务

沿海国在专属经济区的权利主要包括对自然资源的主权权利;人工岛屿、设施和结构的专属管辖权;海洋科学研究管辖权;海洋环境保护和保全的管辖权。专属经济区与领海一样,属于立体空间,不仅包括水域,还涵盖了海床、底土和水域上空。根据《海洋法公约》第56条第1款第1项的规定,沿海国对专属经济区内自然资源享有主权权利。[①]

而依据《海洋法公约》第56条第1款第2项规定,沿海国对人工岛屿、设施和结构的建造和使用;海洋科学研究;海洋环境的保护和保全拥有管辖权。[②] 在沿海国对人工岛屿、设施和结构的建造和使用的管辖权上,结合《海洋法公约》第60条第1、2款的规定,其管辖权主要体现为沿海国在专属经济区内有

---

① 《海洋法公约》第56条第1款第1项规定,沿海国在专属经济区内有以勘探和开发、养护和管理海床上覆水域和海床及其底土的自然资源(不论为生物或非生物资源)为目的的主权权利,以及关于在该区内从事经济性开发和勘探,如利用海水、海流和风力生产能等其他活动的主权权利。

② 《海洋法公约》第56条第1款第2项规定,本公约有关条款规定的对下列事项的管辖权:(1)人工岛屿、设施和结构的建造和使用;(2)海洋科学研究;(3)海洋环境的保护和保全。

专属权利建造并授权和管理建造、操作和使用人工岛屿、设施和结构，并对其行使专属管辖权。而对于沿海国在专属经济区海洋科学研究方面管辖权的规定主要集中在《海洋法公约》第246条，根据该规定，沿海国有权根据公约规定、准许和进行在专属经济区内的海洋科学研究，他国在该区域进行海洋科学研究的需要经过沿海国的同意。同时，沿海国根据《海洋法公约》规定还享有对海洋环境保护和保全的管辖权，并承担防治海洋污染、保护海洋环境的责任。

根据《海洋法公约》的规定，沿海国在专属经济区也要承担一定的义务，这些义务可以分为按照《公约》的规定在专属经济区内行使权利的义务和在行使权利和履行义务时适当顾及其他国家的权利和义务的义务。正如上文所言，沿海国在专属经济区内所享有的权利并不是其固有的，而是由《海洋法公约》所赋予的，因此沿海国在行使相关权利时必须严格遵循《公约》的相关规定。此外，沿海国在行使权利和履行义务时应当适当顾及其他国家的权利和义务，例如根据《海洋法公约》第61条"生物资源的养护"和第62条"生物资源的利用"的规定，尽管沿海国对于专属经济区范围内的自然资源享有主权权利，但是如果沿海国没有能力捕捞专属经济区内生物资源的全部可捕量时，应通过协定或其他安排准许其他国家捕捞可捕获量的剩余部分。

（二）其他国家在专属经济区的权利和义务

《海洋法公约》第58条对其他国家在专属经济区的权利做出了详细规定。[①] 其他国家在专属经济区享有第87条所指航行和飞越自由，而第87条是有关公海自由的条款。仅从条款看，其他国家似乎在专属经济区享有和公海一样的航行和飞跃自由。但是《海洋法公约》中明确指出该自由需要受到"本公约有关规定的限制"，主要表现为受到沿海国在专属经济区主权权利和管辖权的限制。例如，外国渔船在专属经济区有航行自由，但是不能从事捕鱼作业。其他国家在专属经济区还享有铺设海底电缆和管道的自由，但是也需要受到《海洋法公约》第79条规定的限制，例如路线的划定需要经过沿海国的同意、适当顾及已经铺设的电缆和管道等。此外，其他国家在专属经济区内享有与这些自由有关的海洋其

---

① 《海洋法公约》第58条规定，1. 在专属经济区内，所有国家，不论为沿海国或内陆国，在本公约有关规定的限制下，享有第八十七条所指的航行和飞越的自由，铺设海底电缆和管道的自由，以及与这些自由有关的海洋其他国际合法用途，诸如同船舶和飞机的操作及海底电缆和管道的使用有关的并符合本公约其他规定的那些用途。2. 第88至第115条以及其他国际法有关规则，只要与本部分不相抵触，均适用于专属经济区。3. 各国在专属经济区内根据本公约行使其权利和履行其义务时，应适当顾及沿海国的权利和义务，并应遵守沿海国按照本公约的规定和其他国际法规则所制定的与本部分不相抵触的法律和规章。

他国际合法用途,但是此类合法用途必须与航行和飞越自由、铺设海底电缆和管道的自由相关,而不能是以捕鱼、海洋科学研究为目的的用途。

与沿海国一样,其他国家在专属经济区内行使权利时也应当遵循《海洋法公约》的规定,并适当顾及沿海国的权利和义务。例如根据《海洋法公约》第79条第3、4款的规定,其他国家在专属经济区内的大陆架上铺设的管道的路线的划定需要经过沿海国同意,不得影响沿海国对因勘探其大陆架、开发其自然资源或经营在其管辖下的人工岛屿、设施和结构而建造或使用的电缆和管道的管辖权。此外,其他国家在专属经济区内行使其权利和义务时,还需要遵循沿海国制定的相关法律法规。根据《海洋法公约》的规定,沿海国为了在专属经济区内更好地行使主权权利和管辖权,有权按照《公约》的规定和其他国际法规则,制定有关自然资源的勘探开发、设施和结构的建造和使用、海洋科学研究等方面的规章制度,而其他国家在专属经济区内行使权利和义务时应当遵循沿海国的相关规定。

三、专属经济区的剩余权利问题

剩余权利是指在法律明文规定的各项权利之外的,法律未明示的权利。[①] 专属经济区的剩余权利则是指以《海洋法公约》为主的国际海洋法律文件在专属经济区问题上并未明确规定的权利。专属经济区的剩余权利可以分为与军事活动有关的、与生物资源相关的以及与海洋环境保护相关的剩余权利。

(一)与军事活动有关的剩余权利

一般情况下,国家在专属经济区的军事活动包括军舰、军机仅为通过而进行的航行和飞越、军事侦察、军事测量和军事演习。专属经济区在军事活动的开展中具有重要地位,对于沿海国而言,专属经济区是其部署近海防御、抵御海上侵略,保障国家独立与主权的重要屏障,对于其他国家而言,专属经济区是其获取军事情报,进行军事演习,展示武力威慑的重要场所。因此,对于沿海国而言,军事活动在专属经济区的法律问题主要表现为其是否有权对此类军事活动进行管制甚至是禁止,对于其他国家而言,这一问题则表现为其是否有权在专属经济区进行上述军事活动。但是对于这一问题,《海洋法公约》却没有进行明确的规定,使得军事活动成为专属经济区内的剩余权利,导致沿海国和其他国家在专属经济区内与军事活动有关的问题上存在诸多争议和分歧。

---

① 周忠海:《周忠海国际法论文集》,北京出版社2006年版,第443页。

《海洋法公约》在规定其他国家在专属经济区的权利和义务时，通过类比第87条"公海自由"的规定来说明其所享有的航行和飞越自由。由此可见，专属经济区的航行和飞越自由是针对所有船舶和飞机的，军舰、军用飞机也有权在专属经济区内自由航行或飞越，因此目前在军舰、军机仅为通过而进行的航行和飞越上已经达成了比较一致的赞同观点。但是在涉及国家在他国专属经济区的军事侦察、军事测量和军事演习等军事活动问题上，沿海国与其他国家间存在着巨大分歧。例如2002年9月，美国海军"鲍迪奇"号测量船在我国黄海专属经济区海域实施水下监听作业，遭到我国海军舰艇和飞机的多次警告。[①]2009年3月美国"无暇号"海洋测量船进入我国南海专属经济区，侦测我国水下军事目标，收集我国情报，在面对我国渔政舰艇制止时还利用高压水枪进行驱逐，并在次日指责我国干扰其船舶在国际海域的任务，我国外交部作出回应指出"无暇号"进入我国专属经济区的行为违反了《海洋法公约》的相关规定。[②] 而以近年来十分频繁的美韩联合军演为例，军演位于中韩之间的黄海，而黄海最窄的地方小于200海里，这使得我国的专属经济区面临被侵犯的危险，我国多次通过外交途径表示了对任何一方在我国的专属经济区内进行未经允许的军事行动的反对。

正如前文所言，专属经济区并不是沿海国的领土，对于沿海国而言，专属经济区更像是其维护自身安全的一个过渡地带，军事侦察、军事测量和军事演习等军事活动虽无条约禁止，其出现却也没有条约的支撑。因此，对于沿海国而言，本着维护本国安全的目的，不承认这一项剩余权利或者限制甚至是禁止其他国家在本国的专属经济区内进行军事演习，也是符合公约的宗旨和原则的。其他国家则指出虽然其在他国专属经济区内的权利是受到限制的，但也只限于《公约》中规定的适当顾及和应用于和平目的，而军事侦察、军事测量、军事演习不能直接等同于非和平，并且专属经济区并非沿海国的主权区域，他国自然可以在不违反公约原则下合理使用剩余权利。

但是，军事侦察、军事测量等军事探测行动明显地侵害了沿海国的主权权利和安全利益，同时也属于对沿海国在专属经济区的海洋科研专属管辖权的侵犯行为，因此，此类行为不符合国际法中有关航行、飞越自由的要求。因为根据《联合国海洋法公约》第58条第3款的规定，外国军舰、军机在沿海国专属

[①] "国防部：美军监测船非法在中国专属经济区活动"，载 https://internal.dbw.cn/system/2009/03/12/051804526.shtml. 2019-4-10。

[②] "'无瑕'号事件揭美间谍船内幕海军司令部操纵"，载 http://news.sohu.com/20090315/n262802839.shtml. 2019-4-10。

经济区内享有航行、飞越自由的同时，应当尊重沿海国的权利。沿海国在专属经济区的权利，包括沿海国依据国际法而享有的主权性质权利，比如沿海国的安全利益及对该区域自然资源的主权权利等；也包括为维护该区域内的主权权利而享有的专属管辖权。而其他国家在沿海国的专属经济区内进行军事探测行动，会构成对沿海国在该区域内的安全利益及其在该区域内享有的海洋科学研究的管辖权的侵犯。此外，《海洋法公约》的序言部分指出要"维护和平、正义和全世界人民的进步"并"指出从整体上考虑各海洋区域中存在的种种问题"，在《海洋法公约》第58、88条均指出海洋只能用于和平目的，此外公约第303条中明确规定国家在行使其权利和履行其义务时，应不对任何国家的领土完整或政治独立进行任何武力威胁或使用武力。根据这一条文，如果其他国家在专属经济区的军事探测行动构成对沿海国的主权或领土完整威胁，侵犯了沿海国安全利益，就应当被禁止。例如上文提及的"鲍迪奇"号和"无暇"号的侦测行动的目的在于刺探中国军事情报，是在主观上具有敌意并且在现实上侵害了中国国家安全的海洋探测活动，便属于国际不法行为。而对于在他国专属经济区进行军事演习的行为，由于专属经济区是距离沿海国200海里以内的区域，其他国家在该区域进行军事演习，势必会造成沿海国在国家安全上的不安，甚至会危及沿海国的国家主权与安全，因此军事演习也是不符合国际法中关于航行自由要求的。因此，在专属经济区的军事活动的开展上应当坚持沿海国事先同意原则，除非取得沿海国同意，其他国家不得在沿海国专属经济区范围内开展军事活动。

（二）与生物资源利用相关的剩余权利

专属经济区内与生物资源利用相关的剩余权利主要是指与捕鱼制度相关的剩余权利。根据《海洋法公约》的规定，沿海国对专属经济区内的自然资源拥有主权权利。但是结合《海洋法公约》第61、62条的相关规定，沿海国应决定其专属经济区内生物资源的可捕量及其捕捞专属经济区内生物资源的能力，在没有能力捕捞全部可捕量的情形下，应通过协定或其他安排，根据公约规定，准许其他国家捕捞可捕量的剩余部分，从而促进专属经济区内生物资源最适度利用目的的实现。然而，《公约》中并没有对"可捕量"和"最适度利用"这两个概念进行界定，因此便出现了与海洋生物资源相关的剩余权利。

首先，"可捕量"应该如何界定呢？如果以实际捕捞量来计算，在实质上就会将捕捞量与捕鱼技术挂钩，如此一来，对于那些捕鱼技术并不发达的国家而言就可能面临将本国的捕鱼量与他国分享，而自身的捕鱼量却不能满足本国需求的局面，这种情况无疑会使海洋强国占有更多的资源和利益，而损害沿海国的利益。而且，沿海国对于专属经济区内的渔业资源拥有主权权利，有权自行决定渔业资源的可捕量和获取能力。综上，确定可捕量的主要因素应该满足沿海国的需求，维护沿海国的利益，具体包括沿海国对专属经济区渔业的依赖程度、沿海国的渔业捕捞技术、渔业资源的可再生能力等。

其次，"最适度利用"的标准是什么呢？最适度利用可以理解为可持续利用，对于沿海国而言，一方面不能过度地开发专属经济区内的渔业资源，影响其可再生能力，另一方面为了保护而对渔业资源采取低水平的开发利用方式也是不可取的，应该在可持续的基础上充分有效地利用专属经济区内的渔业资源。因此，应当将最适度利用和可捕量结合考虑，首先由沿海国结合自身需求和渔业可再生水平确定可捕量，再根据可捕量和沿海国实际捕捞量之间的差额，确定是否准许他国进行捕捞，当然在可捕量不存在剩余部分时，沿海国完全可以拒绝他国进入其专属经济区捕捞。

（三）与海洋环境保护有关的剩余权利

在传统的公海自由原则下，沿海国只对领海具有管辖权，公海上的船舶则服从船旗国的管辖。例如1954年的《国际防止海上油污公约》中便明确规定只有船旗国有权对造成污染的船舶行使管辖权。但是这种船旗国完全的管辖权，对于遭受油污损害的沿海国显然是不公平的。1967年，美国超级油轮托里·卡尼号不慎触礁，邮轮上的石油大量泄漏，导致英、法两国近140公里的海岸受到严重污染，造成经济损失800多万美元。此事件后，为了防止油污事件对沿海国造成的严重后果，沿海国的管辖权不断扩大。1973年的《国际防止船舶污染公约》中指出当船舶涉及实际或可能将有害物质或者含有这种物质的废液排放入海时，缔约国可以按照本国法律起诉或者将该国掌握的违法案件情况处理交给船旗国主管当局。《海洋法公约》出现后，确立了由沿海国、船旗国以及港口国三方对船舶事故造成海洋污染进行综合管辖的管辖，打破了过去只能由船旗国进行管辖的传统，赋予了沿海国可以在专属经济区内对造成海洋环境污染的船舶进行管辖的权利。同时，《海洋法公约》也规定了沿海国在专属经济区内对该区域的环境保护享有管辖权。根据公约第211、220条的规定，在专属经济区内，沿海国可以采取措施对造成污染的船舶进行处理，并且规定沿海国有权制定关于保护专属经济区环境的符合主管国际组织或一般的外交会议制定的一般接受的国际规则和标准的法律法规。但是《海洋法公约》中并没有规定沿海国和船旗国管辖权的先后问题，也没有对一般接受的国际规则和标准进行具体界定，由此产生了与海洋环境保护有关的剩余权利。

根据《海洋法公约》，在船舶污染海洋问题上，沿海国、船旗国、港口国都具有管辖权。但是相较而言，三者之中沿海国的管辖权处于优先地位。例如，《海洋法公约》第211条第6款规定沿海国可以在其专属经济区内建立特定区域以采取防止来自船舶污染的特别强制性措施，一旦设立该种特别区域，沿海国就可以对该区域船舶排放的污染和航行做出高于《公约》的规定。尽管在具体的司法管辖权上，《海洋法公约》中并没有进行专门的规定，但是保护海洋环境，防治海洋污染关系全人类的利益，因此在面对管辖权冲突时各方应首先选择谈判协商就污染的治理和赔偿达成协议，在无法达成一致的情况下，可以将争端提交仲裁或者联合国海洋法法庭解决。而一般接受的国际规则和标准应该是指得到国际社会普遍认可和接受的海洋法规则和标准，例如平等互利、公平原则、可持续发展等。海洋环境的治理和保护需要各个国家的共同参与和努力，因此，沿海国在制定有关法律法规时，应当坚持平等互利、国际合作原则，以得到其他国家的认可、尊重和执行。

第四节 国际海底区域资源开发问题研究

一、国际海底区域资源概述

国际海底区域，简称区域，是指国家管辖范围以外的海床、洋底及其底土。国际海底区域蕴含着丰富的矿产资源。

20世纪50年代之前，受技术水平的限制，人类并没有能力对区域资源进行开发，因此当时人类在区域内的活动仅仅局限于铺设海底电缆和管道，深海海底区域资源在当时并未受到重视。但是随着海底矿产资源的不断发现和资源勘探开发技术的提升，海底区域资源开发成为可能，各国纷纷进行海洋考察，在1872~1876年英国首先探测到锰结核后，美国于1982年发现了富钴结核。而在资源开发和利用上，加拿大、美国、日本在1978年合作组成海洋管理集团在太平洋海域开采锰结核，随后中国海洋调查船也开始在太平洋进行勘探开采[1]。国际海底区域的重要性日渐得到凸显。而在国际海底区域中最为核心的就是国际海底区域的法律属性问题。

---

[1] 截至目前，我国在国际海底区域获得了四块专属勘探区，包括中国大洋矿产资源研究开发协会在2001年获得东太平洋多金属结核勘探矿区、2011年获得西南印度洋多金属硫化物勘探矿区、2013年获得西太平洋富钴结核勘探矿区，以及中国五矿集团公司在2015年获得东太平洋海底多金属结核资源勘探矿区。

面对不同国家在开发区域资源能力上的差异，以及由此产生的部分国家对深海矿物资源的垄断。1970年联合国大会通过了《关于各国管辖范围以外海洋底床与下层土壤的原则宣言》。在宣言中明确指出各国管辖范围以外的海洋底床与下层土壤，以及该地域之资源，为全人类共同继承之财产；国家或个人，不论自然人或法人，均不得以任何方式将该地域据为己有，任何国家不得对该地域之任何部分主张或行使主权或主权权利；任何国家或个人，不论自然人或法人，均不得对该地域或其资源主张、行使或取得与行将建立之国际制度及本宣言各项原则相抵触之权利；所有关于探测及开发该地域资源之活动以及其他有关活动，均应受行将建立之国际制度之管制。① 该宣言虽然明确了国际海底区域的法律属性，但是并没有建立开发这一区域的国际制度，因此没有从根本上解决勘探开发过程中发生的一系列法律问题。对此，1982年《海洋法公约》从区域的法律属性、开发制度、管理制度、争端解决机制等方面做出了明确规定。《公约》序言中指出希望以本公约发展1970年12月17日第2749（XXV）号决议所载各项原则，联合国大会在该决议中庄严宣布，除其他外，国家管辖范围以外的海床和洋底区域及其底土以及该区域的资源为人类的共同继承财产，其勘探与开发应为全人类的利益而进行，不论各国的地理位置如何。② 《公约》第136条规定"区域"及其资源是人类的共同继承财产。③ 《公约》第311条第6款再次强调缔约国同意对第136条所载关于人类共同继承财产的基本原则不应有任何修正，并同意它们不应参加任何减损该原则的协定。④

《海洋法公约》第十一部分是关于区域开发制度和管理制度的规定，该部分共59条，以人类共同继承财产原则为核心，涉及"区域""区域资源"的概念、管理"区域"内事宜的具体规定，同时对海洋科学研究、开发制度、技术转让和海洋环境等内容也进行了规定。正如前文所言，《海洋法公约》的规定明确表明了其坚持区域是人类共同继承财产这一立场，而发达国家作为既得利益者，认为《海洋法公约》中的部分规定，如限制生产、强制技术转让等，损害了其国家利益，拒绝接受《海洋法公约》。基于此，当时美国、英国并未签

---

① "关于各国管辖范围以外海洋底床与下层土壤的原则宣言"，载 https：//www.un.org/zh/documents/view_doc.asp? symbol = A/RES/2749（XXV）. 2019 - 4 - 14。

② "海洋法公约"，载 https：//www.un.org/zh/documents/treaty/files/UNCLOS - 1982.shtml # 13. 2019 - 4 - 14。

③ "海洋法公约"，载 https：//www.un.org/zh/documents/treaty/files/UNCLOS - 1982.shtml # 13. 2019 - 4 - 14。

④ "海洋法公约"，载 https：//www.un.org/zh/documents/treaty/files/UNCLOS - 1982.shtml # 13. 2019 - 4 - 14。

署《海洋法公约》，而俄罗斯、日本和法国尽管签署了《海洋法公约》，但也没有正式批准。

为了促进《海洋法公约》的普遍化进程，促使更多的国家签署并批准该公约，联合国大会于1994年通过了《第十一部分执行协定》。《第十一部分执行协定》与《海洋法公约》相比较，在一些具体的规定上存在差异。根据《第十一部分执行协定》第1、2条的规定，《第十一部分执行协定》的缔约国应当按照该协定来执行《海洋法公约》，如果《第十一部分执行协定》的内容与《海洋法公约》存在差异，以《第十一部分执行协定》为主。此外，从《第十一部分执行协定》第4条可知，一个国家如果批准、正式确认或加入《海洋法公约》即受该协定的约束，而如果一国想要受该协定的保护，也需要执行《海洋法公约》第十一部分的相关规定。

《第十一部分执行协定》和《海洋法公约》的差异主要表现在管理机构设置、会费、审查会议、技术转让、生产政策、经济援助等方面。在管理局机构设置上，《协定》提出增设财务委员会，并规定由秘书处暂时行使尚未设立的企业部的职责。在缔约国的费用上，《协定》中规定尽量减少各缔约国的费用，指出管理局不得行使借款的权利填充行政预算经费，缔约国也没有义务向企业部提供资金。在审查会议上，《协定》中指出《公约》第155条第2款中审查会议应确保继续维持人类共同继承财产原则继续适用，但该条第1、3、4款①的规定不适用。在技术转让上，《协定》中取消了《公约》中强制承包方向企业部提供技术的要求，指出应按照公平合理的商业条件获得技术。在生产政策上，《协定》中改变了《公约》中规定的管理局有权干涉商品的安排和协定，限制区域内资源的生产数量，规定区域内资源按照商业原则进行开发，无补贴

---

① 《海洋法公约》第155条规定，1. 自根据一项核准的工作计划最早的商业生产开始进行的那一年一月一日起十五年后，大会应召开一次会议，审查本部分和有关附件支配勘探和开发"区域"资源制度的各项规定。审查会议应参照这段时期取得的经验，详细审查：(a) 本部分和有关附件支配勘探和开发"区域"资源制度的各项规定，是否已达成其各方面的目标，包括是否已使全人类得到利益；(b) 在十五年期间，同非保留区域相比，保留区域是否已以有效而平衡的方式开发；(c) 开发和使用"区域"及其资源的方式，是否有助于世界经济的健全发展和国际贸易均衡增长；(d) 是否防止了对"区域"内活动的垄断；(e) 第150和第151条所载各项政策是否得到实施；和 (f) 制度是否使"区域"内活动产生的利益得到公平的分享，特别考虑到发展中国家的利益和需要。3. 审查会议适用的作出决定的程序应与第三次联合国海洋法会议所适用的程序相同。会议应作出各种努力就任何修正案以协商一致方式达成协议，且除非已尽最大努力以求达成协商一致，不应就这种事项进行表决。4. 审查会议开始举行五年后，如果未能就关于勘探和开发"区域"资源的制度达成协议，则会议可在此后的十二个月以内，以缔约国的四分之三多数作出决定，就改变或修改制度制定其认为必要和适当的修正案，提交各缔约国批准或加入。此种修正案应于四分之三缔约国交存批准书或加入书后十二个月对所有缔约国生效。

和区别待遇。在经济援助上,《公约》中规定的是大会建立一种补偿制度或其他经济调整援助措施,以协助遭受严重不良影响的发展中国家,《协定》中则指出管理局设立经济援助基金会,向经济因深海底矿物生产而受到严重影响的发展中陆上生产国提供援助。

从上述比较中,可以明显地看出,尽管《第十一部分执行协定》也坚持人类共同继承财产原则,但是从管理局机构设置、缔约国费用、审查会议等具体内容看,都体现了对发达国家的妥协,例如在《海洋法公约》中发达国家强烈反对的限制生产、强制技术转让等规定都不再适用,对发达国家的权利保护大大增加,使得更多发达国家愿意接受《海洋法公约》,从而推动区域制度的发展。而且《第十一部分执行协定》在事实上也推动了更多国家批准公约,在《协定》通过后,德国就立即递交了公约的批准书。

二、海底区域资源开发制度

正如前文所言,海底区域资源开发制度是国际海底区域制度的主要内容,下文将主要从平行开发制和国际海底管理局两个方面对海底区域资源开发制度进行分析。

(一)海底区域资源开发制度的确立

在第三次联合国海洋法会议上,发展中国家同发达国家就区域资源的开发主体和开发方式问题展开了激烈讨论。主要分为三种观点:单一开发制、国际注册和执照制、平行开发制。

在发展中国家的努力下,《海洋法公约》中明确将海底区域资源规定为人类共同继承财产。但是发达国家凭借其雄厚资金实力和发达科学技术,在海底资源开发上采取了先行行动,并通过国内立法和相关条约不断弱化人类共同继承原则。面对这一情况,发展中国家提出在区域资源的开发上适用单一开发制,资源的勘探开发活动由国际海底管理机构统一管理。为此,发展中国家向联合国提交了一份文件,指出由国际海底管理局代表全人类管理区域内的资源,并通过法律赋予管理局实权使其可以根据需要随时采取生产管制,而除管理局外的任何其他实体都无权自由勘探和开发。从制度设计上看,单一开发制充分体现了人类共同继承财产原则,在一定程度上可以阻止发达国家对深海海底区域资源的掠夺行为,保障发展中国家的利益。不可否认,单一开发制所追求的共同开发、共享收益是国际海底区域资源开发的最理想模式和最终追求。但是,从现实上讲,国际海底管理局并没有能力独自开发国际海底区域资源,也不能强制那些掌握勘探、开发技术的发达国家向其提供技术，单一开发制也就成了一纸空谈。

国际注册和执照制是美国、苏联等国家所主张的国际海底区域资源开发制度，这两种制度都是通过限制国际海底管理机构的权力使国家可以更多地参与海底资源开发。国际注册制认为海底区域资源是全人类共同继承财产，任何主体（不限于国际法主体，还包括法人和个人）都有权对其进行勘探开发。相关主体在将开发的区域、面积、开发时间等事项向国际海底管理机构报备，由该机构登记注册后，就有权对相关区域进行勘探开发。但是结合目前大多数发展中国家没有资金和技术进行海底区域资源开发的现实，如果实施这一制度，实质上有能力进行开发并获益的多为发达国家。发达国家可以借此大肆开发掠夺海底区域资源，使得发展中国家在区域的利益遭受损失。由此可见，国际注册制并不符合人类共同继承财产原则，因而受到了发展中国家的强烈反对。之后，发达国家进行了一定妥协，提出了国际执照制。国际执照制下，国际海底管理机构可以制定有关区域资源开发的规章制度，相关国家根据相关制度向管理局提出开发请求，由管理局审批该请求，并向符合要求的开发主体颁布执照。从表面上看，这一制度承认并保障了管理机构对于海底区域资源开发的专属管辖权，相关国家只有在管理局审批后才有权进行勘探开发。但是实际上，由于国家在区域资源开发能力的差异，有能力进行开发的还是发达国家，发展中国家的权利依旧得不到保障。因此，该制度也遭到了发展中国家的抵制。

在第三次海洋法会议第三期会议上，主张单一开发制的发展中国家和主张国际注册和执照制的发达国家开始彼此妥协，以期达成共识。发展中国家提出除了国际海底管理局企业部以外，其他主体在得到管理局允许的情况下也可以对区域资源进行勘探开发，从而扩大了对有权从事区域资源开发的主体范畴。此后，在第五期会议上，美国国务卿基辛格提出"平行开发制"，并表示如果其他国家愿意接受该制度，美国会向企业部和发展中国家提供资助、转让技术和培训人员，管理局可以每隔25年就该制度召开审查会议以判断是否继续使用该制度。最终，在平行开发制上各国达成基本共识，而该制度经过修正后也在《海洋法公约》中得以确立。

根据《海洋法公约》的相关规定，国际海底管理局代表全人类对海底区域进行管理，享有区域的管理权和开发权，有权对区域进行开发的主体则包括管理局企业部、缔约国本身及其自然人和法人。《海洋法公约》第153条和附件三、附件四，还规定了平行开发制的具体内容。根据附件三第8条的规定，申请者应指明坐标，将区域分成估计商业价值相等的两个部分，并且提交他所取得的关于这两个部分的所有资料。在不妨害本附件第17条所规定管理局的权力的情形下，提交的有关多金属结核的资料应涉及制图、试验、结核的丰度及其金属含量。在收到这些资料后的 45 天以内，管理局应指定哪一个部分保留给管理局通过企业部或以与发展中国家协作的方式进行开发。一旦非保留区域的工作计划获得核准并经签订合同，指定的区域即应成为保留区域。① 可见，国际海底区域的开发分为保留区和合同区两个部分的开发，其中保留区的相关规定对于发展中国家和国际海底管理局都具有重要意义。保留区是采矿申请者向管理局提出申请后，管理局对矿区进行评判后的选择，该矿区已经经过申请者的勘探，无须在前期工作上再投入大量的人力、物力、财力，大大减轻了海底区域资源的开发成本，使发张中国家可以更好地参与区域资源的开发。平行开发制作为发展中国家和发达国家协商妥协的产物，一方面尽可能地保障了当前条件下发展中国家参与海底资源开发的利益，另一方面也实现了发达国家进行海底资源开发的目的，在实践中保全了全人类共同继承财产原则，促使各国在《海洋法公约》框架内合法地进行海底区域资源开发，是符合实际情况的合理可行的开发方式。

由于区域资源，如多金属结核、硫化物、富钴结核矿产的开发对技术和设备都有很高的要求，发展中国家的经济实力很难达到，而发达国家在技术转让方面设置障碍，因此保留区制度在实践中难以推行。《第十一部分执行协定》附件第二节第 2 条规定企业部初期的深海底采矿业务应以联合企业的方式进行。② 也就是说，对于企业部初期的海底采矿业务，作为海底资源勘探能力更强的发达国家，有很大的可能以提供保留区的承包者的身份成为开发保留区的联合企业参与保留区的开发，从而明显增加了发达国家参与保留区勘探开发的机会。管理局在 2010 年出台了《"区域"内多金属硫化物探矿和勘探规章》、2012 年又出台了《"区域"内富钴铁锰结壳探矿和勘探规章》，这两个规章在一定程度上削弱了保留区制度，规章规定考虑到提供两个价值大小相似的多金属硫化物和富钴铁锰结壳的矿址的现实难度，因此申请者可以选择提供保留区或者以联合企业安排中的股份代替保留区。显而易见，该规定将会导致保留区的数目大大降低，并不利于维护发展中国家的权利。

（二）国际海底管理局

国际海底管理局是缔约国按照《海洋法公约》的规定，组织和控制区域内

---

① "海洋法公约"，载 https: // www. un. org/zh/documents/treaty/files/UNCLOS - 1982. shtml # 13. 2019 - 4 - 14。

② "海洋法公约"，载 https: // www. un. org/zh/documents/treaty/files/UNCLOS - 1982. shtml # 13. 2019 - 4 - 14。

活动，管理区域资源的专门机构。管理局按照所有成员主权平等的原则开展活动，主要拥有三个方面的权力：管理区域海底资源勘探开发、保护区域内环境以及进行区域内海洋科研。

管理局主要包括 4 个部门：大会、理事会、秘书处和企业部。大会是管理局的最高机关，其主要职权包括选举管理局相关成员、设立附属机关、收取会费及经费、分配区域内取得的收益、建立补偿制度等。[1] 理事会是管理局的执行机关，其成员按照最大消费国、最大投资国、生产国、发展中国家和公平地域分配分为 5 组，行使向大会提出选举秘书长的候选人名单、审查企业部的报告、向大会建议关于公平分享从"区域"内活动取得的财政及其他等职权[2]。秘书处由秘书长和若干工作人员组成，负责处理管理局其他机关交付的行政事务。企业部是管理局从事深海海底开矿的机关，是区域资源的直接管理者，其主要职权直接从事海底资源的开发和收益。[3] 但是企业部的很多权力在《第十一部分执行协定》中都削弱了，甚至企业部的职能也暂由秘书处代为行使，由此可见，企业部实质上形同虚设。

正如前文所言，国际海底管理局是管理区域资源的专门机构，其具体是如何参与区域资源开发和管理活动的呢？首先，所有国际海底区域资源的勘探开发活动都受管理局和企业部的认可和控制；其次，管理局对于海底区域资源勘探开发进行了详细的规定，主要体现在《海洋法公约》附件三"探矿、勘探和开发的基本条件"，涉及勘探申请的提出、申请的答复期限、区域的保留等诸多内容；公约第 155 条中还对审查制度进行了规定，具体的审查内容包括防止开采活动垄断；平行开发制是否正常实施，是否需要改动；基本原则能否得以贯彻实施等。

（三）国际海底区域资源开发实践中存在的问题及其应对

虽然《海洋法公约》《第十一部分执行协定》等一系列法律法规已经对于区域资源的管理、开发等内容做出了明确规定，但是从区域资源的开发实践上讲，还是存在诸多问题。

1. 平行开发制自身的困境

平行开发制是关于区域资源勘探开发的重要制度。但在实践中，适用平行开发制也存在一些问题，例如海底区域资源开发主体难以界定、平行开发制本身遭到弱化等。

---

[1] 《海洋法公约》第 160 条第 2 款。
[2] 《海洋法公约》第 162 条。
[3] 《海洋法公约》第十一部分第 4 节 E 分节。

海底区域资源开发主体难以界定这一问题，首先出现于2008年的鹦鹉螺矿业公司开发案①。开发主体难以界定问题的实质在于发达国家的公司通过在发展中国家注册子公司的形式取得了其本来无权享有的开发保留区的资格，实际上是通过设立子公司的形式掩盖该公司本质上属于发达国家实体的事实，从而将国际海底区域的利益转移至发达国家，而发展中国家则获利甚微。发达国家的这一做法不仅违背了平行开发制的要求和目的，严重损害了发展中国家的利益，而且很容易出现发达国家对于合同区和保留区同时开发进而形成垄断的现象。

从国际海底管理局制定的规章看，平行开发制本身也一直在被弱化，根据管理局相关规定，目前可以开发的区域资源只有3种。但是其中多金属硫化物和富钴铁锰结壳的开发中，申请人可以选择向企业部提供股权代替保留区的制度设置，在客观上造成了保留区数量的减少。而这种做法不仅严重侵害了发展中国家的利益，也损害了人类共同继承财产原则。

针对上述平行开发制面临的困境，从长期看，单一开发制是平行开发制最终的发展方向，但是这个过程不是一蹴而就的，就目前来看，还是应该继续保障平行开发制的适用。为改变平行开发制面临的困境，可以允许发达国家实体与发展中国家合作本着平等互利的原则对保留区进行开发，从而最大限度地保护弱小国家在区域资源开发上的权利。

2. "人类共同继承财产"原则难以落实

从平行开发制自身面临的困境，就体现了人类共同继承财产原则难以落实的问题。根据"人类共同继承财产"原则，区域是全人类共同继承财产，对区域的开发利用应该符合全人类共同利益，所以在现阶段相关制度应该更多地向发展中国家倾斜，以实现真正意义上的共同利益保护。为了平衡发展中国家和发达国家的利益保护，《海洋法公约》中规定了平行开发制。但是部分发达国家却以平行开发制中关于技术、资金的规定会损害其国家利益为由拒绝批准《海洋法公约》。此外，诸如美国、英国、日本等国家都制定了与海底资源开发有关的国内法，试图通过国内法的制定为其从事海底资源开发提供法律支持。除此以外，发达国家之间还通过缔结多边协定和其他法律文件对深海资源的开

---

① 鹦鹉螺矿业公司开发案：鹦鹉螺公司是一家在加拿大注册的，主要从事海底区域资源勘探开发业务的公司。而根据《海洋法公约》第十一部分的相关规定，鹦鹉螺公司只能对合同区而不能对保留区进行勘探开发。但是鹦鹉螺公司利用其注册成立的瑙鲁海洋资源公司和汤加近海采矿有限公司，向管理局提出了对保留区的勘探申请，而管理局并未质疑上述公司作为发展中国家实体的身份，核准了其提出的申请，并与其签订了勘探合同。

发达成谅解和合作从而规避《海洋法公约》所做的限制。① 以美国《深海海底硬矿物资源法》为例，其立法目的在于无限量地开采深海资源，以缓解美国国内的资源现状，指出在《海洋法公约》对美国生效前其有权自由地进行区域资源的开发利用，并规定由美国国家海洋和大气管理局以批准并发放勘探许可证和开采执照的形式来确定区域资源开发资格。

但是，如果在国内立法中规定通过许可制和执照制取得区域资源开发资格的主体可以自由进行区域资源的开发利用，无疑与《海洋法公约》中所规定的全人类共同继承财产的原则和平行开发制存在冲突，发达国家在此基础上大肆进行海底区域资源开发，将损害发展中国家的利益，并在实际上导致弱化人类共同继承财产原则的结果。

第五节　国际海洋争端解决机制

根据《海洋法公约》第279条的规定，各缔约国应以和平方法解决它们之间有关本公约的解释或适用的任何争端。由此可见，国际海洋争端解决机制是以和平解决海洋争端为核心的争端解决机制，其内容主要规定在《海洋法公约》附件五、六、七、八，以及第十一部分的第五节和第十五部分的第二节。

一、国际海洋争端解决机制的适用

与一般的国际争端解决机制相比较，国际海洋争端解决机制在适用上更为灵活。首先，从适用该争端解决机制的主体看，毫无疑问，《海洋法公约》的缔约国当然可以适用公约中规定的争端解决机制，在争端发生的任何时候缔约国都可以协议选择和平方式来解决他们之间的争端。如果缔约国之间已经达成了协议，则充分尊重该协议，只有在协议无效时才适用《海洋法公约》规定的程序，而公约中规定的所有争端解决程序都对缔约国适用。即使争端一方是缔约国以外的实体也可以比照适用"争端的解决"部分第一节"一般规定"。此外，非缔约国也可以在自愿的情况下通过国际海洋法庭来解决争端。

其次，从适用该争端解决机制的客体看，根据《海洋法公约》第279、280

---

① 美国、德国、英国、法国在1982年缔结了《关于深海海底多金属结核的临时措施的协议》，美国、德国、英国、法国、日本、意大利、比利时、荷兰在1984年缔结了《关于深海海底问题的临时谅解》。

条的规定,国际海洋争端解决机制适用于所有由于《海洋法公约》的适用与解释所产生的争端。根据《海洋法公约》第288条的规定,第287条所指的法院或法庭①,对于按照与本公约的目的有关的国际协定向其提出的有关该协议的解释或适用的任何争端也应具有管辖权。此外,一些特殊争端,诸如国际深海海底开采争端、快速释放被扣押船舶及船员的争端、裁决临时措施等也可以适用国际海洋争端解决机制。

二、国际海洋争端解决机制的具体内容及其存在的问题

正如前文所言,国际海洋争端解决机制既可以适用于由于《海洋法公约》或者同该公约的目的有关的国际协定的适用与解释所产生的争端这些一般争端,也可以适用于国际深海海底开采争端、临时裁决措施等特殊争端,因此,可以按照客体的差异将国际海洋争端解决机制分为一般程序和特殊程序。

(一)争端解决的一般程序

以是否具有强制力为标准,又可以将一般程序分为强制性程序和非强制性程序。其中非强制性程序包括《联合国宪章》中规定的和平方法,例如谈判、调停、斡旋、协商等;《海洋法公约》第283条规定的交换意见;《海洋法公约》第284条规定的一般调解。强制性程序则包括导致有拘束力裁判的强制程序(强制仲裁和强制诉讼)和强制调解程序。在两者的关系上,《海洋法公约》第286条明确规定,只有争端在通过非强制性程序不能得到解决的情况下才能适用强制性程序。而且,《海洋法公约》第295条还指出该争端在适用强制性程序之前还要求其已经用尽当地补救方法。

1. 非强制性程序

除了类比《联合国宪章》的和平方法,《海洋法公约》中对于非强制性程序的规定主要表现为交换意见和一般调节。根据《海洋法公约》第283条的规定,在发生争端后,如果出现争端方之间并不存在争端解决协议,或者协议约定的争端解决程序已经终止但并未解决争端的情形时,或者需要对已达成的争端解决办法的实施方式进行协商时,双方应迅速就以谈判或其他和平方法解决该争端交换意见。

---

① 《海洋法公约》第287条第1款规定,一国在签署、批准或加入本公约时,或在其后任何时间,应有自由用书面声明的方式选择下列一个或一个以上方法,以解决有关本公约的解释或适用的争端:(a)按照附件六设立的国际海洋法法庭;(b)国际法院;(c)按照附件七组成的仲裁法庭;(d)按照附件八组成的处理其中所列一类或一类以上争端的特别仲裁法庭。

此外，争端方还可以邀请另一方按照《海洋法公约》附件五规定的程序，将争端提交调解。另一方同意邀请或者双方达成调解协议时，调解程序启动，双方可以从联合国秘书长编制并持有的名单中选取调解员组成调解委员会，委员会根据争端方的调解协议或者自身确定的程序进行调解，并在12个月内提交调解报告。该调解报告对争端方而言并不具有拘束力，其可以自行决定是否采纳或遵循该报告。但是，需要强调的是，尽管争端方有提起调解的充分自由，但是并不意味着其可以随时终止调解程序，调解程序一经启动，只能因为调解协议的规定、争端已经解决或者调解报告被拒绝、届满时终止。

2. 强制性程序

正如前文所言，强制性程序包括导致有拘束力裁判的强制程序（强制仲裁和强制诉讼）和强制调解程序。

（1）导致有拘束力裁判的强制程序。导致有拘束力裁判的强制程序包括强制仲裁程序和强制诉讼程序，其主要规定在《海洋法公约》第十五部分第二节。根据《海洋法公约》第286条的规定，首先，其肯定了任何争端都可以适用导致有拘束力裁判的强制程序，其次，又规定了适用导致有拘束力裁判的强制程序的前提条件，包括非强制性程序未能解决争端、由争端一方提出使用该程序的要求，以及争端方已经用尽当地救济（《海洋法公约》第295条）。从导致有拘束力裁判的强制程序的文义，便可以得知使用该程序所作出的裁判对争端方而言都具有拘束力，其应当遵从。但是该裁判的拘束力是特定的，它仅仅对于特定当事方的特定争端具有拘束力，而不涉及相同当事人的其他争端和其他当事人的类似争端。

导致有拘束力裁判的强制程序的强制性除了体现在其裁判对于争端方具有拘束力外，还表现为争端方必须以书面声明的方式在《海洋法公约》第287条规定的争端解决机构中选择解决争端的机构，而不能任意选择。但是这是否意味着争端方没有选择权呢？当然不是。首先，尽管《海洋法公约》第287条规定了可以选择的争端解决机构的范围，即根据附件六成立的国际海洋法庭、国际法院、根据附件七成立的仲裁庭、根据附件八成立的仲裁庭，但是在具体的机构选择上，争端方还是享有一定的自主权的；其次，在选择特定的争端解决机构的时间上，争端当事国在任何时间，包括签署、批准或加入公约时或在其后任何时间都可以进行选择，哪怕国家已经通过声明选择了特定的争端解决机构，也可以通过撤销声明变更其选择的争端解决机构。

导致有拘束力裁判的强制程序包括强制仲裁和强制诉讼，两者之间的关系究竟如何呢？首先，根据《海洋法公约》第287条的规定，强制仲裁和强制调解都是争端当事国可以选择的导致有拘束力裁判的强制程序,而且在选择上,两者并不存在排斥性,因为缔约国可以以声明的形式选择一个或多个争端解决机构,并明确具体的机构所负责处理的具体事项。具体来说,强制仲裁的机构包括根据附件七或者附件八组成的仲裁庭,强制诉讼包括根据附件六设立的国际海洋法庭、国际法院。而具体的争端解决程序和争端解决机构是挂钩的,因此如果争端各方在选取同一争端解决机构后,就可以将该争端提交该机构解决。为了避免可能出现的由于争端各方就某一争端选择不同的争端解决程序而导致的管辖权冲突,《海洋法公约》第287条第5款明确指出,在出现这种情况或者争端一方未通过声明选择特定的争端解决机构时,应该将争端提交附件七组成的仲裁庭。

正如前文所说,与《联合国宪章》的争端解决机制一脉相承,《海洋法公约》中规定的海洋争端解决机制也充分体现了尊重国家主权、和平解决国际争端的原则。因此,《海洋法公约》中对于适用导致有拘束力裁判的强制程序的例外情形也进行了规定。《海洋法公约》第298条第1款明确规定,缔约国在任何时间,都可以书面声明对于下列事项排除适用导致有拘束力裁判的强制程序:第一类是海洋划界争端,即国家之间关于领海、专属经济区、大陆架划界的争端或者涉及历史性海湾或所有权的争端;第二类是关于军事活动的争端,包括从事非商业服务的政府船只和飞机的军事活动的争端;第三类是安理会执行《联合国宪章》所赋予的职务的争端。

例如我国就在2006年依据公约第298条,向联合国秘书长提交了如下书面说明:对于《联合国海洋法公约》第298条第1款(a)(b)和(c)项所述的任何争端,中国政府不接受《海洋法公约》第十五部分第二节规定的任何国际司法或仲裁管辖。① 也就是说,未经我国政府同意,与我国相关的海洋划界、军事活动等重要领域的争端,都不得提交《海洋法公约》所规定的导致有拘束力裁判的强制程序,而只能通过双边协商、谈判等非强制性程序解决。

(2) 强制调解程序

正如上文所说,《海洋法公约》第298条规定国家可以提前通过声明排除适用导致有拘束力裁判的强制程序。但是在该条款第1款(a)项中又指出对海洋划界争端或者涉及历史性海湾或所有权的争端上声明不适用导致有拘束力裁判的强制程序的国家,经过争端任何一方的请求,应该同意将争端提交附件五第二节所规定的调解程序。对于此类争端,只要争端的一方提起调解程序,

---

① "《联合国海洋法公约》签署及保留声明",载 https://treaties.un.org/pages/ViewDetailsIII.aspx?src=TREATY&mtdsg_no=XXI-6&chapter=21&Temp=mtdsg3&clang=_en#EndDec. 2019-3-31。

另一方就有义务将该争端提交仲裁,即使另一方对启动强制仲裁的通知不予理会或者不接受,也不影响调解程序的进行。但是调解报告的效力与一般调解程序一样,调解报告并不具有拘束力。因此,强制调解程序的强制性主要体现在程序的启动上,而非结果的强制力上。

强制仲裁程序的强制性主要表现为程序启动的强制性,但是什么情况下才能启动这一程序呢?可以将其分为主体要件和客体要件。首先是主体要件,根据缔约国是否对海洋划界争端或者涉及历史性海湾或所有权的争端上不适用导致有拘束力裁判的强制程序作出声明,可以将缔约国分为作出声明的国家和未作出声明的国家。在未作出声明的国家和作出声明的国家间,按照《海洋法公约》第298条第3款规定,作出声明的缔约国未经该另一缔约国同意时无权将相关争端提交强制调解程序,可见一般情况下,作出声明的国家不能向未作出声明的国家提起强制调解程序,当然得到未作出声明的国家的许可的情形除外;而未作出声明的国家则有权向作出声明的国家提起强制调解程序。在均为作出声明的国家之间是否能适用强制调解程序,《海洋法公约》中并没有进行明确规定,但是结合第十五部分的整体体系及第298条的立法目的,强制调解程序是适用第二节的例外规定,是缔约国之间为解决敏感的海洋划界争端而相互妥协的产物。因此,如果争端双方均未就第298条第1款作出例外声明,应该将相关争端提交第二节导致有拘束力的裁判的程序之中而不是提交至强制调解程序。如果争端双方都做出了例外声明,根据《海洋法公约》第280、281条的规定,属于争端双方共同选择了强制仲裁程序作为其自行选择的谋求和平解决争端的途径,而这种情况并不适用《海洋法公约》第十五部分的有关强制调解的规定。综上,强制调解程序只能由未作出声明的缔约国向已作出声明的缔约国提起。

强制仲裁程序的客体要件,即可以适用该程序的海洋争端类型。根据《海洋法公约》第74、83条相关规定,涉及专属经济区和大陆架的划界争端,如果没有在合理期间达成任何协议,则应诉诸第十五部分规定的导致有拘束力裁判的强制程序。但是根据《海洋法公约》第298条的规定,尽管缔约国可以书面声明对于第298条所列争端排除适用第二节规定的强制程序,但是作出这一声明的国家,经争端他方请求要适用强制调解程序。而通过对第298条内容的分析总结,可以归纳得出提交强制调解程序的争端需要满足下面两个条件:第一,涉及《海洋法公约》第15、74、83条的解释或适用上的争端,或涉及历史性海湾或所有权的争端;第二,争端发生于《海洋法公约》生效之后。如果争端各方之间的争端发生于《海洋法公约》生效之前,则不适用强制调解程序。但是针对发生于《海洋法公约》生效之后的争端,在提交强制调解程序时,也需要确定其不属于下面三种情况：必然涉及同时审议与大陆或岛屿陆地领土的主权或其他权利有关的任何尚未解决的争端；争端各方已以一项安排确定解决的海洋边界争端；属于按照对争端各方有拘束力的双边或多边协定加以解决的争端。

自 2002 年东帝汶独立以来，东帝汶和澳大利亚在帝汶海的划界问题上一直存在很大的冲突。2016 年 4 月，东帝汶就帝汶海划界问题提起了强制调解程序。8 月，澳大利亚以两国在 2006 年签订了谋求以和平方式解决争端的协议——《帝汶海特定海上安排条约》（以下简称《特定海上安排》），以及该划界争端的产生时间早于《海洋法公约》在两国之间的生效时间为由，提出了管辖权异议。[①] 但是调解委员会认为《特定海上安排》并不属于《海洋法公约》第 281 条规定的解决争端的协议，而且《海洋法公约》的生效时间应当按照公约整体的生效时间判断，并于 9 月做出了委员会对该案件有管辖权的决定。由此可见，在"争端解决的协议"和"《海洋法公约》生效时间"的判断上目前是存在争议的。调解委员会认为《特定海上安排》是"在一定期限内谋求不解决争端的协议"，其目的在于不解决双方在帝汶海的划界纠纷，但是，从长期看，《特定海上安排》只是禁止两国在该条约生效后的 50 年内寻求解决争端，而不是永远禁止它们解决海洋划界争端，可以理解为双方达成一致在 50 年内先搁置，之后再解决的争端解决协议。因此，《特定海上安排》属于争端解决协议，该争端不应提交调解，调解委员会也并不对此享有管辖权。而在《海洋法公约》的生效时间问题上，正如调解委员会所指出的有关《海洋法公约》的谈判历史记录表明在第三次联合国海洋法会议上，尽管有国家提出该条款明确修改为"争端发生于本公约在各争端方之间生效之后"，然而该提议并未被接受；并且许多出席第三次海洋法会议的外交代表都在后来的著述中"直接假定"这一条款指的是公约整体生效之后的争端，因此《海洋法公约》第 298 条所指的公约的生效时间，应该是公约作为整体的生效时间，即 1994 年 11 月。

（二）争端解决的特殊程序

除一般程序外，《海洋法公约》的争端解决机制中还包括一些特殊程序，例如国际深海海底开采争端解决程序、快速释放被扣押船舶及船员的争端解决程序、裁决临时措施的程序等。

国际深海海底开采争端。国际海洋法庭下设海底争端分庭，该分庭对于国际海底区域资源勘探和开发引起的以下几类争端具有专属管辖权。根据《海洋法公约》第 187 条（a）项和第 188 条第 1 款的规定，对于缔约国之间关于

[①] 澳大利亚在 1994 年 10 月正式批准《海洋法公约》，东帝汶在 2013 年 2 月正式批准《海洋法公约》。

《海洋法公约》第十一部分及其有关附件的适用或解释的争端，国际海洋法庭设立的特别分庭或者由三名海底争端分庭的法官组成的专案分庭拥有管辖权。海底争端分庭对于缔约国与管理局之间的关于管理局或缔约国违反《海洋法公约》及其附件规定的行为或不行为以及管理局越权或滥用权力引发的争端具有管辖权。此外海底争端分庭对于国际海底资源开发合同当事各方之间的争端、管理局拒绝订立合同或合同谈判时发生的法律问题引发的争端、管理局负担赔偿责任的争端以及其他规定由海底分庭管辖的任何争端享有管辖权。

快速释放被扣押船舶及船员的争端。根据《海洋法公约》第292条的规定，如果一国扣押了他国船舶，扣留国应在被扣留船舶的国籍国提交了合理的保证书或其他财政担保后迅速释放船舶和船员。否则，释放问题可提交争议双方协议的任何法院或法庭。从扣留起10日内无法达成协议的，可根据扣留国事先通过书面声明选择的导致有拘束力裁判的强制程序，提交其选择的仲裁庭或法院。相应的仲裁院或者法院应该立即处理关于释放的申请，但是其处理范围仅限于船员和船舶的释放问题，而不涉及案件事实的判断，并不影响国内法院对案件的审理以及扣留国当局释放船员和船舶的权利。

裁决临时措施。具有管辖权的法院或法庭在某一争端提交后直到最终做出裁判前，为了保全争端各方的权益或防止对于海洋环境的严重损害，可以根据情况采取适当的任何临时措施。如果提出临时措施请求后，仲裁法庭还没有组成，或者在请求临时措施之日起2周内，争端各方仍未就解决争端的法院或法庭的选择达成协议，国际海洋法庭或者在涉及区域内活动时的海底争端分庭就对临时措施的规定、修改或撤销有管辖权。

总而言之，《海洋法公约》体系下的国际海洋争端解决机制尽管存在一些问题，例如"交换意见""解决争端的协议"等概念规定不明引发的争议，仲裁庭或法庭对法条进行扩大解释以扩充其管辖权等，会对海洋争端解决机制的权威性产生不利影响。但是总的来说，该争端解决机制不失为一个综合性的合理的争端解决机制。首先，该机制充分体现了和平解决国际争端原则和国家主权原则，鼓励国家通过和平方式协商解决问题，尊重国家间争端解决协议的效力，在争端解决上，协议优先，即使国家之间无法达成协议也需要优先适用非强制性程序解决争端，并且在领土划界争端、岛屿主权纠纷以及历史性权益争端等敏感问题上允许国家排除适用导致有拘束力裁判的强制程序而规定了相对温和的强制调解程序；其次，从整体的争端解决路径看，在缔约国发生争端时，首先判断国家之间是否存在关于争端解决的协议，有协议时协议优先；若不存在协议，首先适用非强制性程序，交换意见或一般调解；只有当非强制性程序并不能解决争端时，才能适用强制性程序。

第六节　国际海洋环境保护

随着国际社会对海洋开发利用的重视程度的提升，海洋环境问题也引发了国际社会的广泛关注，但是就现状来看，国际海洋环境正面临着前所未有的挑战。世界海洋委员会在2014年发布的报告《从恶化到恢复：全球海洋救助方案》中指出，我们的海洋情况日趋恶化，栖息地遭到破坏、生物多样性减损、过度捕捞、污染、气候变化和海水酸化使得海洋系统濒临崩溃的边缘。[①] 在2016年所作的名为《我们海洋的未来：下一步工作重点》中又再次强调了海洋环境面临的严峻情势，其指出人类活动非但没有保护海洋资源并恢复其自身抵抗风险的能力，反而使全球海洋濒临崩溃的边缘。[②] 由此可见，国际海洋保护具有现实上的必要性，而通过国际性法律文件来保护海洋环境是其中的一种重要方式。

一、国际海洋环境保护的立法进程

国际社会通过国际条约来保护海洋环境的实践，最早可以追溯至20世纪初期。1926年，美国就曾经尝试在华盛顿召开的关于防止油类污染海洋的国际会议上缔结防止船舶造成海洋污染的国际条约，但由于种种原因，该条约最终并未达成。1934年，英国向国际联盟提出了关于船舶防污的提案，并获得了许多国家的支持，国际联盟为此设立了专家委员会并拟订了草案，但是之后爆发的"二战"使得该提案也并未获得实质性进展。1948年在日内瓦召开的联合国海事会议上通过了《建立国际海事组织公约》，根据该公约建立了国际海事组织，负责海上航行安全和防止船舶造成海洋污染。在此期间，各国已经认识到了国际合作以治理海洋污染的重要性，而且也开始尝试订立相关的条约，但是从结果看，并未签订有效的保护海洋环境的国际条约。

1954年，在伦敦召开了防止海洋污染的专门外交会议，制订并通过《国际防止海上油污公约》。该公约是第一个关于海洋环境保护的公约，而自其签订后的十几年内都没有签订其他的关于海洋环境保护的条约。直到1967年托里·

[①] "从恶化到恢复：全球海洋救助方案"，载 http://www.some.ox.ac.uk/wp-content/uploads/2016/03/CHINESE-SUMMARY.2015-aug.pdf.2019-4-12。

[②] "我们海洋的未来：下一步工作重点"，载 http://www.some.ox.ac.uk/wp-content/uploads/2016/03/GOC_2016_Report_CHINESE_FINAL.pdf.2019-4-12。

卡尼号因为触礁漏油造成重大海洋污染后,该问题再次引起国际关注,直接推动了国际海事组织在1969年组织召开布鲁塞尔会议,并签署了《国际干预公海油污染事故公约》和《国际油污损害民事责任公约》,之后又在1971年通过了《设立国际油污损害赔偿基金公约》。但是,从上述公约的内容看,其关注的重点是相当统一的,都是关于防止海洋油污的内容,而没有涉及更为广泛全面的海洋环境保护的内容。

1972年,联合国在斯德哥尔摩召开人类环境会议,并发表了《人类环境保护宣言》,通过了《人类环境行动计划》,成立了联合国环境规划署。《人类环境保护宣言》中指出各国应采取一切措施,以防止那些危及人类健康、损害生物资源和海洋生物、破坏环境舒适或干扰海洋的其他合法利用的物质对海洋造成污染。《人类环境行动计划》则为各国在国际海洋环境保护落实上提供了行动指南。此外,专门规定海洋环境保护的公约还包括1972年的《防止倾倒废物和其他物质污染海洋公约》、1973年的《国际防止船舶污染公约》及其在1978年通过的议定书、1974年的《防止陆源污染海洋公约》、1980年的《南极海洋生物资源保护公约》等。纵观这一阶段的公约,首先,从范围上看,不再局限于油污问题,开始涉及其他海洋环境保护问题,例如倾倒造成的海洋污染、勘探、开发造成的污染等,并且出现了对于海洋生物资源保护的相关规定。其次,从内容来看,更加注重国家之间利益的平衡,例如《国际防止船舶污染公约》中便改变了1954年《国际防止海上油污公约》中以船旗国管辖为主的规定,允许沿海国对其管辖范围内任何违反公约的行为进行管辖。

1982年订立了《海洋法公约》,公约第十二部分(海洋环境的保护和保全)对海洋污染的种类,防止、减少和控制海洋污染的措施,国际规则和国内立法,全球性和区域性的合作,技术援助,监测和环境评价,国家责任和赔偿等方面进行了规定。《海洋法公约》的签订,标志着海洋环境保护的法律制度已经建立,国际海洋环境保护的管理体制也纳入了法制的轨道,为推动海洋环境治理起到了积极的促进作用。1992年,联合国在里约热内卢召开的环境与发展大会上通过了《21世纪议程》,其中第十七章的内容是保护大洋和各种海洋,包括封闭和半封闭海以及沿海区,保护、合理利用和开发其生物资源,要求各国采取相应的措施和行动保护海洋环境,促进海洋资源的可持续利用。从1982年至今,海洋环境保护相关立法进入繁荣时期,出现了许多相关的国际条约。例如1992年的《东北大西洋海洋环境保护公约》、1996年的《保护地中海防止陆源污染议定书》、2000年的《中西太平洋高度洄游鱼类种群养护和管理公约》等。

二、海洋环境污染的国际法保护

根据《海洋法公约》第一部分"用语"中的解释，海洋环境的污染是指人类直接或间接把物质或能量引入海洋环境，以致造成或可能造成损害海洋生物、危害人类健康、妨碍海洋正当用途、损坏海水质量等有害影响。本书按照海洋环境污染的来源，将其分为来自陆地、来自船舶、倾倒造成的以及国际海底区域资源开发造成的海洋污染，并分别介绍相关方面的国际法律文件。

（一）来自陆地的海洋污染

绝大部分的海洋污染来自陆地。随着经济的发展，大量来源陆地的污染物被排入海洋，过量的污染超过了海洋的自净能力，导致海洋环境出现严重恶化。这一现象也引起了国际社会对于陆源海洋污染的关注，在1972年《人类保护宣言》的原则7中便明确规定要加强"国家对于海洋陆源污染的控制，尤其是封闭与半封闭的海域"。

随着人们对于陆源海洋污染的危害性认知的增强，国际社会开始试图通过国际条约来规范这一问题，并于1974年签订了第一个防止陆源污染物质损害海洋环境的国际公约——《防止陆源污染海洋公约》。根据该公约，陆源污染是指经由水道、来自海岸、来自人工建筑以及通过上述途径散发到大气层造成的海洋污染。该公约要求成员国限制或消除附件中所列的陆源污染，建立陆源污染检测系统，并设立委员会以监督公约的履行。该公约体现了国际社会对于陆源海洋污染的关注，其中规定的一系列措施为其他国家公约和国内立法制订防治陆源污染的规定提供了借鉴，推动了东北大西洋沿岸国家在防治陆源海洋污染上开展广泛合作。

《海洋法公约》第207条是公约中专门调整陆源海洋污染问题的条款。根据该条款的规定，各国应制定法律、规章或者采取其他必要的措施，加强区域和全球合作，以防止、减少和控制陆源海洋污染。不可否认，该条款可以激励各国完善立法以规范陆源污染治理，促进国家间在防治陆源海洋污染问题上的合作。但是，很现实的问题是，该条款的规定并不具有切实的可行性，它只是笼统地规定了各国应当采取措施、加强合作以防治陆源污染，但是并未规定具体的标准和措施，操作性不强。

《21世纪议程》中特别强调了海洋环境保护的重要性，并且专门召开了海洋陆地来源污染的防治会议。《21世纪议程》第17章"目标"部分指出各国应当采取减少可能会在海洋环境中累积到危险水平的有机化合物的排放、建立无害环境的陆基废物处理系统、开发和实施无害环境的土地利用技术、推广使用对环境影响较小的农药化肥等措施以控制海洋环境的陆源污染，对各国的行动具有很强的指导意义。

1995年在美国华盛顿召开的政府间会议上通过了联合国环境署倡导的《保护海洋环境免受陆源污染全球行动计划》。该计划旨在鼓励各国采取措施来应对陆源污染对海洋环境造成的负面影响，在客观上解释了在应对陆源海洋污染中国家应该做什么以及该怎么做的问题，有利于推动地方、国家、区域到全球各个层面的政府共同参与来应对这一问题。为了审查各国在防治陆源海洋污染的成效，联合国环境署分别于2001年和2006年在蒙特利尔和北京召开了两次全球行动计划实施情况政府间审查会议。其中，在2001年的全球行动计划实施情况第一次政府间审查会议上通过了《蒙特利尔宣言》，进一步推动了保护海洋环境免受陆源污染的全球行动计划的开展。

（二）来自船舶的海洋污染

来自船舶的海洋污染有多种形式，其中最为典型的是石油污染，而该类污染也最早引起了国际社会的关注。其后，随着国际交流的频繁化和海洋运输的发展，化工物品、污水、垃圾、废气等来自于船舶的污染也逐渐受到重视。

1954年的《国际防止海上油污公约》是第一个有关海洋环境保护的多边公约。该公约中对于海上排放石油的倾废标准、允许排放的油类物质的范围、排放物的含油量、禁止排放的特区等诸多方面进行了全面具体的规定，是人类在通过法律防治海洋油污上作出的积极尝试，体现了国际社会对于保护海洋环境的关注和为之所作出的努力。但是，该公约也存在着很明显的不足之处。首先，该公约中只规定了对于国际防止海上油污的措施和要求，但是船舶所造成的海洋污染并不仅仅是油污，还有垃圾、废气等，其范围比较狭窄；其次，根据该公约的规定，只有船旗国享有对船舶污染的起诉权和执行权，但是正如前文所言，海上石油泄漏对于沿海国而言会造成严重的生态和经济损失，这一规定对于沿海国而言是很不公平的。

1973年的《国际防止船舶污染公约》及其在1978年通过的议定书有利于防止船舶造成的海洋污染，是国际上最为重要的国际海洋环境保护公约之一。该公约旨在通过彻底消除有意排放油类和其他有害物质污染海洋环境，并将向海洋倾倒污染物、排放油类以及向大气中排放有害气体等污染降至最低的水平来保护海洋环境。该公约正文中规定了防治船舶排放废弃物造成污染的一般原则，并在之后的6个附则中详细地规定了控制油类、散装有毒液体物质、海运包装中的有害物质、生活污水、垃圾、空气污染等造成的海洋污染的管理规章和标准。以防止油污规则为例，其中规定了一整套关于邮轮检查、排油控制、油水分离、残油处理等的规章制度，对防止船舶造成的油污进行了全面的规定。此外，根据该公约，对于船舶造成的海上污染，缔约国可以按照本国法律起诉或者将该国掌握的违法案件情况交给船旗国主管当局，换言之，沿海国也有权对外国船舶行使管辖权，改变了《国际防止海上油污公约》仅对船舶污染的起诉权和执行权仅能由船旗国享有的局面。

《海洋法公约》中首先明确了所有国家在防止来自船舶的海洋污染上的责任，指出各国应采取一切必要措施，在最大可能范围内尽量减少来自船舶的污染。《海洋法公约》中还承认了沿海国在海洋环境保护和保全上的管辖权，允许沿海国在其领海、专属经济区等特定区域制定法律、规章以防止船舶造成海上污染。而在执行问题上，《海洋法公约》指出船旗国、港口国、沿海国均可对船舶的污染行为进行调查，在有充分证据的情况下还可以提起司法程序。可以说《海洋法公约》中通过对于相关国家立法权、执行权的肯定进一步保护了港口国、沿海国在防止海洋污染上的权利。

（三）倾倒造成的海洋污染

有害废弃物的倾倒也是海洋污染的重要来源之一。1972年在斯德哥尔摩举行的联合国人类环境会议通过了《防止倾倒废物和其他物质污染海洋公约》，该公约的目的在于控制和管理向海洋倾倒有害废弃物的行为，并在公约中规定了一系列具体的规则和标准。公约第4条明确指出，各缔约国应禁止倾倒任何形式和状态的任何废物或其他物质，并分别在附件1、2、3中规定了禁止倾倒的物质、倾倒前需要获得特别许可证的物质和倾倒前需要获得一般许可证的物质的名单。以附件1为例，禁止倾倒的物质包括有机卤素化合物、汞及汞化合物、镉及镉化合物、耐久塑料及其他耐久性合成材料、原油及其废物、化学或生物武器等。对于违反该公约规定的行为，缔约国有权采取适当的措施对其进行管理和处罚，而且在符合国际法原则的条件下，缔约国有权采取更为严格的防止海上倾倒的其他措施。

根据《海洋法公约》的规定，倾倒是指故意处置船只、飞机、平台或其他人造海上结构，或者在上述区域故意处置废物或其他物质的行为。但是对相关装备的正常操作所附带发生或产生的废物或其他物质的处置并不属于倾倒。在防止倾倒造成的海洋污染问题上，各国应制定法律或者采取其他可能必要的措施，并加强合作，制订全球性区域性规则标准和程序，共同开展治理行动，以防止、减少和控制这种污染。并且在《海洋法公约》第210条第6款指出，国内法律、规章和措施在防止、减少和控制这种污染方面的效力应不低于全球性规则和标准，即相关的国内法律文件都具有全球性的效力，而不仅仅局限于缔约国之间或者该国国内。因此，对于《防止倾倒废物和其他物质污染海洋公约》，即使是非缔约国，也需要遵守其中的规定。

（四）国际海底区域资源开发造成的海洋污染

国际海底区域的开发很有可能对深海水体质量和生物群落造成影响，因此，在海底区域资源开发中，保护海洋环境具有重要意义。为了切实保护海洋环境，避免由于区域资源开发造成的海洋污染，《海洋法公约》授权海底区域管理局制订适当的规则、规章和程序，以防止、减少和控制海洋环境污染和对海洋生态平衡的干扰，保护和养护"区域"的自然资源，防止对海洋环境中动植物的损害。自1994年以来，管理局先后通过了《"区域"内多金属结核探矿和勘探规章》《"区域"内多金属硫化物探矿和勘探规章》《"区域"内富钴铁锰结壳探矿和勘探规章》，并出台了两个关于指导承包者评估"区域"内资源勘探活动可能对环境造成影响的建议，规范承包者在区域内的勘探开发活动，以实现保护和保全海洋环境的目的。

2017年8月，管理局审议并公布了《"区域"内矿产资源开采规章草案》，其中对区域内海洋环境保护的原则、开发阶段海洋环境保护的具体程序、环境损害事故的应对和预防、承包者的环境保护义务、环境影响报告等诸多涉及区域资源开发中海洋环境保护的内容进行了详细规定。根据该草案的相关规定，为了保护海洋环境免受开发区域资源的行为的影响，在开发过程中管理局、担保国和承包者在规划、实施和修改其在区域资源开发中所采取的必要措施时应遵循保护和保全海洋环境、风险预防和最佳可用科学证据、采用最佳环境做法、基于生态系统方法管理、公众参与、国际合作等原则。区域内资源开发申请人在向管理局申请核准开发工作计划时，还应提交环境影响报告，说明其开发活动可能对海洋环境造成的不利影响，并提出相应的应对办法。在资源开发过程中，承包者应当充分注意并采取适当措施保护和保全海洋环境，如果其开发行动造成海洋环境损害的，还应当承担赔偿责任。担保国也应当采取必要措施保证其担保下的承包者遵守有关规定，履行海洋环境保护的义务。海底管理局则需要在其职权范围内进行监督和管理，以督促和保证承包者在资源开发中采取措施减少对海洋环境的影响，保护和保全海洋环境。

结合上文有关海洋环境保护的国际法律文件的介绍，首先，需要明确的问题是，目前的海洋环境并不乐观，而海洋蕴含着诸多矿物、生物等对于人类发展至关重要的资源，因此，提倡和重视海洋环境保护和保全具有现实的必要性和重要的经济价值。其次，海洋是一个整体，在海洋环境保护中，仅靠某一个或几个国家的力量是完全不够的，需要加强国际合作，发挥人类的共同力量来治理海洋环境。最后，从相关法律文件看，一方面过于分散，许多法律文件所规定的都是特定方面的海洋环境污染问题，例如《防止陆源污染海洋公约》《防止倾倒废物和其他物质污染海洋公约》等，但是海洋环境污染是诸多因素共同作用的结果，分散的立法很难囊括所有的问题（难免出现遗漏），还会为统一的管理设置障碍；另一方面，这些法律文件中存在着许多软法，诸如《21世纪议程》《保护海洋环境免受陆源污染全球行动计划》等，而且其中权威性最高的《海洋法公约》中对于海洋环境治理的规定过于笼统，操作性较低。因此，应当在联合国的组织下制定统一的国际海洋环境保护法，将所有涉及海洋环境保护的内容规定到统一的立法之中，为海洋环境的保护和保全提供全面、具体的指引。

第五章 国际刑法专题

第一节 国际刑法的概述

一、什么是国际刑法

自1872年美国法学家大卫·D.菲尔德所创建的和平协会提出制订国际刑法典的主张以来，国际社会对于国际刑法的研究热情不断高涨，对相关方向进行研究的学者和组织也不断出现。国际刑法的起点在于什么是国际刑法。在国际刑法的定义问题上，相关学者、组织已经进行了广泛深入的研究，但是始终没有形成统一的观点。正如贾宇教授所言，虽然国际刑法的发展历程清晰可见，国际社会研究国际刑法的专家也不断增加，但有关"国际刑法"这一术语的准确定义，却由于法学家的价值取向不同，研究途径、方式各异，缺乏普遍一致的认识，要在学术上给出一个国际社会普遍接受的定义是困难的。①

有学者认为国际刑法是国内刑法的国际方面和国际法刑事方面相结合的产物，其中国内刑法的国际方面是指国际法律制度中和国内法律制度中涉及调整个人违反某特定国家刑法的犯罪事项的国际合作方面，而国际法的刑事方面是指国际法制度中通过国际法律义务调整的方面。② 有学者认为国际刑法是指为了维护国际社会的共同利益和公共秩序，国家间形成的旨在制止国际犯罪并为此进行国际刑事合作的原则、规则和制度的总体。③ 还有学者指出国际刑法主要是指围绕国际刑事司法机构而开展的法律运作及其实践的一门学科。④

综上可知，国际刑法既包括国际法，也包括国内法，既不是单纯的刑事实体规范，也不仅仅只涉及刑事程序规范，而涵盖了刑事实体规范和程序规范。

---

① 贾宇：《国际刑法学》，中国政法大学出版社2004年版，第3页。
② Bassiouni. M. C, *International Criminal Law*, Martinus Nijihoff Publishers, 1980, p8.
③ 马呈元：《国际刑法论（增订版）》，中国政法大学出版社2013年版，第15页。
④ 朱文奇：《现代国际刑法》，商务印书馆2015年版，第7页。

由此，本书认为国际刑法是指规定国际犯罪及其刑事责任和国际刑事合作的有关国际、国内的实体法规范、程序法规范组成的法律规范体系的总称。

二、国际刑法和国内刑法

国际刑法与国内刑法之间存在着明显的区别。首先国际刑法是由国际条约、国际协定、国际惯例以及其他国际法文件组成的，而国内刑法则是由专门的立法机关制定的统一刑法典或其他刑事法律的总和；其次，国际刑法既包括实体法规范，也包括了程序法规范，如《国际刑事法院规约》中既规定了危害人类罪、灭绝种族罪和战争罪的犯罪构成要件和刑罚，也规定了调查、起诉、审判等程序性内容，而国内刑法，一般仅指实体性规范，与刑事诉讼法严格区分。

但是，国际刑法和国内刑法之间也是存在联系的。国际刑法的概念、术语、原则是在国内刑法的基础上发展而来的，国内刑法的基本理论在国际刑法上得到了充分的体现，例如罪刑法定原则、一事不再审原则、管辖权制度、审判制度、犯罪构成要件、刑事责任、执行方式等。其次，国际刑法的发展促进了国内刑法的发展。国际法上的原则、规则和制度是缔约各国所应遵从的。各国法律应遵守国际法原则、规则和制度的要求，使国际法原则、规则和制度在国内法中予以体现。特别是在国际公约订立后，根据"条约必须遵守"的国际法原则，各国负有履行公约的义务，同时应当保证本国的刑法不与相关国际公约相抵触，因此通常需要修改国内刑法以增加国际条约中规定的新内容，如新的罪名以及相关的刑罚。例如我国在加入《关于制止非法劫持航空器的公约》和《关于制止危害民用航空安全的非法行为的公约》后，通过了《关于惩治劫持航空器犯罪分子的决定》，对劫持航空器罪及其刑事责任进行了规定，并在1997年刑法修正案中增加了相关内容。最后，国际刑法的实施需要国内刑事立法和刑事司法的配合。通常包括以下方式：要求缔约国将条约规定的犯罪规定为国内法上的犯罪并进行惩处；要求缔约国对国际刑法上的犯罪行为人适用或引渡或起诉的原则，以保证国际犯罪得到惩处；要求缔约国依据国内刑法和刑事诉讼法提供刑事司法协助等。

三、国际刑法的发展历程

（一）国际刑法的萌芽期（1919年之前）

早在16世纪，国际习惯法已经将海盗罪界定为国际社会普遍惩治的犯罪。随着资产阶级革命的兴起，自由、平等、博爱的思想广泛传播，人权运动蓬勃发展，奴隶贩卖成为国际社会共同谴责的行为，在1815年的维也纳国际会议上贩卖奴隶行为首次被确认为非法行为，1841年《伦敦公约》和1890年《禁止贩卖奴隶公约》中进一步指出禁止奴隶制度，惩治奴隶买卖行为。在这一阶段，惩罚国际刑事犯罪的习惯国际法逐渐向成文法发展，现代意义上的国际刑法开始萌芽。

（二）国际刑法发展的高峰期（1919—1955年）

两次世界大战的爆发是人类发展史的浩劫。世界大战使人们更加直观地认识到战争的严重后果。"一战"后，协约国经过多方妥协达成了《凡尔赛条约》，在1919年建立了世界上第一个正式的战争责任及实施惩罚委员会，旨在审判和惩罚给人类造成巨大灾难的战争罪犯。尽管在当时由于政治等多方面的因素，对协约国的审判活动并没有实际进行，但是反映了国际社会打击国际犯罪的坚定信念。

"二战"历时6年，对整个世界都造成了毁灭性后果，而德国和日本法西斯则是灾难的罪魁祸首。"二战"后建立的纽伦堡国际军事法庭和远东国际军事法庭对德国和日本法西斯战犯进行了审判。1945年8月《欧洲国际军事法庭宪章》（以下简称《纽伦堡宪章》）和1946年1月《远东国际军事法庭宪章》（以下简称《远东宪章》）明确指出国际军事法庭有权审判和处罚一切为轴心国利益而以个人或团体成员资格犯有违反和平罪、战争罪、违反人道罪的人员，并确立了个人承担刑事责任、官方身份不免责等国际刑法基本原则。

"二战"后，种族灭绝、贩卖妇女儿童、制造毒品等其他国际罪行也开始纳入国际刑法，国际刑法上的核心罪行已经初具雏形。例如1948年《防止惩治灭绝种族罪公约》、1949年《禁止贩卖人口及取缔意图营利使人卖淫的公约》进一步扩展了国际犯罪的种类。

（三）国际刑法发展的相对平稳期（1955—1991年）

此期间，虽然世界局部地区存在危机和动荡现象，如越南战争、海湾战争等，但由于国际社会处于美苏冷战的状态，国际刑法，特别是在刑事司法实践上一直是平稳发展状态。这一时期，国际社会的关注重点不再局限于战争罪、危害人类罪等极其严重的国际犯罪，也开始关注侵略罪、种族灭绝罪、种族隔离罪、恐怖主义犯罪、航空安全相关犯罪等新型国际犯罪。相关的国际公约主要有：1956年《废止奴隶制、奴隶贩卖及类似奴隶制的制度与习俗补充公约》、1963年《关于在航空器内犯罪和其他某些行为的公约》、1968年《战争罪及反人道罪不适用法定时效公约》、1971年《关于制止危害民用航空安全的非法行为的公约》、1973年《禁止并惩治种族隔离罪行国际公约》和《反对劫持人质国际公约》、1981年《核材料实物保护公约》、1984年《禁止酷刑和其他残忍、不人道或者有辱人格的待遇或处罚条约》、1988 年《联合国禁止非法贩运麻醉药品和精神药物公约》等。

（四）国际刑法发展的成熟期（1991 年以后）

1991 年在南斯拉夫联盟解体过程中，出现了大规模屠杀、大规模有组织、有计划的拘留和强奸妇女和继续实行种族清洗，并包括掠夺和占有领土在内的违反国际人道主义法的行为。在此背景下，安理会于 1993 年通过第 827（1993）号安理会决议建立前南斯拉夫国际刑事法庭（以下简称前南刑庭），对前南斯拉夫联盟解体过程中犯下的特定的国际罪行，主要包括严重违反 1949 年日内瓦四公约的罪行，违反战争法规及惯例的罪行，种族灭绝罪及反人道罪的武装冲突各方进行起诉和审判。①

前南刑庭成立次年，即 1994 年，卢旺达的胡图族人对图西族人展开了灭绝性的大屠杀。基于惩治严重违反国际人权法和国际人道法的罪行的目的，安理会通过第 955（1994）号决议建立了卢旺达国际刑事法庭（以下简称卢旺达刑庭），对 1994 年发生在卢旺达境内，以及卢旺达附近国家犯下的包括种族灭绝罪、危害人类罪和违反《日内瓦公约》共同第 3 条和《第二附加议定书》的卢旺达公民进行起诉和审判。②

为了惩治国际刑事犯罪，1998 年联合国大会通过了《国际刑事法院规约》（以下简称《罗马规约》），该规约于 2002 年 7 月 1 日生效，我国目前尚未批准该规约。2002 年国际刑事法院正式成立。截至目前，国际刑事法院有 121 个缔约国，处理了乌干达情势、刚果民主共和国情势、苏丹达尔富尔情势、中非共和国情势等在内的 11 项情势，并且正在对阿富汗情势、哥伦比亚情势、几内亚情势、伊拉克情势等 10 项情势进行信息收集和初步审查活动。③

根据《罗马规约》的规定，国际刑事法院对 2002 年 7 月 1 日规约生效后所实施的种族灭绝罪、反人类罪、战争罪、侵略罪进行管辖。《罗马规约》中还规定了罪刑法定原则、禁止有罪类推原则、个人刑事责任原则、官方身份无关性原则、保障人权原则和国际合作原则等国际刑法的基本原则，并且对审判制度、证据规则、刑罚执行制度、国际刑事合作等程序性内容也进行了规定。因此大多数西方学者认为《罗马规约》是国际刑法的集大成者，是惩处国际犯罪的里程碑式的国际法文件。由于《罗马规约》将战争罪扩展到了国内的武装冲突，并且赋予了检察官在国内案件调查过程中过大的主动权，中国、俄罗斯、

---

① "安理会第 827（1993）号决议"，载 https://undocs.org/zh/S/RES/827（1993）. 2019-3-31。
② "安理会第 955（1994）号决议"，载 https://undocs.org/zh/S/RES/955（1994）. 2019-3-31。
③ 参见国际刑事法院网站. https://www.icc-cpi.int/Pages/Main.aspx. 2019-3-31。

印度在内的部分国家尚未批准该规约。

在打击恐怖主义和腐败的立法方面，国际刑法体系也日益完善。1991年美国"9·11"事件后，打击国际恐怖主义开始成为国际刑法的重要内容，同时随着全球化的发展、各国联系加强，跨国组织犯罪、经济犯罪和腐败犯罪也被逐渐被纳入到国际刑法之中。这一期间，国际社会签订了1997年《制止恐怖主义爆炸国际公约》、1999年《制止向恐怖组织提供资助的国际公约》、2000年《联合国打击跨国有组织反罪公约》、2003年《联合国反腐败公约》等一系列国际法律文件。总而言之，此期间，国际刑法已经有了比较成熟的规则体系和刑事司法制度。国际刑法进入了发展的成熟期。

第二节 国际刑法的基本原则

一、基本原则概述

国际刑法的基本原则包括合法性原则、普遍管辖原则、个人刑事责任原则、官方身份无关性原则、保障人权原则和国际合作原则。

（一）合法性原则

合法性原则，即要求法律规范界定一些清晰和明确的禁止性行为，以防止可能出现的司法权滥用和任意适用法律的危险。[①] 合法性原则的内涵包括法无明文规定不为罪、法无明文规定不处罚以及国际刑事审判机构的合法性。

法无明文规定不为罪，即在法律没有明确规定时不能定罪量刑。由此可见，法无明文规定不为罪的要求之一是法律的明确性。《纽伦堡宪章》中相对明确地规定了破坏和平罪、战争罪、违反人道罪的定义，但是并未规定具体的犯罪形态和犯罪构成；《前南斯拉夫国际刑事法庭规约》（以下简称《前南刑庭规约》）和《卢旺达国际刑事法庭规约》（以下简称《卢旺达刑庭规约》）对罪行的规定进一步具体化，详细列举了违反日内瓦四公约、违反战争法和惯例的行为、灭绝种族罪、危害人类罪罪名下的不同的犯罪行为；在此基础上，《罗马规约》将主观要件引入犯罪构成，更为明白地确定了犯罪的构成要件，体现了法律的明确性。法无明文规定不为罪还体现了不溯及既往原则，如果某一行为在实施时尚不构成犯罪则不得对其定罪处罚，但是国际刑法不同于国内刑法，

[①] 高铭暄、王秀梅："当代国际刑法的发展与基本原则"，载《人民检察》2005年第10期。

其渊源包括国际惯例和一般性法律原则，在不溯及既往的判断上就很容易出现分歧，因此无论是《前南刑庭规约》《卢旺达刑庭规约》还是《罗马规约》中，都明确规定了法庭所管辖事件发生的时间范围，以减少争议。法无明文规定不为罪的第三个要求是禁止有罪类推，《罗马规约》第22条中明确规定犯罪的定义应予以严格解释，不得类推。换言之，其要求法庭在审判的过程中严格限制对于法律的解释，在法律条文含义不明时，应当做出有利于被告的解释，而不得适用类似的刑法条文对被告进行惩处。

法无明文规定不处罚，要求法庭根据个案在法律规定的范围内对犯罪行为人判处刑罚。《纽伦堡宪章》中仅规定了法庭有权对犯罪行为人判处死刑或其他相应的刑罚，但是无论是在刑罚种类还是量刑幅度上的规定都相当含糊；《前南刑庭规约》和《卢旺达刑庭规约》中将刑法种类规定为监禁，但是规定了将罪行的严重性和被定罪者的个人情况纳入量刑考虑；《罗马规约》在刑罚上进行了较为全面的规定，其中第77条、第78条、第111条等分别对刑罚种类及量刑幅度、法庭在量刑时应当考虑的因素、数罪并罚、减刑等问题进行了规定，为法庭在具体罪行的量刑上提供了明确的指引。

不同于国内刑法，在国际刑法领域，审判机构的合法性也是控辩双方在合法性问题上的争论焦点。审判机构的合法性要求进行审判的法院是一个依法设立的合格的公正的法院。在实践中，纽伦堡军事法庭、远东国际军事法庭以及前南刑庭和卢旺达刑庭的合法性都曾遭到质疑，对前者的质疑在于其开创了国际刑事审判机构追究个人刑事责任的先例并且审判法官全部来自于战胜国，对后者的质疑在于法庭的设立依据是安理会的决议，而安理会的决议受政治因素的影响很大。国际刑事法院作为基于《罗马规约》建立的审判机构，其司法人员亦来自不同国家、不同法系，在很大程度上保障了审判机构的合法性，从一定意义上看也是对相关质疑的回应。

（二）普遍管辖原则

普遍管辖原则是指对于某些特定的国际罪行，由于其普遍地危害国际和平与安全以及全人类的利益，各国均有权对该罪行行使管辖。由此可见，普遍管辖原则的目的在于保护全人类共同利益，是国家的权利，也是国家对于所有人、对整个国际社会应负有的义务，该原则可以在犯罪、犯罪行为人跨国流动加强的背景下更为有效地打击国际犯罪。

普遍管辖原则最早起源于格劳秀斯的《战争与和平法》，其指出对于危害国际社会共同利益的犯罪行为，每个国家都应当把犯罪行为人引渡给有权并要求对其进行惩罚的国家，或者按照本国法律对其进行惩罚。① 而最早体现普遍管辖原则的国际犯罪是海盗罪。17世纪，基于海盗罪行对海上航运秩序和贸易秩序的严重威胁，在国际法中逐渐形成了对海盗行为行使普遍管辖权的习惯法规则。正如《奥本海国际法》中所指出的海盗是人类的敌人，海盗行为使海盗当然地失去了国民属性和国家保护，因此任何国家都有权对其进行惩罚。② 之后的1958年的《日内瓦公海公约》、1982年的《联合国海洋法公约》中再次明确了国家对于海盗行为的普遍管辖权。两次世界大战后，普遍管辖原则的适用范围进一步扩大，首先，在有权进行普遍管辖的主体上，由以往的主权国家扩展到了代表国家社会利益的国际军事法庭，如纽伦堡军事法庭、远东军事法庭等；其次，在适用普遍管辖的罪行上，由海盗罪扩展至战争犯罪、灭绝种族罪、劫持航空器罪、危害民用航空安全罪、种族隔离罪、劫持人质罪、酷刑罪、贩卖毒品罪、恐怖主义犯罪等国际犯罪。

（三）个人刑事责任原则

个人刑事责任原则是指个人对其所实施的国际犯罪，依据国际刑法的相关规定承担刑事责任。个人国际犯罪刑事责任最早可以追溯自17世纪，当时海盗行为已经成为国际法上公认的国际罪行，海盗可以被归入管辖权范围内的任何国家追究罪行，从而承担个人刑事责任。进入20世纪后，个人承担国际刑事责任的犯罪行为开始从海盗罪逐渐扩展至所有严重侵犯全人类共同利益的行为。"一战"后，巴黎和会上建立了战争责任及实施惩罚委员会，对轴心国违反战争法管理的罪行进行调查，其在后来提交的报告中列举了轴心国的违反战争法的罪行，并指出任何实施了上述罪行的个人均应受到惩罚。首个正式确认个人国际刑事责任的国际法律文件是《凡尔赛和约》。根据《凡尔赛和约》第227条的规定，协约国和参战各国公开控诉德国皇帝威廉二世破坏国际道义和条约尊严的严重罪行，并成立特别法庭对其进行审判。《凡尔赛和约》第228条和第229条也规定了犯有战争罪行的个人应该在任何协约国的法庭或者任何有若干协约国共同组成的法庭接受审判。换言之，个人作为国际犯罪的实施者，无论其在实施国际犯罪行为时是以私人身份还是以国家的名义或者国家代表的身份行事，并不影响其承担刑事责任。

"二战"后，个人作为国际犯罪主体的地位在一系列国际条约和国际文件中多次重申。例如《禁止酷刑和其他残忍、不人道或者有辱人格的待遇或处罚

---

① ［荷］格劳秀斯：《战争与和平法》，何勤华等译，上海人民出版社2005年版，第318页。
② ［英］詹宁斯、瓦茨修订：《奥本海国际法》（第9版）第1卷第2分册，王铁崖等译，中国大百科全书出版社1995年版，第326、330页。

公约》(1984年)第1条就规定了酷刑罪的主体只能是政府官员或者在其怂恿下实施了酷刑行为的个人。① 此外，《防止及惩治灭绝种族罪公约》《关于制止非法劫持航空器的公约》《前南斯拉夫国际刑事法庭规约》《国际刑事法院规约》等国际法律文件也充分说明了个人是国际犯罪的主体，是国际刑事责任的主体。

纽伦堡军事法庭和远东军事法庭的建立使得个人刑事责任在国际刑事司法审判中得到了实践。根据《纽伦堡宪章》第6条的规定，法庭有权审判及惩罚一切为轴心国利益以个人身份或团体成员身份犯有罪行的个人，犯罪人应负个人责任。在之后的纽伦堡审判中，法庭对被控告的德国战犯进行审判，并对其分别判处了有期徒刑、无期徒刑和绞刑。《远东宪章》中也做了相关规定。基于此，远东军事法庭在对28名甲级战犯进行了审判并判处了相应的刑罚。通过"二战"后纽伦堡军事法庭和远东军事法庭的审判，包括国家领导人在内的个人是国际刑事责任的主体的原则到广泛的认可。

前南刑庭和卢旺达刑庭的司法实践使得个人刑事责任原则得到进一步的巩固。根据《前南刑庭规约》第1条的规定，国际法庭有权起诉应对1991年以来前南斯拉夫境内所犯的严重违反国际人道主义法行为负责的人。而《卢旺达刑庭规约》第1条也规定了国际法庭有权起诉应对1994年在卢旺达及其邻国境内发生的灭绝种族和其他严重违反国际人道主义法行为负责的卢旺达公民。1998年《罗马规约》中更是将第25条直接规定为"个人刑事责任"，进一步确认了国际刑法上的个人刑事责任原则。

根据个人刑事责任原则，个人应当且仅应当对自己违反国际刑法的行为承担责任。无论是直接实施了国际犯罪行为，还是作为上级部门未履行其对下级部门的监督和防范义务的不作为行为，个人都需要对上述违反国际法的行为负责。由此，便派生了上级命令不免除刑事责任原则和上级责任原则。上级命令不免除刑事责任原则最早出现于《纽伦堡宪章》，根据宪章第8条的规定，被告遵循其长官的命令而行动并不能免除其刑事责任，但是可能会作为减轻刑罚的考量因素，其原因在于尽管存在命令但是行为人本人还是自由的，仍然有自己的道德思想，即存在道德选择的可能性，但是还是实施了违反国际刑法的行为。上级责任原则最早出现于1907年的《海牙陆战法规及惯例公约》附件的《陆战法规和惯例章程》，之后又在1993年的《前南刑庭规约》、1998年的《罗

---

① 《禁止酷刑和其他残忍、不人道或者有辱人格的待遇或处罚公约》第1条规定，酷刑是指为了向某人或第三者取得情报或供状，为了他或第三者所为或涉嫌的行为对他加以处罚，或为了恐吓或威胁他或第三者，或为了基于任何一种歧视的理由，蓄意使某人在肉体或精神上遭受剧烈疼痛或痛苦的任何行为，而这种疼痛或痛苦是由公职人员或以官方身份行使职权的其他人所造成或在其唆使、同意或默许下造成的。但"纯因法律制裁而引起或法律制裁所固有或附带的疼痛或痛苦不包括在内"。

马规约》中得到重申，在其职权范围内监督和防范下级实施国际罪行是上级当然的责任和义务，如果上级不作为导致没有履行好自身的职责，那么就需要承担责任。个人只对自己违反国际刑法的行为负责，不对其他人或者其所属的团体的犯罪行为负责。

个人行为构成国际刑法规定的犯罪是个人承担刑事责任的前提，一般而言个人应根据国际刑法承担刑事责任的情况包括：以个人行为实施或参与实施国际犯罪或犯罪未遂，属于国际刑法中个人应负刑事责任的主要情形之一；计划、领导、组织或命令实施国际犯罪，作为行为的主导者当然需要承担责任；预谋、图谋或共谋实施国际犯罪，即使共谋的参与者并未实际实施犯罪，也应当对其他人实施的共谋的犯罪行为承担责任；教唆、怂恿或公然煽动他人实施国际犯罪，尽管行为人未实施犯罪行为，但是在客观上促进了犯罪行为的发生，也需要承担责任；帮助、协助或便利他人实施国际犯罪，具体包括提供犯罪所需要的资金、技术、场所或者帮助犯罪行为人逃匿、掩盖犯罪真相等，也需要承担责任。

（四）官方身份无关性原则

按照传统的国家豁免思想和外交特权理论，具有官方身份的个人所实施的一切行为都属于国家行为，因而不受外国或者国际法院的管辖。但是随着法律面前人人平等思想的发展和这一思想所导致的有罪不罚现象对全人类共同利益的损害，国际社会开始质疑具有官方身份的人在国际刑事责任上的豁免权。正如前文所述，《凡尔赛和约》中便指出要设立特别法庭以审判威廉二世，尽管由于威廉二世逃到荷兰并获得荷兰政府的庇护，最终没有对其进行审判，但是这一做法已经明确反映了官方身份不能享有国际罪行的豁免的观点。

"二战"后，官方身份无关性原则正式得到确立。《纽伦堡宪章》和《远东宪章》中均指出被告人的官职身份不应该作为免除和减轻刑罚的理由，而且纽伦堡法庭在判决书中明确指出国际罪行只能由个人作出而不能由抽象的实体作出，因此只有惩罚个人才能保障国际刑法的实施从而进一步确定了代表国家行事的具有官方身份的个人的刑事责任。之后，官方身份无关性原则在《前南刑庭规约》和《卢旺达刑庭规约》中得到重申。《前南刑庭规约》第7条第2款中明确规定任何被告人的官职不得免除该被告的刑事责任，也不得减轻其刑罚。

在上述基础上，《罗马规约》对官方身份无关性原则进行了更为详细的规定，其中明确指出规约对所有人平等适用，官方身份不影响国际刑事法院对该人的管辖权，也不会免除或减轻该人的行事责任。以对卢旺达前总理让·坎班达的审判为例，让·坎班达在发生种族灭绝的整个100天期间内担任卢旺达临时政府总理，他于1997年10月提交法庭审理，并对种族灭绝、阴谋实施种族灭绝、直接、公开煽动实施种族灭绝、危害人类罪六项指控认罪，法庭最终对其判处终身监禁。

(五) 保障人权原则

随着国际社会对人权的关注，保障人权逐渐发展为了国际刑法的基本原则。保障人权原则在国际刑法的实体方面和程序方面都有所体现。美国法学家巴西尼奥认为绝大多数国际犯罪都反映了国际刑法保障基本人权的价值取向，即对于生命、自由、个人尊严与人身安全等基本人权的保护均通过国际刑法得以刑事化，使得人权受到国际人权法和国际刑法的双重保护。[①] 换言之，犯有国际罪行即构成对基本人权的侵犯，而对国际罪行进行惩处就是保障基本人权。按照国际罪行所侵犯的人权类型，可以将其分为非法剥夺生命权和严重侵害人身自由权的国际犯罪，例如侵略罪、战争罪、灭绝种族罪等；非法剥夺或者严重侵害人格尊严和人身自由的国际犯罪，例如酷刑及其他残忍、不人道或有辱人格的待遇或处罚罪、奴役及与奴役有关习俗的犯罪等；以及非法剥夺或者严重侵犯平等权的国际犯罪，例如种族隔离罪等，而通过国际刑法对相关犯罪进行惩处可以有效保障基本人权。

保障人权原则在国际刑法的程序方面也有着突出体现。在国际刑事司法中，任何人都平等地享有法定程序权利，而且死刑不引渡原则和国际刑事法院禁止适用死刑的规定都体现了保障人权的原则。此外，《前南刑庭规约》和《卢旺达刑庭规约》中明确规定了一罪不二审原则，犯罪行为人如果已经受到国际法院或国内法院的审判，除非出于包庇犯罪行为人的目的将其罪行定性为普通罪行或者诉讼程序不公正或不独立，不再受其他法院审判。《罗马规约》中重申了这一原则，并补充法院不得对其已经判定的某人有罪或无罪的行为再次进行审判，从而保障了犯罪行为人的人权，避免了其多次受到审判的危险。无罪推定原则也是人权保障的重要体现，《前南刑庭规约》第21条明确规定，"在根据本规约证明被告有罪之前必须假定其无罪"。《罗马规约》第66条在重申无罪推定原则的基础上，明确了举证责任由检察官承担，证明标准需要达到法官对于确信被告有罪已经无合理疑问的程度。

(六) 国际合作原则

国际刑法的适用包括直接适用和间接适用两种模式，直接适用就是上文所说的前南刑庭、卢旺达刑庭、国际刑事法院等国际刑事司法机构直接执行国际刑法，间接适用是指国家将国际刑法的相关规定纳入本国国内刑法的范畴，使

---

① Bassiouni. M. C, *International Criminal Law*, Martinus Nijihoff Publishers, 1980, p. 125.

之在国内的刑事司法体系中得以贯彻。但是，无论是直接适用还是间接适用都离不开国际合作。

为了实现惩罚国际犯罪的共同目标，国家之间、国家和国际组织之间展开了多种形式的国际合作。在立法方面，国际社会上通过了一系列惩处国际犯罪的国际条约、公约，例如《防止及惩治灭绝种族罪公约》《关于制止非法劫持航空器的公约》等，并通过相关规约、决议建立了国际刑事法院/法庭，例如依据安理会决议建立的前南刑庭、卢旺达刑庭，依据《罗马规约》建立的国际刑事法院等。在执行方面，国际社会也进行了多方面的合作，例如国际刑事司法协助、引渡和移交逃犯的合作、对外国和国际刑事审判机构的判决的承认与执行、刑事诉讼的移转、情报交流等等。

二、基本原则的相关问题分析

（一）罪刑法定原则在国际刑法上的特殊性

正如前文所述，罪刑法定原则是国际刑法中的重要原则，并在《罗马规约》中进行了完整规定。但是由于国际刑法自身的特殊性，罪刑法定原则在国际刑法上也表现出明显的特殊性，主要表现为刑罚法定上的欠缺、法不溯及既往的例外、法律规范的不明确。

法无明文规定不为罪，法无明文规定不处罚是罪刑法定原则的基本要求。但是，从现状看，大多数国际公约中往往仅规定了犯罪，而很少规定与之相匹配的刑罚。国际刑法的适用包括直接适用和间接适用。就前者而言，目前仅有《罗马规约》对于其所涉犯罪的量刑进行了较为详细的规定，其他规约中涉及刑罚的规定都相当有限。而从现有的刑罚条款看，由于国际社会对各种国际犯罪的危害性、不同罪责的严重性以及应予惩罚的程度存在很大的分歧导致并不能对刑罚问题达成一致，因此在具体的刑罚总类、量刑幅度等问题上难以形成统一认识，致使无法形成可以明确适用的刑罚规则。而这种粗略的刑罚规定形式，使得法庭在审判过程中就量刑问题存在很大的自由裁量空间，与传统的罪刑法定原则之间存在冲突。间接适用则是指通过各国的国内刑法和国内刑事司法体系对国际犯罪进行惩处。与直接适用相比，间接适用借助国内刑法中对于法定性的明确规定，可以有效地弥补国际刑法法定刑罚的缺失。但是由于各国传统文化、社会制度等方面的差异，其在刑罚制度上也存在着明显的不同，即同一种犯罪可能会在不同的国家判处不同的刑罚，而这也是与刑罚法定相矛盾的。

不溯及既往原则在国际刑法中的适用一直存在着很大的分歧，正如前文所言，国际刑法中从未明确指明不溯及既往原则，在《前南刑庭规约》《罗马规约》中采用的也仅是规定法庭有权管辖的事件的发生期间的形式。在纽伦堡审判中，危害和平罪和危害人类罪在"二战"前并没有为国际刑法所明确规定，但是法庭还是以该两个罪名对德国战犯进行了审判。而联合国大会于1968年11月26日通过的《战争罪和反人道罪不适用法定时效的公约》中更是明确规定对战争罪或反人道罪的追诉不受法定时效的限制和约束。不可否认，此类立法和司法实践在一定程度上承认了法律具有溯及既往的效力，一方面违背了法不溯及既往原则，另一方面也不利于维护这一原则所体现的人权保障。但是，战争罪或者反人道罪都是对国际社会安全和秩序的严重践踏，对广大平民人口的生命、自由、财产等基本人权都产生巨大威胁，在这种情况下，相较于犯罪行为人个人人权的保障，国际刑法更倾向于对于前者的保护。当然，从长期来看，法不溯及既往原则正在逐渐为国际刑法所承认。早期适用事后法的主要原因在于当时国际刑法制度尚不健全，而为了打击国际犯罪，保障国际社会的公共利益，所以选择暂时舍弃了法不溯及既往原则。但是随着国际刑法规范的不断完善，需要适用事后法的情况会越来越少，法不溯及既往会得到更为广泛的适用。

(二)《罗马规约》第25条下的个人责任原则

正如上文所言，国际犯罪的责任主体是犯罪行为人个人。但是从现实上讲，国际犯罪往往是国家或者军事团体等犯罪组织实施的，而犯罪组织不能作为国际刑事责任的主体，这种情况下个人责任原则应该如何落实呢？对此，前南刑庭在塔迪克案的判决中指出，大部分国际犯罪都是多人在共同犯罪计划的主导下实施的，是集体犯罪的结果，其中某些人以自己的行动实施了犯罪，某些人参与或者协助了犯罪并对犯罪的实施有着不可或缺的作用，后者参与犯罪的罪责通常并不亚于或者不同于前者，在这种情况下个人责任应当如何界定呢？

其实在《纽伦堡宪章》第6条就规定了参与发动侵略战争的共同犯罪计划或者共谋构成犯罪。《前南刑庭规约》第7条将参与和共谋犯罪细分为计划、教唆、命令、犯下或协助煽动他人计划、准备或进行犯罪构成犯罪。《卢旺达刑庭规约》第6条也做了类似规定。《罗马规约》第25条对个人负刑事责任的行为进行了更为详细的规定，其中第1款指出法院仅对自然人有管辖权，第2款重申了个人刑事责任原则，第3款具体规定了个人负刑事责任的不同行为，第4款规定了个人刑事责任不影响国家责任。① 第3款是《罗马规约》第25条的核心条款，根据该条款可以将犯罪行为分为实施行为；命令、教唆或引诱行为；帮助行为；支助行为。其中实施行为包括单独实施犯罪行为、伙同他人实施犯罪行为和通过不论是否负刑事责任的另一人实施犯罪行为。单独实施犯罪行为即犯罪行为人在故意或明知的情况下以自己的行为实施犯罪。伙同他人实施犯罪的关键在于"伙同他人"和"实施"上，其不仅要求各行为人在客观方面实施了犯罪行为，还要在主观方面就共同犯罪达成一致意向。此外，无论是伙同他人实施犯罪还是通过他人实施犯罪都构成共同正犯，而共同正犯必须对犯罪结果的发生起到支配作用，因此行为人的犯罪行为必须对犯罪计划的实现起到了必不可少的作用。《罗马规约》第25条第3款规定了通过另一人实施犯罪构成共同正犯，但是需要注意的是，实施犯罪的行为人是否负刑事责任并不影响该共同正犯所应承担的刑事责任。

根据《罗马规约》第25条第3款第2项的规定，行为人命令、唆使、引诱他人实施国际犯罪，而该犯罪事实上是既遂或未遂的，需要承担刑事责任。其中教唆是指行为人通过作为或者不作为的方式使他人产生犯罪决议进而实施犯罪行为。教唆犯是否需要具有和实行犯一样的犯罪意图呢？当然不是，教唆犯的行为目的只在于引起实行犯的犯罪意图，对于其本身是否具有该犯罪意图并没有要求。而命令则是教唆的一种特殊形式，其往往要求命令者和受命令者之间存在着上下级关系，命令者通过权力迫使受命令者实施犯罪行为。命令这一犯罪形式主要存在于犯罪组织的中层领导中，因为一般而言作为中间的传递者，不同于决策者和实行犯，其不要求具有特定的犯罪意图，也并未实施犯罪行为，虽然构成共同犯罪但是并不属于正犯。

《罗马规约》第25条第3款第3项规定行为人需要对以帮助或者其他方式

---

① 《罗马规约》第25条规定，个人刑事责任：（一）本法院根据本规约对自然人具有管辖权。（二）实施本法院管辖权内的犯罪的人，应依照本规约的规定负个人责任，并受到处罚。（三）有下列情形之一的人，应依照本规约的规定，对一项本法院管辖权内的犯罪负刑事责任，并受到处罚：1. 单独、伙同他人、通过不论是否负刑事责任的另一人，实施这一犯罪；2. 命令、唆使、引诱实施这一犯罪，而该犯罪事实上是既遂或未遂的；3. 为了便利实施这一犯罪，帮助、教唆或以其他方式协助实施或企图实施这一犯罪，包括提供犯罪手段；4. 以任何其他方式支助以共同目的行事的团伙实施或企图实施这一犯罪。这种支助应当是故意的，并且符合下列情况之一：（1）是为了促进这一团伙的犯罪活动或犯罪目的，而这种活动或目的涉及实施本法院管辖权内的犯罪；（2）明知这一团伙实施该犯罪的意图；5. 就灭绝种族罪而言，直接公然煽动他人灭绝种族；6. 已经以实际步骤着手采取行动，意图实施犯罪，但由于其意志以外的情况，犯罪没有发生。但放弃实施犯罪或防止犯罪完成的人，如果完全和自愿地放弃其犯罪目的，不按犯罪未遂根据本规约受处罚。（四）本规约关于个人刑事责任的任何规定，不影响国家依照国际法所负的责任。

协助实施国际犯罪的行为负刑事责任。根据该条款的规定"帮助"的目的在于便于犯罪的实施，因此从主观要件看行为人需要认识到其行为是在帮助犯罪的事实。而在这个问题上就出现了争议，行为人认识到其行为属于帮助犯罪是否要求行为人具有和实行犯一样的犯罪意图？答案是否定的，从帮助犯的性质看其属于对实行犯犯罪行为的帮助行为，其犯罪定性的根据是实行犯的行为。例如某些人实施了种族灭绝行为，而该人在明知这些人实施了相关行为的前提下，还为其提供武器或者其他帮助时，就构成了帮助实施种族灭绝罪。

根据《罗马规约》第25条第3款第4项的规定，参与犯罪的形式还包括支助团伙犯罪。支助团伙犯罪是指行为人为了促进犯罪团伙的犯罪活动或犯罪目的或者明知该团伙实施特定犯罪的意图的情况下故意实施的对团伙犯罪的支助行为，诸如资金方面的援助等。

《罗马规约》第25条第3款第5项中单独规定了煽动灭绝种族罪。根据该条款规定，只要行为人公然实施了煽动灭绝种族的行为，无论被煽动者是否实施了种族灭绝行为都需要承担刑事责任。正如卢旺达刑庭在阿卡耶苏案中所指出的，煽动行为本身特别危险，即使煽动行为无果而终也会给社会造成巨大危险。

此外，根据《罗马规约》第25条第3款第6项的规定，如果行为人已经着手实施犯罪但是由于其意志之外的原因导致犯罪未遂构成犯罪，需要按照规约承担责任，但是完全和自愿地放弃犯罪目的并放弃实施犯罪和防止犯罪完成的人不按照犯罪未遂承担刑事责任。该条款中区别了犯罪中止和犯罪未遂的刑事责任问题，但是在犯罪中止问题上并没有明确指明中止行为是否认了行为的违法性还是只排除了行为人应承担的责任。犯罪中止是犯罪过程中的一种状态，该行为并不能改变之前的行为属于犯罪行为的既定事实，因此中止行为并不能否认行为的违法性，只是排除了行为人应当承担的刑事责任。《罗马规约》第25条对个人刑事责任进行了全面的规定，尤其是其中的第3款为处理国际犯罪中个人应负刑事责任的参与行为提供了较为明确的法律指引。

第三节 国际犯罪及其犯罪构成

国际犯罪是国际刑法中的重要内容。什么是国际犯罪？目前国际上并不存在统一的刑法典，而现有的涉及国际犯罪的国际条约，往往都是针对特定的国际犯罪所制定，其中对于犯罪的定义也仅仅是某一特定犯罪的定义，并没有一般意义上，普遍适用的国际犯罪的定义。即使是对于特定犯罪的定义，相关国际条约也总是采用列举的方式说明该犯罪行为的内涵。换言之，国际条约并未对国际犯罪做出一般定义，而较多地采取列举方式来进行界定，具体包括侵略罪、战争罪、危害人类罪、灭绝种族罪、劫持航空器和危害国际航空安全罪、种族隔离罪、海盗罪、非法贩卖毒品及与毒品有关的犯罪等20余种犯罪。

与国际公约不同，各国学者倾向于对"国际犯罪"做出概括性的定义。美国法学家巴塞奥尼教授认为，可以将某项行为具有国际或跨国因素和该项行为侵犯了国际社会的利益或者影响到一个以上国家的利益作为界定国际犯罪的标准。[1] 前南斯拉夫国际刑事法庭首任庭长安东尼奥·卡塞斯指出，国际犯罪的定义包含下列内容：国际犯罪是违反习惯国际法规则的行为；在制裁国际犯罪上存在普遍的利益；官方身份不豁免。[2] 我国学者对国际犯罪所下的定义也各有差异，有学者主张国际犯罪是危害国际社会的利益，为国际刑法所禁止，并依照国际刑法应当承担刑事责任的行为。[3] 也有学者指出，国际犯罪是指严重危害国际社会共同利益，因而为国际刑法所明确禁止并应当负担法律责任的行为。[4] 综上，国际犯罪是指危害全人类共同利益，违反了国际刑法的相关规定，应当承担相应的刑事责任的行为。

为了更好地理解国际犯罪的概念，需要对国际犯罪和国内犯罪、跨国犯罪和涉外犯罪等相关概念进行区分。国内犯罪和国际犯罪的主要区别在于国内犯罪是有主权国家国内刑法规定的犯罪，侵犯的是国家及其人民的利益，通常采用属地管辖、属人管辖和保护管辖原则，完全依靠本国的司法机关对犯罪行为人进行追究，而国际犯罪是国际法或国际刑法确认的罪行，侵犯的是国际社会的共同利益，在追究上采取普遍管辖原则，以间接执行模式为主，直接执行模式为辅。跨国犯罪和国际犯罪的区别在于跨国犯罪强调的是犯罪行为的跨国性，该犯罪必须发生在两个以上国家，以国内刑法的规定为准据法，由犯罪地国、犯罪行为人的国籍国和被害人的国籍国进行管辖，而国际犯罪强调的是犯罪行为危害了国际社会的共同利益，其犯罪行为可能发生在多个国家，也可能发生在一个国家，适用的是国际刑法规范，实施的是普遍管辖原则。跨国犯罪与国际犯罪的不同之处是涉外犯罪尽管涉及多个国家，但是并没有危害国际社会的共同利益，它是国内法规定的犯罪，以国内刑法作为准据法，国际犯罪则是损害了国际社会的共同利益，适用的是国际刑法的相关规定。从上述比较可知，

---

[1] Bassiouni. M. C, *International Criminal Law*, Martinus Nijihoff Publishers, 1980, p. 15.
[2] Antonio Cssese, *International Law*, Oxford University Press, 2001, p. 246.
[3] 邵沙平：《现代国际刑法教程》，武汉大学出版社1993年版，第88-93页。
[4] 马呈元：《国际刑法论》，中国政法大学出版社2013年版，第310页。

国际犯罪和国内犯罪、跨国犯罪、涉外犯罪的根本区别在于是否侵犯了国际社会的共同利益，是否违反了国际刑法的相关规定而应承担相应的刑事责任，而不在于行为是否发生在一个国家或者多个国家，是否侵犯了多个国家的利益，即使行为发生于一国内部，只要侵犯了全人类共同利益，违反了国际刑法的规定，也属于国际犯罪。

国际犯罪的概念是对国际犯罪的一般性总结，而要确定某一行为是否构成国际犯罪、具体构成何种犯罪以及该行为的严重程度则需要明确国际犯罪的构成要件。但是由于没有统一的国际刑法典，现有的大多数国际刑法公约都是针对特定的犯罪签订的，使得在国际犯罪的认定上缺乏明确的标准。此外，各国刑法由于理论、法律体系、文化传统等方面的差异，对于国际犯罪的构成要件的认识也不尽相同。但是总体看，所有刑法规范中犯罪构成要件都包括主体、客体、主观要件和客观要件。根据《罗马规约》的相关规定，国际犯罪的主体是年满18周岁的自然人，客体是国际社会的共同利益。主观要件是指行为人在实施犯罪行为时，对其实施的危害行为及危害结果所持的心理态度。根据《罗马规约》第30条的规定，主观要件可以分为故意和明知。[①] 国际犯罪的客观要件，是指国际刑法所规定的，说明行为本身的国际危害性，而为成立国际犯罪所应当具备的客观事实特征。国际犯罪的客观要件是国际犯罪成立的首要条件，国际犯罪的客观要件主要包括行为、行为方式、行为对象、行为的危害结果以及犯罪活动赖以存在的特定时空条件等诸多要素。下文将结合特定的国家犯罪对其构成要件进行具体分析。

一、种族灭绝罪

在漫长的人类历史中，灭绝种族的行为并不少见，典型的就有亚美尼亚种族大屠杀、南京大屠杀、"二战"期间的犹太人大屠杀、卢旺达大屠杀等。"二战"后，国际社会开始认识到种族灭绝行为的危害性，为了打击此类犯罪，1948年联合国大会通过了《防止惩治灭绝种族罪公约》，正式将灭绝种族罪确定为一种国际罪

[①] 《罗马规约》第30条规定，心理要件：1. 除另有规定外，只有当某人在故意和明知的情况下实施犯罪的物质要件，该人才对本法院管辖权内的犯罪负刑事责任，并受到处罚。2. 为了本条的目的，有下列情形之一的，即可以认定某人具有故意：（1）就行为而言，该人有意从事该行为；（2）就结果而言，该人有意造成该结果，或者意识到事态的一般发展会产生该结果。（3）为了本条的目的，"明知"是指意识到存在某种情况，或者事态的一般发展会产生某种结果。"知道"和"明知地"应当作相应的解释。

行。灭绝种族罪包括《防止惩治灭绝种族罪公约》第 2 条①中规定的直接实施的灭绝种族行为和第 3 条②规定的预谋、煽动、共谋以及有明显意图的灭绝种族行为。而从主观要件看,《防止惩治灭绝种族罪公约》使用了"蓄意"一词,由此可见施害者的主观意图只能是故意或者明知,即施害者在故意或者明知的情况下,实施上述种族灭绝行为意图全部或局部消灭某一民族、人种、种族或宗教团体。

以克里斯蒂奇案为例,波黑战争期间,克里斯蒂奇所率领的波斯尼亚塞族武装德里纳部队在攻打斯雷布雷尼察时造成 7000 余名塞族人死亡。1998 年,克里斯蒂奇被逮捕、移送至前南刑庭,并被指控犯有危害人类罪、战争罪以及种族灭绝罪。在审判过程中,法庭认为塞族军队转移、拘留并杀害斯雷布雷尼察当地壮年男性穆斯林的事实,满足灭绝种族罪的客观要件;塞族军队杀害斯雷布雷尼察当地穆斯林的行为,具有全部或局部消灭波斯尼亚的穆斯林的意图,满足灭绝种族罪的主观要件,克里斯蒂奇作为该军队的指挥官知晓该军队的行为却未对其进行处罚和制止。因此,2001 年前南刑庭在初审判决中将克里斯蒂奇的个人刑事责任直接确认为共谋灭绝种族。而 2004 年,前南刑庭的上诉判决中指出虽然没有证据证明克里斯蒂奇直接参与或指挥了对当地穆斯林的杀害行为,但是其在明知塞族军队杀害行为存在的情况下,允许其手下的军队主要成员参与或协助杀害穆斯林的行动,构成了帮助或协助灭绝种族行为,并据此认为克里斯蒂奇犯有危害人类罪、战争罪和种族灭绝罪,应承担相应的个人刑事责任。

根据灭绝种族罪的构成要件可知,灭绝种族罪是针对特定的受保护团体所实施的犯罪行为,但是在受保护团体的界定上一直都存在着很大的争议。《防止惩治灭绝种族罪公约》第 2 条中以列举的形式规定了受保护团体的范围,即民族、种族、族裔和宗教团体。由此可见,《防止惩治灭绝种族罪公约》对于受保护团体的范围所采纳的是穷尽式规定。尽管在国际刑事司法中,卢旺达法庭在阿卡耶苏案的判决中提到《防止惩治灭绝种族罪公约》的起草者实际上想要保护的是任何稳定、永久的团体,而不是简单指向公约所列举的四类特殊团体,以扩大受保护团体的范围。但是除了阿卡耶苏案,并没有其他国际法庭审判先例支持对受保护的团体进行扩大解释,即使是在阿卡耶苏案中,上诉法庭也在其后推翻了一审法庭的观点,并明确指出受保护团体仅限于《防止惩治灭

---

① 《防止惩治灭绝种族罪公约》第 2 条规定,本公约内所称灭绝种族系指蓄意全部或局部消灭某一民族、人种、种族或宗教团体,犯有下列行为之一者:(a)杀害该团体的成员;(b)致使该团体的成员在身体上或精神上遭受严重伤害;(c)故意使该团体处于某种生活状况下,以毁灭其全部或局部的生命;(d)强制施行办法,意图防止该团体内的生育;(e)强迫转移该团体的儿童至另一团体。

② 《防止惩治灭绝种族罪公约》第 3 条规定,下列行为应予惩治:(a)灭绝种族;(b)预谋灭绝种族;(c)直接公然煽动灭绝种族;(d)意图灭绝种族;(e)共谋灭绝种族。

绝种族罪公约》中所列团体。因此,受保护团体应该仅指《防止惩治灭绝种族罪公约》中规定的民族、种族、族裔和宗教团体。

但是即使是穷尽式列举,这几个概念在具体的界定上还是存在争议。在《防止惩治灭绝种族罪公约》的起草过程中,民族的含义就引起了各代表团的广泛争议,瑞典、苏联等国家认为民族是指特定国家的居民,埃及、比利时则认为民族是一国内部的少数民族团体,但是总体来说,大多数国家认为民族是具有同一国籍的团体。因此,判断民族的标准应该是该团体成员是否具有统一的国籍。至于族裔和种族,卢旺达刑庭在阿卡耶苏案中指出族裔是指共享相同的语言和文化的人的集合,而种族是指不考虑语言、文化、民族和宗教因素,只是基于居住的地理区域的不同而确定的具备相同遗传性物理特征的人的集合,由此可见,族裔团体主要是限定在文化层面,而种族则更多地从遗传学的角度进行判别。而宗教团体则相对而言较好判断,卢旺达刑庭在卡耶希马和卢津达纳案的判决中明确指出宗教团体是指成员有着共同的宗教信仰、属于同一教派、有着相同的礼拜仪式的团体。上述4种不同的受保护群体从不同的角度对其所涵盖的人群进行了界定从而明确了受保护团体及其所涉人群的范围,互相补充,可以有效地起到防漏补缺的作用。但是在涉及特定人权属于某一团体的判断时,由于不同的团体在判断标准上存在着差异很有可能会出现竞合,但是无论具体细分到哪一个团体并不会影响其作为受保护群体的界定,因此在出现竞合时并不需要对其进行细分。

在明确了受保护团体的定义和类型后,在具体的司法实践中,又该如何判断某一团体属于受保护团体以及某一个人属于该团体内成员呢?目前在国际刑事法庭的司法实践中主要存在3种不同的判断方法,客观判断法、主观判断法和主客观结合判断法。客观判断法是指国际刑事法院在对团体成员的判断中要遵循客观的标准,例如民族团体的判断条件是存在正式的国籍约束或者是非正式的国籍来源证明,宗教团体的判断标准是对特定宗教的信仰。客观判断标准有助于防止法的不确定性,国际法庭的审判实践确立了一个明确的判断标准。但是随着社会的发展,不同团体之间的差异变小,同一团体内部语言、文化等却开始出现差异,此时,如果还是严格适用客观标准进行判断,那么很有可能会导致某些团体由于不符合受保护团体的定义而不能受到保护。

在此背景下,主观判断法应运而生。根据主观判断法,对团体成员进行判断的标准是施害者主观上相信他正在攻击的受害者是特定团体的成员。卢旺达刑庭在鲁塔甘达案和巴基里西玛案中指出,一个受保护团体成员的资格在本质上是一个主观概念,如果有证据表明施害者认为受害者属于受保护团体的成员,那么不论受害者是否实际属于该团体,法庭在考量时应当认定受害者属于受保护团体的一员。主观判断法在一定程度上可以克服客观判断法在实际适用上的僵化，但是它过分地夸大了主观认知在受保护团体的判断中的作用。如果不顾施害者所侵犯的团体的客观属性，而依照施害者的主观判断将受害者定性为受保护组织的一员并以此判决施害者犯有种族灭绝罪，那么就可能会出现一种情况，即施害者臆定的团体实质上并不存在却将该团体作为定罪依据的荒谬情形。

与主观判断法相对应，国际刑事司法审判实践还提出了主客观结合判断法。卢旺达刑庭在卡伊西玛案中指出族裔团体是指共享一种语言和文化的团体；或者由成员自己确定的团体；或者是由他人，包括施害者确定的团体。在之后的缪斯马案中，卢旺达刑庭更是直接指出在对受害者是否属于受保护的团体进行判断时需要具体问题具体分析，同时考虑相关证据和社会政治文化关系。换言之，在主客观结合判断方法中需要将主观性标准与特定的社会环境相结合，从而避免主观性标准可能会导致的虚拟的团体的现象出现。此外，其将主观判断纳入团体的判断标准，也可以有效避免僵化的客观标准可能导致的某些团体难以受到保护的情况。因此，主客观结合判断法是较为合理的判断方法，在个案中涉及团体成员的判断时，应当结合当时的社会背景和司法实践中总结的判断标准，以及施害者对受害者是否属于团体的主观看法，来判断受害者是否属于受保护的团体。综上，对受保护团体的界定，首先应参照《防止惩治灭绝种族罪公约》中规定的4类团体；其次再判断某一团体是否属于受保护团体时应当采用主客观结合判断法。

二、危害人类罪

危害人类罪最早出现于《纽伦堡宪章》的第6条第2款第3项[1]。《罗马规约》第7条第1款中明确规定了危害人类罪，根据该条款的规定危害人类罪是指在广泛或有系统地针对任何平民人口进行的攻击中，在明知这一攻击的情况下，作为攻击的一部分而实施的不人道行为。[2] 由此可知，危害人类罪在主观

---

[1] 《纽伦堡宪章》第6条第2款第3项规定，危害人类罪是指在战争爆发以前或在战争期间对平民进行的屠杀、灭绝、奴役、放逐或其他非人道行为，或借口政治、种族或宗教的理由而实施的迫害行为。

[2] 《罗马规约》第7条第1款规定，为了本规约的目的，"危害人类罪"是指在广泛或有系统地针对任何平民人口进行的攻击中，在明知这一攻击的情况下，作为攻击的一部分而实施的下列任何一种行为：1. 谋杀 2. 灭绝；3. 奴役；4. 驱逐出境或强行迁移人口；5. 违反国际法基本规则，监禁或以其他方式严重剥夺人身自由；6. 酷刑；7. 强奸、性奴役、强迫卖淫、强迫怀孕、强迫绝育或严重程度相当的任何其他形式的性暴力；8. 基于政治、种族、民族、族裔、文化、宗教、第三款所界定的性别，或根据公认为国际法不容的其他理由，对任何可以识别的团体或集体进行迫害，而且与任何一种本款提及的行为或任何一种本法院管辖权内的犯罪结合发生；9. 强迫人员失踪；10. 种族隔离罪；11. 故意造成重大痛苦，或对人体或身心健康造成严重伤害的其他性质相同的不人道行为。

要件上，要求施害者具有明知的故意；在客观要件上，要求施害者实施了广泛或有系统地针对任何平民人口进行的攻击。而根据《罗马规约》第7条第2款第1项的规定，又可以将客观要件细分为针对平民人口进行的攻击；攻击和政策之间存在关联性；攻击具有广泛性或系统性。①

从攻击对象来看，危害人类罪的侵害对象是"任何平民人口"，其核心在于对"平民"的理解。根据《日内瓦第四公约》的规定，平民包括不实际参加战事的人员，放下武器的武装部队人员及因病、伤、拘留或其他原因而失去战斗力之人员。"人口"则是强调了攻击行为所针对的对象具有集体的性质，从而排除那些应该由国内法院管辖的针对个人的单独的攻击行为，正如卢旺达刑庭在杰里斯克案中所指出的人口更多强调的是罪行的集体性质而不是受害者的地位。至于"任何"则是对"平民人口"的范围的说明，前南刑庭在塔迪奇案中指出任何一词明确表明危害人类罪的对象不仅可以是别国居民，也可以是本国居民以及无国籍人，即危害人类罪中对于被侵害平民人口的国籍并没有限制，任何国家的公民甚至是无国籍人只要满足平民人口的定义都可以构成危害人类罪的侵害对象。

根据《罗马规约》第7条第2款第1项的规定，攻击与政策之间应当存在关联性，换言之，政策因素是构成危害人类罪的必要条件，施害者单纯出于个人动机而实施的攻击行为并不构成危害人类罪。根据《犯罪要件》的规定，攻击平民人口的政策意指国家或组织积极推动或鼓励这种攻击平民人口的行为。一般而言，政策的实施方式是国家采取积极行动推动攻击行为的实施，在特殊情况下，国家也可以通过采取不作为的方式助长攻击行为。前南刑庭在布拉斯基奇案中指出，政策成分的存在，可以通过一般性历史情况和政治背景、具有权威的自治性政治机构的建立、政治计划、媒体宣传、军队的动员等客观情况进行综合判断。

此外，施害者实施的攻击行为应当具有广泛性或者系统性，两者属于选择性条件，只要满足其一即可。广泛性应当从受害者的数量来理解，卢旺达刑庭在阿卡耶苏案中就将广泛性界定为以相当严重的方式集体实施的针对众多受害者的行为，前南刑庭在布拉斯基奇案中也认为广泛性强调的是受害者的数量。至于系统性则要求攻击行为在实施上具有组织性和计划性，例如卢旺达刑庭就将有系统的攻击界定为在涉及实质性的公共或私人资源的共同政策的基础上，通过协调组织和采用惯常模式实施的攻击行动。

---

① 《罗马规约》第7条第2款第1项规定，"针对任何平民人口进行的攻击"是指根据国家或组织攻击平民人口的政策，或为了推行这种政策，针对任何平民人口多次实施第一款所述行为的行为过程。

至于攻击行为则具体包括《罗马规约》第 7 条第 1 款规定的谋杀、灭绝、奴役、驱逐出境或强行迁移人口、剥夺人身自由、性暴力、迫害、种族隔离等严重的不人道行为。在该条款中，第 11 项以兜底性条款的形式对危害人类罪的实行行为进行了规定。"其他不人道行为"是指故意造成重大痛苦，或对人体或身心健康造成严重伤害的其他性质相同的不人道行为，其关键在于对"重大痛苦或者严重伤害""性质相同"以及"不人道行为"的理解。重大痛苦中的"重大"以及严重伤害中的"严重"都是比较主观的概念，在《罗马规约》中没有对其进行界定，而司法实践中也往往仅指出具体问题具体分析而不涉及对"重大"和"严重"的界定。但是这种含糊的规定使得这一概念的解释空间很大，并不符合罪刑法定原则，因此，为了加强该条文的明确性和指引性，可以在伤害程度的认定上引入伤害等级评价机制，包括身体伤害认定等级标准、精神伤害认定等级标准，以协助判断是否构成重大痛苦或严重伤害。根据《犯罪要件》，性质是指行为的本质和严重程度，所谓本质就是根本属性，严重程度则是从犯罪行为、侵害对象等多种因素考量行为的严重性。而结合《罗马规约》第 7 条第 11 项的规定，性质相同应当是指其他不人道行为与其他款项明确规定的谋杀、灭绝、性暴力等行为一样都属于严重地侵害基本人权的行为。至于不人道行为，国际刑事法院在加丹加和楚伊案中明确指出不人道行为是严重违反国际习惯法和国际人权法规范中基本人权的行为。综上，其他不人道行为应当是指严重侵犯他人的基本人权，对他人造成重大痛苦或严重伤害的行为。

在主观要件上，根据《罗马规约》的规定，施害者必须是明知，但是这并不要求施害者知道攻击的所有特征或者政策的所有细节，只要其明知其行为属于广泛或有系统地针对任何平民人口进行的攻击的一部分而实施该行为即可。如果广泛或有系统地针对任何平民人口进行的攻击是新出现的情况，施害者有意推动这种攻击的，即满足明知的要求。而在司法实践中，在"明知"的认定上，法庭更加强调施害者对于犯罪背景的认识。前南刑庭在塔迪奇案中指出行为人的心理要素包括犯罪意图和明知犯罪发生的广泛背景，卢旺达刑庭在卡耶希玛案中也再次指明实施危害人类罪的行为人需要理解其行为的广泛背景。据此，在心理要件上，施害者实施危害人类的行为主观上必须是明知，这一明知还必须包括对其攻击发生在广泛或有系统地针对任何平民人口进行的攻击的大背景之下的认知。

三、战争罪

在 20 世纪以前，战争一直是解决国际争端的合法手段，战争行为并不会构成犯罪。但是一战后，《国际联盟盟约》《巴黎非战公约》等国际法文件中明确指出废弃战争作为实行国家政策、解决国际争端的工具，倡导以和平方式解决争端。国际社会还通过海牙公约和日内瓦公约对战争行为进行了规范，并将在战争中严重违反战争法规或惯例规则的行为规定为战争罪。"二战"后，签订的《纽伦堡宪章》和《远东宪章》中再次将战争罪定性为违反战争法规或惯例规则的行为，并以非穷尽式列举的方式进一步明确了可能构成战争罪的行为。《前南刑庭规约》中指出战争罪是在国际性武装冲突①中犯下的严重违法行为，具体包括严重违反1949年《日内瓦公约》的情事和违反战争法规和惯例的行为。《卢旺达刑庭规约》则进一步将战争罪的范围扩展到了国际性武装冲突中犯下的严重违法行为。《罗马规约》在上述国际法文件的基础上，在第8条中对战争罪进行了详细规定，并将其分为国际性武装冲突中的战争罪行（第2款第1~2项）和非国际性武装冲突②中的战争罪行（第2款第3~5项），列举了50种具体的战争罪的行为，有着很强的操作性和可指导性。下文将结合《罗马规约》的相关规定，对战争罪的构成要件进行分析。

根据《罗马规约》第8条第2款的规定，构成战争罪的危害行为包括严重破坏《日内瓦公约》的行为、严重违反国际法的既定范围中适用于国际性武装冲突的法规与惯例的其他行为、严重违反《日内瓦公约》共同第3条的行为、严重违反非国际性武装冲突的法规和惯例的其他行为。其中第1项规定了故意杀害、酷刑或不人道待遇、严重伤害、破坏和侵占财产行为、强迫在帝国部队服役、剥夺公允审判权、非法驱逐出境或迁移或非法禁闭、劫持人质等8种严重违反《日内瓦公约》的犯罪行为；第2项中则列举了其他26种严重违反国际法既定范围内适用于国际武装冲突的法规和惯例的行为，但是需要强调的是，上述的34项犯罪行为都必须要发生在国际性武装冲突中并且与该冲突有关，如果是发生在平时或者非国际性武装冲突中则不构成战争罪。关于武装冲突的界定，前南刑庭在塔迪奇案中指出，当国家之间诉诸武装力量，或者在国内政府当局与有组织的武装集团之间，或者这种集团之间存在长期武装冲突的情形时，就可以说存在武装冲突。根据《日内瓦公约》共同第3条的规定，某一缔约国

---

① 《1949年8月12日日内瓦四公约关于保护国际性武装冲突受难者的附加议定书》（第一议定书）第1条第4款规定，上款所指场合（国际性武装冲突），包括各国人民行使《联合国宪章》和《关于各国依〈联合国宪章〉建立友好关系及相互合作的国际法原则宣言》规定的自决权，与殖民统治、外国占领以及种族主义政权作战的武装冲突。

② 《1949年8月12日日内瓦四公约关于保护非国际性武装冲突受难者的附加议定书》（第二议定书）第1条规定，（非国际性武装冲突）是指在缔约一方领土内发生的该方武装部队和在负责统率下对该方一部分领土行使控制权，从而使其能进行持久而协调的军事行动并执行本议定书的持不同政见的武装部队或其他有组织的武装集团之间的一切武装冲突。

国内发生非国际性武装冲突时，冲突各方应遵守最低限度的人道标准。据此《罗马规约》第8条第2款第3项规定，在非国际性武装冲突中，如果对不实际参与敌对行动的人实施对生命和人身施以暴力、损害个人尊严、劫持人质、未经正当程序径行判罪和处决行为之一的即构成战争罪，并在第5项中规定了其他12种严重违反非国际性武装冲突的法规和惯例的行为构成战争罪。第3项和第5项都要求侵害行为必须发生在非国际武装冲突的背景下并且与冲突相关，内部动乱、紧张局势和国际性武装冲突都不适用相关规定。

从主观要件上看，战争罪的主观罪过形式既可以表现为故意也可以表现为过失。纵观《罗马规约》第8条对于战争罪的具体规定，大多数犯罪行为都要求行为人在主观上是故意的，有的款项中直接规定了故意，例如故意杀害、故意使身体或者健康遭受重要痛苦或严重伤害等；有的条款虽未明确指明故意，但是从条款内容可以推知行为人主观上是故意的，例如强迫服役、使用有毒武器、劫持人质等。需要指出的是，这里的故意需要包含两层含义。首先，行为人认识到武装冲突的存在和其所侵害的对象属于受国际法保护的对象；其次，行为人对于行为危害结果是故意的或者认识到事态的一般发展会产生危害结果。但是，在某些情况下过失行为也有可能成立战争罪，例如"不当使用休战旗、敌方或联合国旗帜或军事标志和制服，以及《日内瓦公约》所订特殊标志，致使人员死亡或重伤"。

以卢班加案为例，卢班加是刚果前武装组织领导人，因在2002年9月1日至2003年8月13日期间的武装冲突中招募并使用15岁以下童军的罪行被指控犯有战争罪，并于2006年移交国际刑事法院审理。在审理过程中，法院认为通过他人实施招募未满15周岁的儿童加入军事集团并参与敌对军事行动的犯罪行为，满足战争罪的客观要件；而且综合全案证据可知，卢班加在实施犯罪行为的过程中认识到了一个非国际性的武装冲突的存在，而武装冲突与招募并使用15岁以下的儿童军之间存在联系，并且明知这种联系可能造成的危害结果而放任该结果的发生，满足战争罪的主观要件，并于2012年判决卢班加犯有战争罪。之后，卢班加提起上诉，上诉庭于2014年作出判决，维持初审庭的审判结果。

四、侵略罪

在国际刑法的发展历程中，在侵略罪的确立上经历了漫长的实践。"一战"结束后，《国际联盟盟约》首次将侵略一词的含义引入国际性法律文件。"二战"后设立的纽伦堡军事法庭和远东军事法庭是迄今为止仅有的对侵略罪（破坏和平罪）进行审判的法庭，并判决个人为其所实施的侵略行为承担责任。

1974年联合国大会通过了第3314号决议，即《关于侵略罪的决议》，其中规定侵略是指一个国家使用武力侵犯了另一个国家的主权、领土完整或政治独立，或以本定义所宣示的与《联合国宪章》不符的任何其他方式使用武力。[①] 但是该决议从性质上讲仅仅是联合国大会的决议，并不具有法律约束力，其作用主要是为安理会判断侵略行为提供指引。侵略罪正式被规定为国际罪行开始于《罗马规约》，规约第5条明确将侵略罪列为国际刑事法院有权管辖的最严重犯罪。但是，当时对于侵略罪的定义以及法院的管辖权等问题并未达成一致，因此在当时该规定更倾向于形式条款，法院并不能就侵略罪行使管辖权。[②] 2010年6月，《罗马规约》审查会议在坎帕拉通过了一整套侵略罪修正案，其中包括侵略罪的定义以及法院行使对侵略罪管辖权的条件，使《罗马规约》中关于侵略罪的规定开始走向具体化。

根据《罗马规约修正案》的相关规定，侵略罪是指能够指挥或控制一个国家的政治或军事行动的人策划、准备、发动或实施一项侵略行为的行为，而侵略行为则是指一国使用武力或者其他违反《联合国宪章》的方式侵犯另一国的主权、领土完整或政治独立的行为。具体而言，侵略行为包括对他国领土实施入侵、攻击、占领或者兼并；对他国领土进行轰炸或者其他武装侵犯；封锁他国港口或海岸；对他国武装部队进行攻击；违反协议的规定在他国领土驻扎等7种行为。在主观要件方面，尽管并未明确指出故意，但是从修正案的相关规定，如"策划""发动""准备"等用语来看，行为人的主观心理应该是明知其行为违反了《联合国宪章》的规定，并且在主观上希望出现造成侵犯主权、领土完整或政治独立的结果。

除了侵略罪的定义，《罗马规约修正案》中对国际刑事法院对于侵略罪行使管辖权的条件也进行了明确。根据修正案的相关规定，法院在下述两种情况有权对侵略罪行使管辖权：由安理会向法院提交的案件和由缔约国自行提交或检察官自行启动调查的案件。前者无论有关国家是否为法院缔约国、是否接受法院管辖，都不影响法院对其中所涉及的侵略罪进行管辖。后者需先由检察官查明安理会是否已经认定有关国家实施了侵略行为。在安理会认为存在侵略行为的情况下检察官可以就相关案件继续调查，如果安理会没有作出这一认定，检察官则不得进行调查。但是如果安理会在6个月内未认定存在侵略行为，则

---

① "联合国大会第3314号决议"，载 https://www.un.org/zh/documents/view_doc.asp?symbol=A/RES/3314（XXIX）. 2019-3-31。

② 《罗马规约》第5条第2款规定，在依照第121条和第123条制定条款，界定侵略罪的定义，及规定本法院对这一犯罪行使管辖权的条件后，本法院即可对侵略罪行使管辖权。这一条款应符合《联合国宪章》有关规定。

在法院预审分庭授权，且安理会没有要求检察官中止调查时检察官可以继续调查侵略罪。

第一种情况代表安理会已经判定有关国家的行为构成侵略行为，因此，法院当然有权对其中涉及的侵略罪进行管辖。但是对于第二种情况，即在国际法院是否有权认定侵略行为的问题上，在修正案的审议过程中一直存在着截然对立的两种观点。大多数国家认为为了保证法院的独立性，确保侵略罪的行为人受到法律惩处，应当在安理会在一定期间内未就侵略罪作出决定的情况下，允许法院进行管辖；而安理会的5个常任理事国和少数国家则认为安理会在侵略罪的确定上有着专属权力，在由安理会对是否存在侵略行为作出决定的前提下法院才能行使管辖权。而从最后的结果看，修正案中最后采纳了大多数国家的观点。但是修正案中又指出如果缔约国已经作出声明不接受法院的管辖，此时对于由缔约国自行提交或检察官自行启动调查的案件，法院不享有管辖权。也就是说主张安理会决定应当是法院管辖权前提的国家完全可以通过声明的方式排除法院的管辖，问题还是会回到起点，即只有安理会才能向法院提交情势。而这些大国、强国，尤其是安理会常任理事国完全可以通过行使一票否决权使得安理会不能向法院提交情势，固有的问题还是无法避免。

但是，不可否认的是，赋予法院判定侵略行为的权利，有利于突破安理会在认定侵略行为上的专属性，进而维护法院的独立性和公正性。安理会的决议受政治因素影响极大，而且受一票否决权的影响，往往难以达成决议，而这种情况并不利于对侵略罪的惩治。允许法院在一定情况下绕过安理会对侵略行为进行认定，有利于打击侵略犯罪，维护社会正义。2017年12月，在纽约召开的《罗马规约》缔约方大会第16次会议正式通过了激活法院对侵略罪管辖权的决议，并决定自2018年7月17日正式激活法院管辖权。

第四节　国际刑事合作

国际刑事合作是指国家间为打击刑事犯罪，根据国际条约、国际习惯和国内法在刑事程序方面进行的各种形式的配合和协助的活动，这种配合和协助主要包括引渡和移交、刑事司法协助、刑事诉讼移管、外国判决的承认与执行等。国际刑事合作的目的是为了打击刑事犯罪，不仅仅针对国际犯罪，还涉及跨国犯罪、域外犯罪甚至是包含涉外程序的纯粹的国内犯罪。例如我国针对外逃腐败分子开展的天网行动，通过国际刑事合作，我国在2018年共追回外逃人员

1335 名,追赃金额达到 35.41 亿元人民币。① 国际刑事合作是基于国际条约、国际习惯和国内法而进行的,如果两国间并没有签订涉及国际刑事合作的条约,也不是国际刑事合作的区域性或普遍性国际公约的缔约国,这两个国家就没有相互提供刑事合作的条约义务。国家间也可以通过国际习惯和国内法规范来进行国际刑事合作。

一、引渡和移交

引渡是指一国应外国要求,把在其境内被该外国指控为犯罪或判刑的外国人,移交给外国审理或处罚的一种国际刑事司法协助行为,也就是说引渡往往是主权国家之间的引渡。但是在国际刑事司法实践中还可能会涉及向国际刑事法院移交罪犯的情况,例如《罗马规约》第 89 条第 1 款就明确规定了这一问题②。根据《罗马规约》第 102 条,移交是指一国依照本规约向本法院递解人员,引渡是指一国根据条约、公约或国内立法向另一国递解人员。由此可见,罗马规约所规定的移交和引渡是有区别的。所谓移交是指向国际刑事法院递解人员,而引渡则是根据国际条约、国际公约或者国内立法向他国递解人员,因为移交和引渡存在着明显的差别,所以《罗马规约》规定了特别的移交程序。

《罗马规约》第 89 条是关于移交程序的实质性条款,其中第 1 款指出国际刑事法院可以向人员可能在其境内的任何国家,包括缔约国和非缔约国提出合作请求,要求其向本法院递解人员。第 2 款规定了被要求移交的人向国内法院提出一罪不二审的质疑时的处理。根据《罗马规约》第 20 条第 3 款的规定,一罪不二审并不能构成拒绝引渡的充分理由,因此,当被要求移交的人提出一罪不二审的质疑时,被请求国与国际刑事法院协商以确定法院就该案的可受理性问题是否已经作出裁定。如果案件可予受理的,被请求国应向国际刑事法院移交该人员;如果国际刑事法院尚未对该案的可受理性问题作出裁定,被请求国可以推迟移交人员请求的执行,直到法院对可受理性问题作出裁定;如果法院裁定案件不可受理时,则应当撤回移交请求。第 3 款规定了移交需过境第三国的问题,涉及过境请求书的内容和转递、过境请求的批准等内容。第 4 款涉及被要求移交的人因本法院要求移交所依据的犯罪以外的犯罪在被请求国内被起诉或服刑的情况,此时被请求国在决定准予移交后应与国际刑事法院协商处理。

---

① "我国过半'红通人员'去年被引渡遣返专家分析——2019 全球追逃追赃如何发力",载 http://epaper.legaldaily.com.cn/fzrb/content/20190123/Articel04002GN.htm.2019-3-31。

② 《罗马规约》第 89 条第 1 款规定,本法院可以将逮捕并移交某人的请求书,连同第九十一条所列的请求书辅助材料,递交给该人可能在其境内的任何国家,请求该国合作,逮捕并移交该人。

《罗马规约》中明确规定了移交的优先性。根据《罗马规约》第 90 条的规定，请求竞合是指请求国既受到了国际刑事法院关于移交某人的请求，又收到了第三国对于同一人的引渡请求，并按照第三国是否属于《罗马规约》的缔约国分别进行了规定。如果与国际刑事法院提出的移交请求发生竞合的是《罗马规约》缔约国，并且两者针对的都是同一犯罪行为人的同一罪行，国际刑事法院需要先就法院对移交请求所涉案件是否具有可受理性进行裁定，在此过程中，被请求国可以酌情处理请求国提出的引渡请求，但是，不得引渡该人，一旦国际刑事法院裁定该案件可以受理时，被请求国应当选择将案件移交法院。如果与国际刑事法院提出移交请求发生竞合的国家并不是《罗马规约》缔约国，两者针对的都是同一犯罪行为人的同一罪行，同时被请求国并不负有向请求国引渡该人的国际义务时，如果国际刑事法院裁定案件具有可受理性时，被请求国应将该案件移交给法院；反之，被请求国可以自行处理第三国的引渡请求。

移交请求的拒绝。在国际刑事法院提出移交请求的情况下，缔约国基于国际刑事法院的管辖权向其移交被请求移交者。《罗马规约》第 86 条规定，缔约国需要"在本法院调查和起诉本法院管辖权内的犯罪方面同本法院充分合作"。但是这并非意味着缔约国绝对不能拒绝国际刑事法院的移交请求。根据《罗马规约》第 19 条的规定，缔约国可以根据第 17 条的理由对法院的管辖权或案件的可受理性提出质疑，即第 19 条可能会成为缔约国拒绝向国际刑事法院移交人犯的理由。但是除此之外，缔约国不能以《罗马规约》中的其他规定或者规约未作规定为由拒绝移交人犯的合作。因此，缔约国拒绝向国际刑事法院移交人犯的法定理由主要是法院对该案件没有管辖权和该案件不具有可受理性。

此外，本国国民不引渡在移交中并不适用。国际刑事法院可能会要求缔约国移交本国国民。面对这一情况，适用本国国民不引渡的《罗马规约》的缔约国通过修改国内立法、制定新的法律或者对法律进行解释的方法，使自己有可能执行移交本国国民的请求。例如德国在 2002 年颁布的《与国际法院合作法》中明确规定，国际刑事法院根据《罗马规约》和《与国际法院合作法》的规定，请求德国将其境内的人（包括德国公民）移交给法院进行起诉和执行，只要程序正当，德国不得拒绝。而在具体的司法实践中，前南斯拉夫联盟将前总统米洛舍维奇移交给前南国际刑庭，塞尔维亚将波黑前塞族领导人卡拉季奇移交给了前南刑庭，卢班加在被刚果军方逮捕后也被移交给了国际刑事法院。

二、刑事司法协助

刑事司法协助是指为了打击国际犯罪及其他刑事犯罪，国家根据国际条约和国内立法，相互应对方委托代为履行某些刑事诉讼行为的活动。根据 1990 年

《联合国刑事事件互助示范条约》第 1 条的规定，刑事司法协助的内容包括向有关人员收集证词或供述；协助提供被关押者或其他人或协助调查工作；递送司法文书；执行搜查或查封；检查物件和场地；提供资料和证据；提供有关文件和记录的原件或经核证之副本等。2000 年《联合国打击跨国有组织犯罪公约》第 18 条也对缔约国在刑事案件的侦察、起诉和审判程序中应当相互提供的司法协助作出了规定，并且该条款在《联合国刑事事件互助示范条约》所规定的刑事司法协助的内容上增加了"为取证目的而辨认或追查犯罪所得、财产、工具或其他物品"，"为有关人员自愿在请求缔约国出庭提供方便"和"不违反被请求缔约国本国法律的任何其他形式的协助"，进一步扩大了国际刑事司法协助的范围。2003 年《联合国反腐败公约》第 18 条对国际刑事司法协助的内容作出了进一步的扩展，在 2000 年《联合国打击跨国有组织犯罪公约》第 18 条相关规定的基础上，又增加了"根据追回财产的规定辨认、冻结和追查犯罪所得"和"追回资产"，是目前为止对国际刑事司法协助内容规定最为全面的国际公约。

根据相关国际条约，可以将国际刑事司法协助的内容分为送达司法文书和调查取证两个方面。国际犯罪往往涉及多个国家，当诉讼地国需要向其他国家或地区送达刑事诉讼文书时，就需要其他国家或地区的司法协助。在刑事诉讼中，需要送达的文书有传唤证人、鉴定人、诉讼当事人等出庭的通知书、拘留或逮捕通知书、起诉书、刑事裁定书或者判决书等。而送达司法文书的方式包括直接送达、邮寄送达、外交或领事官员送达等。调查取证是刑事司法协助的另一项重要内容，具体包括查找或辨认犯罪嫌疑人、被告人、证人和其他与刑事案件有关的人；提供与犯罪嫌疑人或其他人有关的资料和银行、公司、财务或商务记录等书证材料；询问证人；派员调查取证；安排出庭作证；对指定的场所、物品和财产进行搜查、扣押和冻结；联合开展有关犯罪的调查、取证活动等。

如前文所述，根据国际条约和国内立法，一国可以基于另一国的请求为其提供刑事司法协助。但是，这种协助并非是绝对的，需要满足国际条约和国内立法中规定的特定条件，否则国家可以根据相关规定拒绝提供协助。例如根据 1990 年《联合国刑事互助示范条约》第 4 条第 1 款的相关规定，被请求国如果认为准许该请求会损害其公共利益；或该罪行属于政治性罪行或军法范围内的罪行；或者有充分理由确信另一国是基于种族、性别、宗教、国籍、民族本源或政治见解等原因损害某人的权利或对其进行起诉而请求司法协助的；或者准许该请求会违背一罪不二审原则的；或者该请求需要被请求国作出不符合其本国法律和惯例的强制性措施的，被请求国可拒绝提供协助。① 除了上述几种情形外，被请求国应当或者可以拒绝提供刑事司法协助的情形还包括协助请求所涉犯罪嫌疑人为被请求国国民且不在请求国境内和协助请求所涉犯罪可能会被判处死刑。例如1993年《中国和俄罗斯民事与刑事司法协助条约》第25条中就规定了如果某一刑事司法协助请求所涉当事人是被请求国国民，且不在提出请求国境内，被请求国可以拒绝提供刑事司法协助。在我国与澳大利亚缔结的刑事司法协助条约中将"与国内法的基本原则相抵触"和"可能判处的刑罚与被请求方的根本利益相冲突"规定为拒绝提供协助的理由，因此在实践中澳大利亚就可能以刑事司法协助请求所涉犯罪在我国可能会被判处死刑为由拒绝向我国提供刑事司法协助。

按照《联合国刑事互助示范条约》及有关国际条约和国内法的规定，国际刑事司法协助的程序通常包括提出协助请求、对协助请求进行审查以及执行协助请求。请求国向被请求国提出司法协助的请求，是被请求国向请求国提供司法协助的前提。被请求国在收到请求国的司法协助请求后，需要对该协助请求从被请求国对请求所涉犯罪的管辖权、提出协助请求的方式和程序、请求协助的内容和是否存在拒绝提供协助的情形等方面进行审查，以判断是否提供司法协助。在材料齐全的情况下，如果被请求国在审查中没有发现应当或者可以拒绝协助的情形，则应按照请求国的请求提供协助。

以我国和东盟国家在"10·5"湄公河惨案中的司法协助实践为例。为了能获取该案件证据，我国分别根据与泰国签订的《中华人民共和国和泰王国关于刑事司法协助的条约》和与老挝签订的《中华人民共和国和老挝人民民主共和国关于民事和刑事司法协助的条约》，与泰国和老挝开展了广泛的刑事司法协助，主要包括相互移交案件证据、安排相关证人出庭作证、代为传达司法文书、协助调取犯罪嫌疑人供述等。在案件证据的移交方面，我国根据司法协助条约向泰国检察总长提出了移交证据的请求，根据该请求，泰国向我国移交了该案件有关证人证言、物证、尸体检验报告、枪弹及枪弹痕迹报告、毒品提取、

---

① 《联合国刑事互助示范条约》第4条第1款规定，在下列情况下可拒绝提供协助：(a) 被请求国认为如准许该请求，会损害其主权、安全、公共秩序或其他根本的公共利益；(b) 被请求国认为该罪行属政治性罪行；(c) 有充分理由确信，提出协助请求是为了某人的种族、性别、宗教、国籍、族裔本源或政治见解等原因而欲对其进行起诉，或确信该人的地位会因其中任一原因而受到损害；(d) 该项请求涉及某项在被请求国进行调查或起诉的罪行，或在请求国对该罪行进行起诉将不符合被请求国一事不二审的法律；(e) 所请求的协助需要被请求国如该罪行在其管辖范围内受到调查或起诉，进行不符合其本国法律和惯例的强制性措施；(f) 该行为系军法范围内的罪行，而并非普通刑法范围内的罪行。

检验、称量、鉴定报告、现场勘验笔录等证据,我国也先后2次向泰国移交了证明泰国军人勾结糯康犯罪集团实施"10·5"湄公河惨案的相关证据材料。同时,我国也通过司法协助从老挝获得了这一案件的有关证据。在安排证人出庭作证问题上,应我国请求,泰国和老挝都派出相关证人专程来华作证。在"10·5"湄公河惨案中,泰国和老挝在送达相关司法文书上也为我国提供了刑事司法协助,在两国与我国就派遣证人来华作证达成共识后,两国就为我国提供了出庭作证的证人名单及其身份材料,并在我国的请求下,向相关证人送达了出庭通知书。此外,在该案件中,我国也为泰国、老挝提供了调取犯罪嫌疑人供述的刑事司法协助,我国在2012年7月向老挝提供了"10·5"湄公河惨案主犯糯康等犯罪嫌疑人的口供,泰国高级警官代表团也于2012年8月来华提审了相关犯罪嫌疑人。

三、刑事诉讼移管

刑事诉讼的移管,是指根据国际条约和国内立法,对特定犯罪享有管辖权但因故无法进行或完成追诉该犯罪的刑事诉讼的国家,请求将案件移交给另一国,并由该另一国对案件行使管辖权的国际刑事合作形式。首次规定刑事诉讼的移管的国际公约是1957年的《欧洲引渡公约》,其中第6条规定,缔约国有权拒绝引渡本国公民,如果被请求国不引渡本国公民,它应当根据请求国的请求,将案件提交本国主管机关,以便以适当的方式提起诉讼。此外,联合国也主持通过了一系列包含刑事诉讼移管条款的国际公约,例如《联合国禁止非法贩运麻醉药品和精神药物公约》(1988)、《联合国刑事诉讼转移示范条约》(1990)、《联合国打击跨国有组织犯罪公约》(2000)、《联合国反腐败公约》(2003)等。

根据相关条约和司法实践,刑事诉讼移管所涉犯罪需要满足以下要求:该犯罪必须构成双重犯罪,《欧洲刑事诉讼移转管辖公约》第7条第1款①中就做出了相关规定;该犯罪不属于政治犯罪或者被请求国有充分理由相信诉讼移管的请求是基于种族、宗教、国籍或政治见解方面的考虑而提出的情况;该犯罪在请求国和被请求国双方的诉讼时效内,超出法定时效后就不得移管;该犯罪满足一罪不二审的要求,例如瑞士《国际刑事司法协助法》第85条②就规定了此要求。

---

① 《欧洲刑事诉讼移转管辖公约》第7条第1款规定,只有当刑事诉讼移管所涉犯罪如发生在被请求国也构成犯罪并且罪犯也将根据该国法律受到处罚时,才可以在被请求国提起诉讼。

② 瑞士《国际刑事司法协助法》第85条规定,请求国保证在瑞士宣判无罪或执行刑罚后,不因同一罪行对之予以起诉,瑞士方可代替犯罪发生地国对于在境外所犯罪行行使管辖。

一般而言可移交外国管辖的案件主要包括不予引渡的案件、轻罪案件、证据集中于某一国家的跨国犯罪案件、某一国家已起诉的集团犯罪案件等并不会危及主权、安全、公共秩序，损害本国国家利益或者关系国家秘密的案件。不予引渡的案件主要包括涉及被请求国本国公民的案件和量刑程度达不到引渡要求的案件。证据集中于某一国家的跨国犯罪案件中，受害国、犯罪地国或罪犯国籍国都有权主张管辖权，但当犯罪证据主要集中于其中的某个国家时，为了便利诉讼和惩治犯罪，可以选择将案件移交该国家管辖。在涉及集团犯罪的情况下，犯罪集团的成员可能来源于不同国家，尽管依据属人管辖权，这些罪犯的国籍国都享有管辖权。但是如果某一国家已对该犯罪活动进行侦察，并将该集团的主要犯罪成员逮捕，出于实际考虑，罪犯国籍国可以将该案件移交给该国管辖。无论是从刑事诉讼移管的概念，还是从国家主权原则上看，是否将某一案件移交外国管辖完全取决于一国的意愿。显然，国家不会将可能危及主权、安全、公共秩序，损害本国国家利益或者关系国家秘密的案件移交外国管辖，而其他案件也往往是出于诉讼便利和惩罚犯罪的目的考虑才可能会移交外国管辖。

根据《刑事诉讼转移示范条约》的规定，刑事诉讼移管的程序主要包括提出请求、对请求进行审查和诉讼移管的执行与通报。为了正当司法工作的需要，一国可以向另一国提出移管请求[1]，移管请求应以书面形式提出[2]，并包含提出请求的当局、对请求移管的犯罪的说明等内容[3]。在收到请求国的诉讼移管请求后，被请求国需要对该请求进行审查，以便作出是否接受请求的决定，并及时将其决定通知请求国[4]。如果被请求国拒绝移管请求，应当将拒绝的理由通知请求国[5]；如果被请求国接受该请求，请求国不得再就移管请求所涉犯罪对

---

[1] 《刑事诉讼转移示范条约》第1条第1款规定，在根据一缔约国法律某人涉嫌犯了某种罪行时，该国为了正当司法工作的需要，可请求另一缔约国对此罪行提起诉讼。

[2] 《刑事诉讼转移示范条约》第2条规定，提起诉讼的请求应以书面方式提出。请求书，佐证文件和随后的函件应通过外交渠道在司法部或缔约国指定的任何其他当局之间直接传递。

[3] 《刑事诉讼转移示范条约》第3条规定，1. 提起诉讼的请求书应载有或附有以下资料：(a) 提出请求的当局；(b) 关于请求对之转移诉讼的行为的说明，包括犯罪的具体时间和地点；(c) 关于查实某一可疑罪行的调查结果的陈述；(d) 请求国据以认为该行为是犯罪行为的法律规定；(e) 关于涉嫌者的身份、国籍和住处的合理准确陈述。2. 作为请求提起诉讼的佐证而提交的文件应附有以被请求国语文或者该国可接受的另一种语文提出的译文。

[4] 《刑事诉讼转移示范条约》第5条规定，被请求国主管当局应审查对该项提起诉讼的请求采取何种行动，以便根据其本国法律尽可能完全按照请求行事，并应迅速将其决定通知请求国。

[5] 《刑事诉讼转移示范条约》第7条规定，被请求国如拒绝接受转椅诉讼的请求，应将拒绝的理由通知请求国。在下列情况下可拒绝接受：(a) 涉嫌者不是被请求国国民或并非该国通常居民；(b) 该行为系军法范围内的罪行，而并非普通刑法范围内的罪行；(c) 该犯罪行为与赋税、课税、关税或兑换有关；(d) 被请求国认为该犯罪行为属政治罪行。

犯罪嫌疑人提起诉讼程序①，被请求国决定接受诉讼移管的请求后，应当按照本国法律规定的程序，对移管案件进行审判，并及时将审判结果通知请求国②。

四、外国判决的承认与执行

外国刑事判决的承认和执行首先出现于欧洲国家之间，例如 1948 年丹麦、挪威、瑞典、冰岛和芬兰缔结的《关于承认和执行刑事判决的公约》、1968 年比利时、荷兰和卢森堡签订的《关于执行刑事判决的条约》、1970 年欧洲理事会通过的《关于刑事判决的国际效力的欧洲公约》等。此后，有关承认和执行外国刑事判决的制度在国内法和国际条约中广泛出现，例如德国 1982 年颁布的《国际刑事司法协助法》第四部分专门对"为执行外国判决而提供的协助"进行规定。1988 年《联合国禁止非法贩运麻醉药品和精神药物公约》第 6 条第 10 款也涉及了有关执行外国判决的规定。③

（一）外国判决的承认

外国刑事判决的承认是指根据国际条约和国内法的规定，一国承认另一国对特定犯罪作出的刑事判决的法律效力。从本质上讲，对外国刑事判决的承认代表一国对外国刑事判决在本国的合法性和有效性的确认。因此，外国刑事判决的承认需要满足一定条件：首先，根据国际刑事合作中的公共秩序保留原则，即承认外国刑事判决不得危害本国的主权和安全，也不得违反本国国内法律制度的基本原则。其次，对具体犯罪的管辖权是司法机关合法进行诉讼并作出判决的前提，因此只有作出刑事判决的外国机关对该案件具有管辖权，其判决才有可能被承认。最后，因为涉及外国刑事判决承认案件的被判刑人往往是承认国国民或者与该国有特定关系的人，基于主权平等原则，一般而言只有某一犯罪在作出刑事判决的国家和承认国都构成犯罪时，外国判决才可能会被承认。

---

① 《刑事诉讼转移示范公约》第 10 条规定，一俟被请求国接受对涉嫌者提起诉讼的请求，请求国应暂停止检控，但除必要的调查、包括对请求国的司法协助外，直至被请求国通知请求国该案已得到最终处理为止。从该日期起，请求国即不应再检控该同一罪行。

② 《刑事诉讼转移示范公约》第 11 条规定，1. 经协议而转移的诉讼应接受被请求国法律的约束。被请求国在按其法律对涉嫌者提出指控时，应就关于该罪行的法律说明中的具体内容做出必要调整。如被请求国的权限系根据本《条约》第 1 条第 2 款的规定，则该国所宣布的处罚不得比请求国法律所规定的为严。2. 任何为了诉讼或程序要求在请求国按其法律进行的行为，只要不违背被请求国的法律，均应在被请求国具有同等效力，如同在该国或由该国当局所进行的一样。3. 被请求国应将诉讼结果的判决通知请求国。为此，应根据请求，将最终判决的副本送交请求国。

③ 《联合国禁止非法贩运麻醉药品和精神药物公约》第 6 条第 10 款规定，为执行一项刑罚而求的引渡，如果由于所要引渡的人为被请求国的国民而遭到拒绝，被请求国应在其法律允许并且符合该法律的要求的情况下，根据请求国的申请，考虑执行按请求国法律判处的该项刑罚或未满的刑期。

此外，被请求国通常还要求申请执行的判决必须是在请求国国内符合合法程序的、具有终局效力的终审判决。

外国刑事判决必须经过另一国的承认才能在另一国发生法律效力。承认外国法院做出的刑事判决就是赋予外国刑事司法机关宣告的刑事处罚裁决以与本国刑事处罚裁决相同的法律效力。也就是说，承认外国刑事判决意味着一国对外国对该案刑事管辖权的确认，同时也表明它对外国审判公正性及定罪量刑结果的认同，根据一罪不二审原则，该国国内司法机关就不得对已经经过外国法院判决的同一案件再次进行审理和判决。

（二）外国判决的执行

外国判决的执行是指根据国际条约和国内立法的规定，一国根据对某一犯罪做出刑事判决的国家的请求，在承认该刑事判决的法律效力的基础之上，在本国领土范围内执行该刑事判决所确定的刑罚。

执行外国判决直接关系到不同国家间的法律适用，并且以刑罚的形式直接对罪犯的人身权利产生影响，因此在执行外国判决时往往附有严格的条件限制。如果被请求国认为经外国刑事判决判处的犯罪不满足双重犯罪原则，或属于政治性质的犯罪，或被请求国有充分的理由相信，对被判刑人的处刑或者加刑是出于对其种族、宗教、国籍或政治见解方面的考虑，被请求国可以拒绝执行外国刑事判决。此外，如果存在被请求国已经或者即将对该案件提起诉讼，或被请求国无法执行刑罚，或被请求国认为请求国可以自行执行刑罚，或被判刑人未达到被请求国的刑事责任年龄等情形时，被请求国也可以拒绝请求国要求其执行刑事判决的请求。①

与上文所提及的刑事司法协助、刑事诉讼移管一样，执行外国刑事判决也要经过三个流程，即提出执行请求、审查执行请求和执行请求国的刑事判决。一国在对某一犯罪作出生效判决后，如果存在被判刑人是外国国民或者其经常居住地在外国、被判刑人所在的国家拒绝引渡被判刑人等情形，为了能够执行

---

① 《关于刑事判决的国际效力的欧洲公约》第6条规定，被请求国在以下情况可以全部或部分拒绝承认和执行外国判决：1. 执行判决将违反被请求国的法律制度的基本原则；2. 被请求国认为已判决的罪行具有政治性质，或者是单独的军事犯罪；3. 被请求国认为有足够的理由相信判刑或加刑是基于种族、宗教、民族或政治观点的考虑；4. 执行判决将违反被请求国的国际允诺；5. 被请求国已对该犯罪行为提起诉讼或已决定对该行为起诉；6. 被请求国主管机关已经决定对该犯罪行为不予起诉，或者已撤销起诉；7. 犯罪行为是在请求国领土以外发生的；8. 被请求国无法执行制裁；9. 请求是根据第五条第五款提出的，而该条提及的其他条件均未满足；10. 被请求国认为请求国自己能够执行制裁；11. 犯罪行为发生时被判刑人的年龄在被请求国不够追诉标准；12. 按照被请求国的法律，因时效已过，处罚不能再予执行；13. 判决仅仅涉及"取消资格"。

或者更好地执行该判决,该国向前述外国提出执行本国刑事判决的请求。该请求应当以书面形式提出①,通常包括请求机关和被请求机关的信息、请求执行的事项、被判刑人的基本情况及主要犯罪事实、请求的理由和根据等必要资料,并附有被请求执行的生效判决书原件或者经证明无误的副本及其他有关文件资料②。被请求国收到请求国的执行请求后,需要对该执行请求进行审查。如果被请求国作出接受执行外国刑事判决的决定,就应当按照国内立法中所规定的同类刑罚的执行机关、执行权限和执行方式来执行该外国刑事判决。

---

① 《关于刑事判决的国际效力的欧洲公约》第15条规定,本公约中规定的所有请求都应当以书面形式提出。

② 《关于刑事判决的国际效力的欧洲公约》第16条规定,执行请求应附有要求执行的决定的原件或经核证的副本以及所有其他必要的文件。

第六章 国际组织与国际争端的和平解决

国家交往中,由于利益冲突或者对某种特定事实观点不一致,难免会出现各种纠纷和争端。国际争端的存在,不仅影响正常的国际交往,而且也可能会威胁国际和平与安全。因此,及时、有效地解决国际争端,对于促进国家间的友好交往,国际秩序的和平稳定都具有重要意义。

随着国际社会和经济全球化的发展,国家间的联系日益加强。以联合国为核心的遍布世界的国际组织网络已然形成,它们在政治、经济、文化、社会乃至生态、人权等诸多领域内的影响力也在不断增强。同时,伴随着国际组织规模的不断扩大和治理结构的日趋完善,它们在国际争端解决中所发挥的作用也越来越大。时至今日,可以说,联合国和其他区域性国际组织已经成为推动国际争端和平解决的重要力量。

第一节 和平解决国际争端概述

一、国际争端及其解决

(一) 国际争端的概念

在国际法院审理的西南非洲案、北喀麦隆案和在德黑兰的美国外交和领事人员案中,被告方都曾经以"对方对争议标的无法律利益,因而双方间不存在争端"为由提出抗辩。[1] 可见,国际争端的界定不仅在理论上具有重要意义,在案件的实际判决中也发挥着现实作用。

在国际争端的界定上,存在狭义和广义之分。狭义上的国际争端是指两个或两个以上的国家之间,由于法律权利或政治利益的冲突所产生的争执和对立。

---

[1] 邵沙平主编:《国际法》,中国人民大学出版社2010年版,第591页。

广义上的国际争端则不仅包括国家之间的争端，国家和其他国际法主体之间的争端，还包括国家和另一国的自然人、法人或其他非主权实体之间的纠纷。由于国际法的主体是国家、争取独立民族和政府间国际组织，而一国国内的自然人、法人一般情况下并不能作为国际法的主体。因此，国际争端是指国家、争取独立民族和政府间国际组织之间的争端。

国际争端具有以下四个特点：首先，国际争端的当事方应该是国家、争取独立民族和政府间国际组织等公认的国际法主体；其次，国际争端的起因可能源于对国际法、对引起争执的事实认识不同或者国家间的利益冲突；再次，国际争端的解决中没有凌驾于主权国家上的权力机关来制定法律和审理争端并强制执行争端解决的判决，因此主要采用反报、报复、平时封锁、干涉等强制办法和外交解决、司法解决等非强制的和平解决方法，具体内容将在下文详细论述；最后，国际争端往往关系整个国家、民族的利益，甚至国际社会的稳定与和平，一旦处理不当，可能会引起战争和国际武装冲突。

（二）国际争端的种类

根据国际争端的性质的不同，可以将争端分为法律争端和政治争端。一般而言，如果某项争端是由于权利的争执所引起的，就属于"法律争端"，而且由于该类争端可以通过仲裁或者诉讼的程序来解决，故又被称为"可裁判的争端"。如果某项争端是源于政治利益的冲突，就属于"政治争端"，而且由于该类争端应用外交或政治方法来解决，故又被称为"不可裁判的争端"。

国际公约和条约中往往通过规定法律争端的范围，以对法律争端和政治争端进行区别。例如1907年《海牙和平解决国际争端公约》、1903年《英法仲裁条约》，以及20世纪初到第一次世界大战期间缔结的条约，都提及了"法律争端"的名称，并将"对条约的解释"列举归属在其项下。[①]"一战"后，《国际联盟盟约》《常设国际法院规约》对"法律争端"的内涵进行了扩张，指出法律争端的范围包括涉及条约的解释、国际法上的问题、任何事实的存在、由于破坏国际义务应予赔偿的性质和范围的争端，《罗马规约》中也沿袭了相关规定。但是，上述规定，都是以列举的方式对属于法律争端的国际争端进行罗列，真正对"法律争端"作出定义的应当是1925年的《洛迦诺公约》，该公约认为法律争端是指那些"当事者就一个权利相互进行争论"的国际争端。

国际实践表明，法律争端和政治争端往往是交织难分的。由于国际争端的

[①] 邵沙平主编：《国际法》，中国人民大学出版社2010年版，第593页。

复杂性，法律争端往往与政治利益紧密联系，而政治争端，也可能会以法律形式出现。以边界争端为例，其一般都是由划界条约所引起的，与条约的适用或者解释等法律问题直接相关，但是这类争端又往往涉及有关国家的独立与主权、领土完整、国家安全、经济利益等政治问题。此外，在外交人员安全保护问题和外交特权问题上，尽管在1963年《维也纳外交关系公约》、1977年《关于防止和惩处侵害应受国际保护人员包括外交代表的罪行的公约》等国际公约中已经对相关问题做出了明确规定，但是由于此类争端的起因大多与政治相关，往往会以政治途径解决。总而言之，只要双方协商一致，不论什么性质的争端，都可以通过法律途径来解决；而如果争端双方或者其中一方不愿意，即使是基于条约所产生的争端，也只能通过政治途径来解决。近年来引起广泛关注的大陆架划界争端，在争端解决过程中，就既采用了外交谈判，也适用了司法程序。以2012年的孟加拉和缅甸海洋划界案为例，对于孟加拉湾的划界争端，两国在1974年至2010年期间进行了14个回合的双边谈判，于1974年达成了孟加拉湾代表团和缅甸代表团就两国海洋划界问题的协议备忘录，在2008年谈判中又签署了新的协议备忘录，但是仍然未能就孟加拉湾的海洋划界问题取得实质性进展，最终双方决定将该案提交国际海洋法庭管辖。从实践看，对法律争端和政治争端进行严格区分，可行性和意义都相当有限。

（三）解决国际争端的原则和方法

传统国际法认为解决国际争端的合法方法，包括仲裁、和解等非强制的方法和反报、报复、平时封锁、干涉、战争等强制性办法，并且将战争作为最高等级的解决国际争端的办法。进入20世纪后，尤其是在经历"一战"和"二战"后，人类逐渐认识到战争给人类社会带来的巨大灾难，战争的国际法地位发生了根本性转变。战争不再是解决国际争端的合法方式，而除战争外的反报、报复、平时封锁、干涉等强制性争端解决办法在使用时也受到国际法的严格限制，和平解决国际争端成为国际法的一项基本原则。

和平解决国际争端原则最早体现在1907年《海牙和平解决国际争端公约》中，该公约在一定范围和程度上限制了战争权，并鼓励各国利用和平方法解决争端。但是《海牙和平解决国际争端公约》并没有明确宣布废止战争并将和平解决国际争端确立为国际法准则。率先在公约中明确作出上述规定的是1928年《巴黎非战公约》，该公约明确规定，"处理或解决缔约国之间所有的争端或冲突，无论什么性质，也无论是什么原因引起的，永远只能采取和平的方式"。"二战"后，为了实现以和平的手段解决国际争端，防止战争的目的，《联合国宪章》将和平解决国际争端列为七项国际法基本原则之一，并在第六章对和平解决国际争端的各种方法和程序做出了具体规定。此后，为进一步鼓励更多国家采用和平方式解决国际争端，联合国通过了1970年《国际法原则宣言》和1982年《和平解决国际争端马尼拉宣言》，并出版了《和平解决国际争端手册》。

此外，依据《联合国宪章》第2条有关禁止使用武力或武力威胁原则的相关规定，各会员国在国际关系上不得使用威胁或武力，或以与联合国宗旨不符之其他方法，侵害任何会员国之领土完整或政治独立。由此可见，在该阶段，用战争来解决国际争端显然不符合禁止使用武力或武力威胁与和平解决国际争端的国际法基本原则。而反报、报复、平时封锁、干涉等强制性争端解决办法，虽然不涉及战争行为而被传统国际法认为是和平方式，但是这类行为可能会出现滥用或者违反禁止使用武力或武力威胁原则，因而也受到国际法的严格限制。

所谓反报，是指一国对另一国的不礼貌、不友好、不公平的行为还以同样或类似的行为。反报通常涉及国家之间的贸易、关税、航运和移民等法律关系和经济关系，如收回关税优惠待遇或特权，禁止入境或驱逐出境等，是一种针对他国在先的不友好行为所采取的反击行为。例如1885年为了与沙皇俄国不合理的进口关税政策相对抗，德国禁止其国内银行经办以俄国国债为抵押的贷款。

报复则是指一国为制止另一国的国际不法行为而采取的一种相应的强制措施，以迫使对方停止其不法行为，或对其不法行为、侵权行为所造成的后果索取赔偿，从而使争端得到解决。① 显然，与反报不同，报复所针对的是国际不法行为，如果没有国际不法行为的存在为前提，则报复行为本身就可能构成国际不法行为，而且报复措施只能在向对方提出的合法要求无法实现时才能使用，并且从程度上讲，不应超出所受实际损害的程度。还报和报复作为国际法上所认可的严格意义上的自助手段，对于维持国际法律秩序有着一定的积极作用，但是为了避免其被少数国家滥用，这两种方法只能在严格遵守国际法的基础上才能被允许使用。

平时封锁是指在和平时期，一国或数国以武力手段封锁他国的港口或海岸，迫使他国接受其特定要求的行为。如果是联合国安理会依照《联合国宪章》第42条的规定，为维持和恢复国际和平与安全的目的，所采取或授权采取的封锁行为，那么无疑是符合国际法规范的。但是如果是争端一方自行实施的行为，则可能会构成对他国领土主权的侵犯，是违反国际法的行为。例如1884年法国对我国台湾地区的封锁和1937年日本宣布对我国海岸的封锁，都属于侵犯我国领土主权的行为。

---

① 梁西主编：《国际法》，武汉大学出版社2015年版，第392页。

至于干涉，如果是针对一国的内政事务，那么依据不干涉内政原则，当然属于国际法严格禁止的行为。干涉国以人道主义或者其他名义为借口，对被干涉国的内政进行干涉，是霸权主义和强权政治的体现。国际法院在1949年科孚海峡案的判决中，就否认了干涉的合法性，并指出干涉是过去最严重地滥用权利而形成的实力政策的表现。干涉必然会招致被干涉国和国际社会的强烈不满和反对，不仅不能促进争端的解决，还可能会激化争端，加剧冲突，甚至会诱发战争。

总而言之，作为解决国际争端的主要方法，最为合适的还是和平方法。正如《联合国宪章》第33条所规定的，"任何争端当事国，于争端之继续存在足以危及国际和平与安全之维持时，应尽先以谈判、调查、调停、和解、公断、司法解决、区域机关或区域办法之利用，或各该国自行选择之其他和平方法，求得解决"。

二、国际争端的和平解决

当今世界，和平与发展已成为不可逆转的时代潮流，国际争端的解决方式也逐渐从强制的争端解决方法发展到非强制的和平的争端解决方法。非强制的和平的争端解决方法，可以分为外交解决方法和法律解决方法两种，其中前者包括谈判、斡旋、调停、调解和国际调查，后者包括仲裁和司法解决两种。此外，国际组织的解决（包括联合国对国际争端的解决和利用区域组织或区域办法的解决）也是和平解决国际争端的重要方法。

（一）国际争端的外交解决方法

一般而言，国际争端的外交解决办法包括谈判、斡旋、调停、调解和国际调查。

谈判和协商都是指两个或两个以上的国际法主体为了解决彼此间的问题而进行直接交涉，是解决国际争端最基本最广泛的方式。绝大部分的国际争端都是通过谈判和协商解决的。谈判是早期国际法发展史上最为普遍的争端解决方法，在1907年《海牙和平解决国际争端公约》、1919年《国际联盟盟约》、1928年《日内瓦总议定书》中都强调首先依靠外交途径通过直接谈判的方式解决争端。而在20世纪50年代以前，协商至多只是被认为协调双方政策，为谈判创造条件的辅助性的、非正式的方法。之后，中国政府在1953年和平解决朝鲜问题的政治会议的声明中首次提出协商方式，在1978年的《有关条约继承的维也纳公约》也明确将协商作为争端解决方法，协商逐渐成为外交解决的新的正式的方法。

谈判和协商是紧密联系的,两者不能截然分离,其中协商是谈判的基础,而谈判的过程也是不断协商的过程。但是,谈判和协商作为两种不同的和平解决争端的方式,也存在明显的区别:首先,谈判一般在争端发生后开始,而协商既可以是在争端发生后,也可以在争端发生前就潜在问题进行信息交流和意见沟通;其次,谈判和协商中尽管都强调双方地位平等,但是谈判过程中实力因素的介入往往是主导性的,而协商则更能体现友好互助的精神;最后,对于谈判结果的遵守是出于法律上的承诺,而对于协商结果的遵守则更多的出于道义上的约束和国家的意愿。

协商和谈判作为和平解决国际争端的方法,其优势在于使争端方通过直接交流协商来澄清事实、消除误会,增进彼此间的信任和沟通,从而推动争端的合理解决。例如,在1984年我国和英国通过谈判签订了《中英关于香港问题的联合声明》,1987年我国和葡萄牙通过谈判签订了《中葡关于澳门问题的联合声明》,成功解决了历史遗留下来的香港问题和澳门问题。

一旦谈判或协商的方式并不能实现解决争端的目的时,可以由第三方参与,以协助当事国解决,包括斡旋和调停。其中斡旋是指第三方采取行动推动争端当事国开始谈判,或者促使已经中断或者未曾达成协议的谈判重新开始或继续进行。在斡旋过程中,第三者不直接参与谈判,但可以向争端方提出建议或者转达争端方相互间的建议。调停也是第三方介入以解决争端的方法,是指第三国为了和平解决争端而直接参与当事国之间的谈判,以调停者的身份提出参考性的和解方案,促使各方让步,达成和解。

斡旋和调停的共同点在于斡旋和调停都是自愿性的,第三方可以是在争端方的请求下进行斡旋和调解,也可以是主动提供并经争端方同意后进行斡旋和调解。斡旋或调停者主要是国家,但也可以是国际机构或者有影响力的个人,其提出的建议并不具有法律约束力,只具有劝诫性质,当事方完全可以拒绝该建议。斡旋和调停通常只是作为其他政治解决方法的初步或者辅助措施,范围相当有限,而且其结果不具有法律效力。斡旋和调停的最主要区别在于第三方是否直接参与谈判过程,就斡旋而言,斡旋者只是向争端方转达或提出建议并不参与争端方的谈判。而调停过程中,调停者则直接参与或主持争端方之间的谈判,以促成争端方之间达成妥协。

事实不清或误会是国际争端出现的重要原因,因此,调查对于基本事实不清的争端具有重要意义。调查作为国际争端的解决办法,最早出现在1899年

《海牙和平解决国际争端公约》中。① 1904 年的北海渔船事件的和平解决，使得国家调查的价值得到国际社会的普遍认可。② 1907 年《海牙和平解决国际争端公约》进一步完善了国际调查的程序规则，涉及了调查委员会的组成、调查的范围和效力、调查程序等方面的内容。1913 年之后的布莱恩和平条约体系，使得国际调查程序进入常设性阶段。根据相关条约的规定，缔约国有义务将外交程序不能解决的一切争端提交常设调查委员会，要求调查委员会做出报告。在调查期间或者做出报告前，当事国不得宣战或从事敌对行为。这些规定可以有效地延缓冲突、冷却矛盾，但是布莱恩和平条约体系仅仅适用于那些与美国签订了关于国际调查的双边条约的国家，适用范围相当有限。而随着 1928 年《日内瓦和平解决国际争端的总议定书》的缔结，常设调查委员会成为国际通行的制度。此后，1949 年联合国《和平解决国际争端修订总协定书》进一步完善了调查规定，联合国大会专门设立了"调查和调解小组"供当事国发生争端时选用，还由秘书长预备了专家名册供当事国选择调查成员之用。调查作为查明事实和调查研究的公正的第三方解决方法，有助于减轻紧张局势和防止争端加剧或恶化。调查结果是很多和平解决国际争端的方法（例如仲裁、和解等）的先行步骤，只有查明有争议的事实问题，才能判断是否存在争端当事国所声称的情势，以最终实现合理的解决争端的目的。

和解，是指争端方通过条约或其他协定将争端提交一个有若干人组成的委员会，并由委员会查明事实，提出报告和建议，促使当事国达成协议，解决争端。跟调查类似，和解也是从 1899 年和 1907 年的两个海牙公约设立的国际和解委员会，以及 1913 年及之后的布莱恩和平条约体系下的常设和解委员会的相关规则中发展起来的，直到 1928 年《日内瓦和平解决国际争端的总议定书》通过并在 1949 年经联合国大会予以修改后，和解作为解决国际争端的一项制度得到国际法上的承认。和解和调查是有着明显区别的两种争端解决方法，调查

---

① 《海牙和平解决国际争端公约》第 9 条规定，凡属既不涉及荣誉，也不影响基本利益，而仅属对于事实问题意见分歧的国际性争端，各签署国认为，由未能通过外交途径达成协议的各方在情势许可的情况下，成立一国际调查委员会，通过公正和认真的调查，以澄清事实，从而促进此项争端的解决，是有益的和可取的。

② 北海渔船事件：1904 年，日俄战争期间，俄国波罗的海舰队开往远东，途中向北海多戈滩附近的英国渔船队射击，造成两名渔民死亡和几艘渔船受损，英俄两国因此发生争端。英国要求俄国道歉、赔偿损失，并严惩对这次事件负责的军官，俄国认为射击是由于英国渔船队中藏有日本鱼雷艇而引起的，不同意惩处负责指挥的军官。最后，法国出面调停，主张以国际调查委员会的形式，查清射击前后的事实真相。英俄根据 1899 年《海牙和平解决国际争端公约》的规定委任了由英、俄、美、法、奥五国各派一名军官组成的国际调查委员会。该委员会调查后发现这一事件是由于俄国舰队指挥官判断失误所造成的事故，最后俄国向英国赔偿 6.5 万英镑解决了争端。

是和解的前提，对于和解而言，通过调查弄清事实只是其中的一部分，其主要目的在于通过和解委员会使争端方达成协议以解决争端。但是和解的结果对于争端方只有道义上的拘束力，而没有法律约束力。

上述外交解决方法均可以适用于不同类型的争端，只要当事国同意，无论是政治争端，还是法律争端，都可以通过外交方法予以解决。在通过外交方法解决国际争端的过程中，争端当事国在享有充分的自由的情况下提出和采用各种解决争端的建议，始终享有充分的自由裁量权，主权得到了充分的尊重。此外，在某一外交方法不能成功解决具体争端的情况下，争端当事国可以采用另一种外交方法或者法律方法来解决争端，并不会影响争端当事国同时或者在今后采取其他争端解决方法。

(二) 国际争端的法律解决方法

国际争端的法律解决方法主要包括仲裁和司法解决。国际争端的法律解决方法与政治解决方法有着很大的区别。正如前文所述，国际争端的政治解决方法包括谈判、协商、斡旋、调停、调查、和解，其优势在于争端解决的及时性和灵活性，但是因为其所达成的结果缺乏约束力，所以往往会陷入难以执行的尴尬局面。法律解决方法则是由国际法院、常设仲裁院、国际海洋法法庭等独立的第三方司法机构依据国际法的原则规则和严格的程序规范做出有约束力的裁决。一方面，通过法律途径解决国际争端的主体是依据国际条约或者公约组成的法庭或者仲裁庭，其中的法官、仲裁员等司法人员都是由国际范围内公认的国际法专家和学者构成，具有较高的专业性和权威性。另一方面，通过政治手段解决国际争端强调争端各方在沟通协商的基础上互相妥协，国家实力在争端解决中占据重要地位。而通过法律途径解决国际争端，仲裁庭、法庭会依照相应的程序规则和具体的国际法实体规范来处理案件，体现了程序正义和司法公正。

国际仲裁，作为和平解决国际争端的法律方法之一，是指争端方根据协议，将争端交给它们自行选择的仲裁员处理，并约定服从其裁决的争端解决方式。仲裁制度最早可以追溯至古希腊和古罗马时期的仲裁实践，但是现代仲裁制度的确立应该是开始于18、19世纪的国际实践，并与资本主义制度的兴起密切相关。其中，1794年英美《杰伊条约》是公认的对仲裁制度发展最具影响的文件，该条约中规定建立三个混合仲裁庭来解决美国独立以来在条约谈判中无法解决的争端。之后，1872年，英美之间"阿拉巴马号仲裁求偿案"的成功解决，进一步推动了国际仲裁制度的发展。① 在该案的影响下，1893 年英美白令海峡仲裁案、1897 年英委英属圭亚那案、1899 年英葡德拉瓜湾铁路案等重大国际争端纷纷诉诸仲裁解决。此后，1899 年《海牙和平解决国际争端公约》和 1928 年《日内瓦解决国际争端总议定书》正式将仲裁确定为争端解决的方法，并于 1900 年成立了常设仲裁院。

根据 1899 年《海牙和平解决国际争端公约》的规定，常设仲裁院的成立是"为便利将不能用外交方法解决的争端立即交仲裁"，除争端方协议成立特别法庭外，有权处理一切仲裁案件。常设仲裁院由常设行政理事会和国际事务局两个常设机构组成，并保有一份由各缔约国选任的"精通国际法问题，享有最高道德声誉"的国际法专家组成的仲裁员名单。常设仲裁院自 1902 年开始受理案件，至"二战"结束期间共作出 22 项仲裁裁决。"二战"后，常设仲裁院就很少受理仲裁案件，对国际争端解决的实际效用已经相当有限。

现行的有关仲裁的条约规定除了上述的 1899 年《海牙和平解决国际争端公约》和 1928 年《日内瓦解决国际争端总议定书》，还有 1949 年《联合国和平解决国际争端修订总议定书》和 1958 年《仲裁程序示范规则》。上述国际法文件中的相关规定充分体现了仲裁制度中的自愿原则，首先，仲裁以自愿管辖为基础，仲裁庭行使管辖权的先决条件是争端当事国同意把争端提交仲裁，而争端当事国一般通过订立仲裁条约、协定或者订立并接受条约、国际公约中的争端解决条款或仲裁条款的形式表示同意；其次，在仲裁庭的组成中，争端方在仲裁员的选任和组织方式上有着充分的决定权；此外，争端方还可以在仲裁协议中自行约定适用的实体法和程序法。而在具体的仲裁程序中，包括提交书状和开庭审理两个程序，在庭审结束后由仲裁庭秘密讨论并以多数票作出裁决，裁决具有终局性，一经作出即对争端方具有约束力。

与国际仲裁不同，司法解决是指争端当事国在双方自愿接受的基础上将争端提交给国际性的法院或法庭，由该法院或法庭根据国际法裁断该项争端并作出有法律约束力的判决。② 1919 年《国际联盟盟约》第 14 条中便提出，"行政院应筹拟设立国际常设法院的计划并交国际联盟各会员国采用"。1920 年国际联盟通过了《国际常设法院规约》，1922 年国际常设法院正式成立。

---

① 阿拉巴马号仲裁求偿案：1862 年美国南北战争期间，英国人为南方叛乱联邦订造了一艘名为"阿拉巴马号"的船舶。该船名为商船，实为军舰。在美国内战中，该船击沉了 70 多艘北方联邦的商船。美国内战结束后，美国便向英国政府要求赔偿由于"阿拉巴马号"等类似船舶的活动的结果所造成的损失。1871 年，英美双方达成协议，将争端提交仲裁。由英、美、巴西、意大利和瑞士各选一名仲裁员组成的仲裁庭在 1872 年判决英国向美国赔偿 1500 万美元的损害赔偿费。

② 白桂梅：《国际法》，北京大学出版社 2015 年第 3 版，第 551~552 页。

国际常设法院从成立到1946年正式解散时止，共处理各类争端66件，其中诉讼案件38件，咨询案件28件。国际常设法院的成就不仅在于其解决了许多严重的国际争端，更在于其超越了各国国内法体系和以往的仲裁经验，建立了一套包括法院组成、职权、法律适用及程序等诸多内容在内的国际司法制度，使国际法有了实质意义上的司法机关。

但是"二战"前期严峻的国际形势使得国际常设法院的活动一直在缩减，尤其是在1940年海牙被德国纳粹军队占领后，国际常设法院事实上停止了活动。1945年旧金山会议决定放弃国际常设法院而在其基础上建立新法院，1946年2月6日联合国国际法院正式成立。《国际法院规约》是《联合国宪章》的组成部分，国际法院是联合国的主要司法机关。国际法院的成立标志着国际司法制度进入了新篇章。由于国际法院是联合国的主要部门之一，故有关国际法院的组织体制、管辖权、法律适用、法院程序和判决执行将在下文联合国和国际争端解决中具体介绍。

第二节　联合国和国际争端解决

一、联合国国际争端解决机制概述

"二战"的惨痛教训，使联合国创始国进一步认识到和平解决国际争端的重要性。《联合国宪章》第1条，明确将"以和平方式且依正义及国际法之原则，调整或解决足以破坏和平的国际争端或情势"作为联合国的宗旨之一，并在第2条中明确规定了"各会员国应以和平方式解决争端"和"各会员国在其国际关系上不得使用威胁或武力"的基本原则，在此基础上，《联合国宪章》中规定了一系列和平解决国际争端的制度和方法。联合国作为当今国际社会最具影响力的国家间组织，其争端解决机制在国际争端解决中发挥了重要作用。《联合国宪章》中不仅规定了国际法院是联合国的主要司法机关，还对联合国大会、安理会和秘书处在和平解决国际争端中的作用进行了明确。

（一）联合国大会

联合国大会作为联合国的主要议事机构，在和平解决国际争端上拥有广泛的权利。根据《联合国宪章》第10条的规定，"大会得讨论本宪章范围内之任何问题或事项，或关于本宪章所规定的任何机关的职权"，即联合国可以对任何国际争端进行讨论和提出意见。一般而言，此类争端包括联合国会员国提出的任何争端或情势,预先声明接受和平解决争端义务的非会员国提出的争端,安理会提出的关于维持国际和平和安全的任何问题。除此之外,大会有权设立常设的或临时的委员会或机构,对争端进行调查,并就讨论或调查的结果作出决议,决议中可以提出解决争端的方法和条件,但是这些决议没有法律强制力,只具有道义力量。

根据《联合国宪章》第 11 条第 2 款的规定,大会可以讨论任何会员国或安理会或非会员国向大会所提出的维护和平与安全的任何问题,并向会员国或安理会或兼向两者提出对于各该项问题的建议。但是,如果这些问题涉及联合国的"行动",大会应于讨论前或讨论后提交安全理事会。此外,为了避免大会和安理会的职权重叠,使联合国可以更有效地开展活动,《联合国宪章》第 12 条对大会的职权进行了限制,对于安理会根据宪章的规定正在处理之中的任何争端或情势,除非安理会要求,大会不得提出意见。

联合国共有 193 个成员国①,几乎包括国际社会上的所有国家,是最具代表性和权威性的国际组织之一。而大会作为联合国这一国际组织中唯一的全体机构,实行一个国家一个投票权的表决原则,是最民主的机构,其决议最能体现联合国的共同利益和共同意志。不同于安理会,大会决议的通过不受大国否决权的限制,可以更为流畅地行使《联合国宪章》所赋予的和平解决国际争端的权利。因此,对于当事国无法自行解决的国际争端或冲突,大会发挥作用无疑最具资格,最有公信力和最公允。大会可以对《联合国宪章》第 10 条规定的除第 12 条以外的事项提出建议,但是这些建议是不具有法律拘束力的。

(二)安理会

安理会是联合国解决国际争端,特别是可能危及国际和平与安全的重大争端的主要机构,是唯一有权在维持国际和平与安全方面采取行动的机关,对维护国际和平与安全负有主要责任。安理会由联合国的 15 个会员国组成,包括中、美、英、法、俄这五个常任理事国和其他 10 个非常任理事国,其中关于程序事项的决议得到 9 个会员国的同意即可,而其他事项的决议除了上述要求外还需要取得 5 个常任理事国的一致同意。

根据《联合国宪章》第 35、37 条的规定,安理会介入国际争端或情势的主要途径包括依会员国要求的介入、依非会员国要求的介入、职务上的介入和依联合国其他机关的要求介入。此外,联合国大会和秘书长也有权将有合理根

---

① "会员国的增长——1945 年至今",载 https://www.un.org/zh/sections/member-states/growth-united-nations-membership-1945-present/index.html. 2019-4-13。

据认为可能危及国际和平与安全的所有事件提请安理会注意。① 当争端威胁到国际和平与安全时，依照《联合国宪章》第六章的规定，安理会有权对国际争端进行调查，促请各国通过和平方法解决争端，并且对于可能威胁国际和平与安全的争端建议解决争端的适当程序和调整方法，如果这些努力均告失败，安理会可以依照《联合国宪章》第七章的相关规定采取强制措施。

但是，安理会解决争端的职权并非毫无限制，对于安理会行动资格的限制主要有四个：首先，安理会管辖的争端应当是"其继续存在足以危及国际和平与安全"的争端；其次，依据国家主权原则，安理会管辖的争端不得涉及在"本质上属于任何国家国内管辖"的事项，但是安理会依据《联合国宪章》第七章所采取的执行行动不受该限制；再次，对于区域性或者地方性争端，区域安排优先，但这并不影响安理会依照《联合国宪章》第六章的规定履行其对维持和平与安全负有的职责；最后，根据《联合国宪章》第107条的规定，会员国对于"二战"敌国的重新进攻可以直接采取单方行动而无须安理会授权。

（三）秘书处

秘书处是联合国组织日常工作的机关，秘书长是联合国的行政首长。根据《联合国宪章》第99条的规定，秘书长有权提请安理会注意任何可能对国际和平与安全的维持构成威胁的事项。联合国秘书长在安理会推荐后，由大会委任，也就是说秘书长的产生是多方利益平衡后的结果，加之其职位的重要性和国际性，秘书长在国际事务中有着广泛的外交活动空间，因此，其在国际争端的解决过程中是极好的中间人。秘书长可以在当事国之间或者当事国和联合国之间发挥中间人作用，协助开展谈判、调停、斡旋、和解等工作。秘书长还可以利用其工作地位密切关注各种情势，提请联合国有关机构和各会员国重视。此外，秘书长在和平解决国际争端中的贡献还体现在维和行动的部署和联合国行动的监督方面。

基于联合国的权威性和公正性，秘书长在争端的干预中有着很高的可信度，并有着较大的现实成效。但是和联合国大会一样，秘书长在国际争端解决中的作用也受到国家主权原则的影响，可以说，秘书长在国际争端解决中是否能够起到作用，以及实际上能够起到多大的作用，不仅与秘书长在争端解决中的外交能力相关联，更为重要的决定因素在于争端当事国的国家意愿，以及秘书长的行为能否获得安理会的支持。

---

① 《联合国宪章》第11条第3款规定，大会对于足以危及国际和平与安全之情势，得提请安全理事会注意。《联合国宪章》第99条规定，秘书长得将其所认为可能威胁国际和平及安全之任何事件，提请安全理事会注意。

此外，联合国主导的维和行动在国际争端的和平解决中也发挥了重要作用。维和行动主要分为由秘书长直接领导的军事观察团和维和部队，由安理会批准、秘书长授权、由地区组织或大国参与指挥的多国部队。截至目前，联合国授权实施的维和行动已经达到了71例[1]，但是不同于《联合国宪章》第七章的授权下安理会自行决定而进行的执行行动，联合国维和行动必须得到当事国的同意。以我国为例，自1990年首次派出军事观察员至2018年10月，我军已参加了24项维和行动，累计派出维和军事人员3.7万余人次，为推进联合国维和行动的实施和国际争端的解决发挥了重要作用。[2]

（四）国际法院

国际法院是联合国的司法机构，《国际法院规约》是《联合国宪章》的组成部分，联合国会员国是《国际法院规约》的当然缔约国。国际法院由15名法官组成，其中不得有两人为同一国家之国民，法官任期9年，可连选连任，每3年改选5人。受案分庭是国际法院司法活动的基本单位，根据组成人员不同分为全体庭和分庭。

依照《联合国宪章》规定，国际法院通过两种方式参与争端解决，一是对当事国提交的争端做出有法律约束力的判决，即诉讼管辖；二是对联合国大会、安理会及其他机关或专门机构提交的法律问题提供权威的作为法律参考的咨询意见，即咨询管辖。其中诉讼管辖权包括对人管辖和对事管辖。根据《国际法院规约》第34条第1款的规定只有国家才能在国际法院进行诉讼。根据《国际法院规约》第36条的规定，国际法院的对事管辖有三类，分别是：争端当事国提交的一切案件，不限于法律性质的争端（自愿管辖）；《联合国宪章》和现行条约中特别规定的事件或争端（协定管辖）；国家事先声明接受国际法院管辖的一切法律争端（选择性管辖）。而咨询管辖则是根据《联合国宪章》第96条的规定，联合国大会、安理会、经济和社会理事会、托管理事会、大会临时委员会、要求复核行政法庭所做判决的申请书委员会以及经大会授权的16个联合国专门机构和其他机构，可以就执行其职务中的任何法律问题请求国际法院发表咨询意见。

在诉讼管辖中，只有在取得争端当事国的请求或同意的情况下，法院才能够对案件行使管辖权。如果争端当事国的一方以法院的审理资格为由反对法院对

---

[1] "List of Peacekeeping Operations"，载https：//peacekeeping.un.org/sites/default/files/180413_unpeacekeeping-operationlist_2.pdf.2019-3-31。

[2] "中国是联合国维和行动的中坚力量"，载http：//www.81.cn/lkkj/2018-10/11/content_9308462.htm.2019-3-31。

特定争端的管辖，法院可以根据自己的判断决定自己是否拥有管辖权。国际法院的正式审理是从书面程序开始，主要是指诉状和辩诉状的提交，一旦书状提交完毕，即进入庭审阶段，当事国对案件进行陈述并提出证据，庭审结束后，法官秘密评议，投票作出判决。咨询程序以诉讼程序为基础，主要包括咨询案的提出、书面和口述程序、咨询意见的作出，在具体的程序流程上并无太大区别。

　　国际法院的判决形式包括直接执行的判决、仅限于法律适用问题的判决、建议双方进行谈判的判决等。例如在尼加拉瓜诉美国案[①]中，国际法院判定美国违反国际习惯法中不干涉他国内政，不使用武力攻击他国，不破坏别国主权，不干扰和平的海上贸易等义务，判决美国立即停止和遏制一切构成其违反法律义务的行为，并且对其行为给尼加拉瓜造成的损失作出赔偿。如果当事国仅向法院提出就案件的法律适用问题进行判决时，国际法院就无须就任何争端的实质性问题作出判决。例如，在秘鲁庇护案[②]中，国际法院指出秘鲁并未证明阿托雷并非政治犯，哥伦比亚大使馆给托雷提供庇护的行为违反了《哈瓦那庇护公约》，但并未就如何处理托雷作出结论性判决。此外，国际法院还可以作出建议双方进行谈判的判决，例如在1974年英德诉冰岛渔业管辖权案[③]中，国际法院认为英德和冰岛在有争议的海域均享有权利，解决争端的最适当方法是进行谈判，以商定合理安排渔业资源。在某些情况下，如果法院的行为是为了达到和平解决国际争端的目的，即使相关案件处于法院管辖范围内，法院也可以不采取司法行为的方式来处理。例如，在法国核试验案中，法院认为法国核试验已是既成事实，且法国已单方面宣告停止核试验，澳大利亚和新西兰所提

---

① 尼加拉瓜诉美国案：1983~1984年期间，美国在尼加拉瓜的布拉夫、科林托、桑提诺等港口附近布雷，其范围包括尼加拉瓜的内水和领海，布雷行动对尼加拉瓜的安全和航行造成严重威胁，并导致了重大事故和损失。因此，尼加拉瓜与1984年4月9日向国际法院提出指控，请求国际法院判定美国的行为构成非法使用武力或武力威胁，干涉他国内政和侵犯他国主权，请求法院责令美国停止相关行为并赔偿损失。

② 秘鲁庇护案：1949年1月，秘鲁"美洲人民革命联盟"领导人阿雅·德拉·托雷发动政变失败后到哥伦比亚驻秘鲁大使馆寻求庇护。哥伦比亚大使馆向阿雅·德拉·托雷提供了庇护，并要求秘鲁政府向托雷发放安全通行证，以便其安全离境。秘鲁政府认为托雷属于政治犯，拒绝发放通行证，并要求哥伦比亚交出托雷。两国由此发生争端，并于1948年8月签订《利马》协定，将该争端交由国际法院解决。

③ 英德诉冰岛渔业管辖权案：冰岛在1952年采取直线基线划界方法在其海岸划定4海里的专属渔区，1958年，冰岛把该渔区延伸到12海里。该行为遭到英国和德国的反对，之后冰岛分别与英国和德国签订协议。英德两国在原则上不反对冰岛宣布的12海里的专属渔区，但冰岛今后任何扩大渔区的要求必须在6个月前通知两国；而且，由此产生的争端得在任何一方的请求下提交国际法院解决。冰岛在1971年7月14日声明，要求终止这两个协议，并将渔区扩大到50海里。英德两国分别于1972年4月4日和6月5日，根据1961年的协议向国际法院提出请求书，把争端提交国际法院解决。

出的要求法国终止核试验的诉讼请求目的已经实现，因此不必对本案做进一步的判决。根据《联合国宪章》第 94 条的规定，联合国会员国应当遵循国际法院的判决，如果法院的生效判决没有得到遵守，受侵害一方可以向安理会申诉，由安理会必要时做成建议或决定，采取措施执行法院判决。

二、安理会和国际争端解决

安理会是《联合国宪章》的执行机构，承担"维护国际和平与安全的主要职责"。根据宪章第七章，安理会自行判断并决定"是否存在危及和平，破坏和平，或者侵略行为"，以及是否应当采取集体执行措施。同时，安理会还是国际法院生效判决的执行机构。[1]

（一）安理会解决国际争端的特点

（1）参与主体多。联合国大会于 1963 年 12 月 17 日通过第 1991（XVIII）号决议，决定将非常任理事国数量由 6 个增至 10 个。自此，安理会由 15 个理事国组成，其中包括 5 个常任理事国和 10 个非常任理事国，非常任理事国由大会选举产生。自联合国成立以来，先后有 132 个国家担任过常任理事国或非常任理事国，在 193 个联合国会员中占据很高比例。[2] 非常任理事国的选举过程中需要充分考虑地域上的公匀分配和各会员国对于维持国际和平与安全以及联合国的其他宗旨所作出的贡献，从而尽可能地实现公平。

（2）程序规范化。安理会在组成过程中，应遵守《联合国宪章》第五章有关安理会组成的相关规定；在讨论过程中，应遵守《安全理事会惯例汇辑》《暂行议事规则》等文件中对于议事程序的规定；在执行过程中，应遵守《联合国宪章》第六章中有关和平解决国际争端和安理会职权的相关规定。例如，根据《联合国宪章》第 36 条[3]规定，对于任何可能危及国际和平与安全的争端和情势，安理会可以在任何阶段提出建议，在作出建议的过程中应该充分考虑当事国已经采取的解决争端的程序，如果该争端属于法律性质的争端应建议争端当事国将该争端提交国际法院。

---

[1] 《联合国宪章》第 94 条第 2 款规定，遇有一造不履行依法院判决应负之义务时，他造得向安全理事会申诉。安全理事会如认为必要时，得做成建议或决定应采办法，以执行判决。

[2] "担任过安理会成员国的国家"，https：//www.un.org/zh/sc/members/elected.shtml. 2019－3－31。

[3] 《联合国宪章》第 36 条规定，1. 属于第 33 条所指之性质之争端或相似之情势，安全理事会在任何阶段，得建议适当程序或调整方法。2. 安全理事会对于当事国为解决争端业经采取之任何程序，理应予以考虑。3. 安全理事会按照本条做成建议时，同时理应注意凡具有法律性质之争端，在原则上，理应由当事国依国际法院规约之规定提交国际法院。

（3）方法多样化。正如前文所述，一般情况下，安理会以第三方的角色介入争端解决，可以参与争端方之间的谈判、斡旋、调查和调停。如果当某一争端构成对国际和平事实上的威胁或破坏时，安理会还有权对相关国家实施制裁，实施武器禁运、经济制裁等强制措施，在认为确有必要的情况下可以依据《联合国宪章》第42条的规定采取必要的空海陆军行动，以维持和恢复国际和平与安全。迄今为止，安理会已经对南罗得西亚（1980年独立后改国名为津巴布韦）、南非、朝鲜、索马里、海地、伊拉克等国家实施过包括武器禁运、冻结账户、断绝经济关系等行为在内的强制措施。① 例如，2006年，面对朝鲜核试验问题，安理会作出第1718（2006）号决议，其中要求所有会员国应防止经由本国领土或者本国国民，或使用悬挂本国国旗的船只或飞机，直接或间接向朝鲜提供、销售或转让武器、材料、设备、货物、技术、奢侈品等。

（二）对安理会解决国际争端的评价

自1945年联合国成立以来，国际社会虽然没有爆发大规模的战争，但是局部战争和武装冲突仍连绵不休，例如马岛战争、两伊战争、海湾战争、科索沃战争等。安理会曾多次对包括殖民压迫、种族迫害、外来侵略等若干重大国际争端进行审议，并依据《联合国宪章》第七章的相关规定采取行动，为国际争端的和平解决做出了重大贡献。

在伊拉克入侵科威特事件中，安理会对海湾危机的解决起到了重要作用。1990年，伊拉克武装入侵科威特，推翻科威特政府并宣布吞并科威特，其行为受到世界绝大多数国家的强烈抵制和谴责，安理会召开紧急会议，通过了谴责伊拉克违反《联合国宪章》，并要求其撤军的第660号决议。此后在1990年8月2日至11月29日期间，安理会先后通过了12项谴责和制裁伊拉克的决议，决定对伊拉克实施包括禁运、空中封锁、断绝外交等在内的一系列强制措施②。其中，安理会第678号决议中指出，伊拉克必须于1991年1月15日之前撤军，否则联合国会员国可以使用一切必要手段来执行安理会通过的各项决议。最终伊拉克同意接受安理会的决议撤军。

在利比亚问题上，安理会于2011年通过了第1970号决议，决定对利比亚

---

① 自1966年以来，安理会建立了30个制裁制度。
② 安理会通过的关于谴责和制裁伊拉克的决议：第660（1990）号决议、第661（1990）号决议、第662（1990）号决议、第664（1990）号决议、第665（1990）号决议、第666（1990）号决议、第667（1990）号决议、第669（1990）号决议、第670（1990）号决议、第674（1990）号决议、第677（1990）号决议、第678（1990）号决议．参见 https://www.un.org/securitycouncil/zh/content/resolutions-adopted-security-council-1990. 2019-3-31。

实行武器禁运、旅行禁令、资产冻结和业务限制等制裁措施，并设立利比亚制裁委员会负责监督相应的制裁措施。由于利比亚局势的不断恶化，安理会又于同年通过了1973号决议，对利比亚实行更为强硬的制裁措施，并在其上空设立禁飞区。2014年面对利比亚局势急剧恶化，安理会先后通过了第2144号决议和第2174号决议，以加强武器禁运的执行力度，并通过了第2146号决议，以对企图从利比亚非法进口石油的船只采取措施。第2146（2014）号决议的相关措施在第2362（2017）号决议中被扩大适用于石油，包括原油和精炼石油产品上。在针对个人和实体的制裁措施上，安理会先后通过了第2146（2014）号决议、第2174（2014）号决议、第2213（2015）号决议、第2362（2017）号决议、第2441（2018）号决议以明确该个人和实体的指认标准以及对其的旅行禁令和资产冻结标准。

毋庸置疑，安理会在和平解决国际争端上的努力为"二战"之后的国际和平与安全起到了无可替代的作用。但是，不可否认，安理会在解决国际争端的过程中仍存在一些不足之处。

首先，不同于联合国大会所实施的"少数服从多数"原则，安理会所奉行的是"少数服从多数"和"五大国一致"原则。根据《联合国宪章》第27条的相关规定，关于程序以外事项的决议，安理会应当以9个理事国的可决票包括全体常任理事国之同意票表决之。所以，安理会依据《联合国宪章》第39、41、43条作出决议时，必须取得5个常任理事国的一致同意。事实证明，由于常任理事国可以对重大事件行使否决权，一旦某项决议牵涉其自身利益，安理会就很难通过决议对明显违反国际法的行为进行谴责或者制裁。安理会的决议受政治因素影响极大，只要国家利益之间存在冲突，常任理事国还是难以就同一问题达成协议。

其次，安理会作为联合国的部门之一，在大多数情况下和大会、秘书处一样，在国际争端中发挥调停、斡旋和和解的作用。但是这种情况下，安理会在争端解决中的作用会很大程度地受限于国家意愿，其实际作用只有在主权国家愿意接受其约束的情况下才能实现。即使是采取强制行动、派遣军事观察团和维和部队、采取军事行动，也需要会员国的配合。以军事行动为例，尽管《联合国宪章》第43条规定安理会采取军事行动时会员国应当提供军队、协助及便利，但是实践中，安理会往往只能授权会员国采取行动，例如科威特遭伊拉克入侵之后帮助科威特恢复主权（1991年）；在索马里为人道主义救济行动创造一个安全的环境（1992年）；在卢旺达促进了对处境危险的平民的保护（1994年）；帮助海地恢复了民选政府（1994年）；在阿尔巴尼亚保护人道主义行动（1997年）；帮助东帝汶恢复和平与安全（1999年）中都是由安理会授权由成员国组成的军事联盟在实际上采取一切必要手段（包括军事行动）。① 而《联合国宪章》第 51 条②的规定更是肯定了国家自身有不受他国侵略、维护主权完整的权利。

三、国际法院和国际争端解决

根据《联合国宪章》第 92 条的规定，国际法院是联合国的主要司法机关。国际法院对各会员国提交的一切案件、《联合国宪章》或现行条约及协定中所特定的一切事件，或者缔约国声明对于接受同样义务的国家承认不需另订协议而接受国际法院强制管辖的各种法律争端具有管辖权。并且，大会和安理会对于任何问题，联合国其他机关及各种专门机关对于其工作范围内的任何问题，也可以请求国际法院发表咨询意见。

（一）国际法院解决国际争端的特点

（1）管辖范围广。根据 2017~2018 年的国际法院报告，截至 2018 年 7 月 31 日，有 193 个国家是《国际法院规约》缔约国。在《规约》的缔约国中，目前有 73 个国家依照《规约》第 36 条第 2 项和第 5 项作出声明，承认法院的管辖权具有强制性（其中一些国家附有保留）。③ 此外，300 多份双边或多边条约或公约规定法院在解决国家之间的各种争端方面具有属事管辖权。④ 而国际法院的咨询管辖方面，除大会和安全理事会有权就"任何法律问题"请法院发表咨询意见外，联合国经济及社会理事会、国际劳工组织、联合国粮食及农业组织等组织目前也有权就其活动范围内出现的法律问题请法院发表咨询意见。⑤ 由此可见，国际法院拥有广泛的管辖权，可以在国际争端解决的诸多层面发挥作用。

（2）程序规范化。与安理会类似，国际法院在国际争端解决中也要遵循严

---

① "强制执行"，载 https://www.un.org/chinese/peace/issue/enforcement.htm. 2019-4-14。

② 《联合国宪章》第 51 条规定，联合国任何会员国受武力攻击时，在安全理事会采取必要办法，以维持国际和平及安全以前，本宪章不得认为禁止行使单独或集体自卫之自然权利。会员国因行使此项自卫权而采取之办法，应立向安全理事会报告，此项办法于任何方面不得影响该会按照本宪章随时采取其所认为必要行动之权责，以维持或恢复国际和平及安全。

③ "国际法院的报告（2017 年 8 月 1 日至 2018 年 7 月 31 日）"，载 https://www.icj-cij.org/files/annual-reports/2017-2018-ch.pdf. 2019-3-31。

④ "国际法院的报告（2017 年 8 月 1 日至 2018 年 7 月 31 日）"，载 https://www.icj-cij.org/files/annual-reports/2017-2018-ch.pdf. 2019-3-31。

⑤ 根据 2017~2018 年国际法院报告，可以请求国际法院发表咨询意见的组织包括：联合国大会、安理会、经济及社会理事会、托管理事会、大会临时委员会；国际劳工组织；联合国粮食及农业组织；联合国教育、科学及文化组织；国际民用航空组织；世界卫生组织；世界银行；国际金融公司；国际开发协会；国际货币基金组织；国际电信联盟；世界气象组织；国际海事组织；世界知识产权组织；国际农业发展基金；联合国工业发展组织；国际原子能机构。

格的程序要求，《国际法院规约》第三章对法院的诉讼程序做出了详细规定。根据其规定，国际法院诉讼程序的第一阶段是起诉，第二阶段是书面程序阶段，第三阶段是口述程序阶段，除此之外，还存在临时保全、初步反对主张、反诉、第三国参加、向法院的特别提交、停止等附带程序，而诉讼程序的最后阶段则有判决、解释和复核几个步骤。以起诉为例，根据《国际法院规约》第40条的规定，当事国向法院提出诉讼案件，应按其情形将所订特别协定通告书记长官或以请求书送达书记长官，且应当叙明争端事由及各当事国。此外，《国际法院规约》对法庭的组成、法院的管辖权、适用的法律等问题也作出了明确规定，进一步体现了国际法院程序的规范性。

（3）判决具有法律强制力。根据《国际法院规约》第59、60条的规定，法院的判决是终局性的，不得上诉，判决从作出之日起对各当事国发生拘束力。但是国际法院的判决对于后续的类似案件无拘束力，不能像英美法上的判决那样起到判例法的作用，其效力范围仅及于本案，只能对本案当事国产生法律强制力。《国际法院规约》并没有对判决的执行作出规定，相关规定主要体现在《联合国宪章》第94条。根据该条款，作为案件当事国的联合国会员国承诺遵循国际法院的判决，遇一方当事国拒不执行判决时，其他当事国可以向安理会申诉，请求安理会作出建议或采取办法以执行判决。一般而言，由于国际法院的管辖权源于当事国的自愿，其判决具有法律强制力，且不执行判决会对当事国的国际形象产生负面影响，很少会出现不执行国际判决的情形。

（二）对国际法院解决国际争端的评价

作为联合国主要司法机关的国际法院，自1946年成立以来，在和平解决国际争端上发挥了重要作用。截至2018年年底，国际法院共受理了159件案件，其中包括诉讼案件132起，咨询案件27起。根据2017~2018年国际法院报告，2017年8月1日至2018年7月31日期间，法院做出了4项判决，法院或法院院长发布了13项命令，审理了5个新的诉讼案件，目前国际法院尚有17个案件正在审理当中。[①]

国际法院解决国际争端有着诸多优势。首先，国际法院不仅可以直接对案件所涉事实作出判决或咨询意见以解决争端，在特定情况下，还可以通过给当事国提供权威性的法律意见，推动当事国进行进一步的协商谈判以解决争端。例如托雷庇护权案中国际法院指出哥伦比亚政府应当停止外交庇护，并倡导双方通过谈判解决争端。其次，国际法院作为司法机构，具有独立性和公正性，可以减少国家利益和综合国力对争端解决的影响。国际法院将法律争端从国际

---

① "国际法院报告（2017年8月1日至2018年7月31日）"，https：//www.icj-cij.org/files/annual-reports/2017-2018-ch.pdf.2019-3-31。

争端中分离出来，依照公认的国际法规范和准则来裁判国家间的争端，有助于公正、合法地解决争端。

但是国际法院在争端解决中也有着明显的局限性。首先，国际法院的受案率相对比较低。正如前文所言，自1946到2018年期间，国际法院共受理了159起案件，这一数量本来就不多，而其与现实中国际社会的纠纷总数比起来就更是沧海一粟，由此可知，目前国际法院在国际争端解决上的作用仍然相当有限。

其次，国际法院办案周期长、效率不高。国际法院所涉争端往往比较复杂[①]，加之法院审理程序中法官人数多、书状数量和篇幅大、还可能存在附带程序等等，在很大程度上制约了国际法院的诉讼效率，有些案件的审判过程甚至需要十几年。例如上文所提及的波黑诉塞尔维亚《防止及惩治灭绝种族罪公约》适用案，1993年3月20日，波黑向国际法院递交了针对南斯拉夫联邦共和国的请求书，认为其违反了《防止及惩治灭绝种族罪公约》，两国之间存在着公约意义内的争端。但是直到2007年2月26日，在经历近14年的审理后，国际法院才对该案作出最终实体判决。

再次，国际法院解决争端的效果在一定程度上取决于国家意愿。正如前文所言，尽管如果某一当事国拒不执行国际法院判决的情况时，其他当事国可以向安理会申诉，请求安理会作出建议或采取办法以执行判决。尽管绝大多数当事国都宣称遵守国际法院的判决，但从实际看，还是存在某些判决并没有得到完全履行的情况。

第三节 区域组织和国际争端解决

随着国际社会的发展，同一区域内的国家间的政治经济关系更为紧密，为了更有效地解决区域内的国际争端、维护本区域的和平与安全以及经济的稳定增长，区域性国际组织相继建立起来，并且在国际舞台上发挥着重要作用。根据联合国前秘书长加利在《和平纲领》中的解释，区域组织或区域办法是指在联合国成立前或成立后根据条约建立的组织，包括为共同安全和防务而建立的区域组织，为一般经济发展或为特定经济问题或职能进行合作而设立的组织以及为应付当前所共同关注的某个政治、经济或社会问题而成立的团体。[②]

[①] "国际法院报告（2017年8月1日至2018年7月31日）"，载 https://www.icj-cij.org/files/annual-reports/2017-2018-ch.pdf. 2019-3-31。

[②] "和平纲领——预防性外交、建立和平和维持和平"，载 http://www.un.org/chinese/aboutun/sg/report/hpgl.htm. 2019-3-31。

《联合国宪章》第八章中明确肯定了区域组织在国际争端解决中的地位，区域办法是联合国国际争端解决机制的重要组成部分。根据《联合国宪章》的相关规定，联合国安理会在区域办法中处于中枢位置，为实现和平解决国际争端的最佳效果，联合国鼓励各会员国依照区域办法或者通过区域机关解决地区争端，但是区域组织在采取执行行动的时候应随时向安理会做充分报告，而在安理会决定采取执行行动时区域组织应当尽全力予以配合。尽管包含有和平解决争端程序条款的区域组织，如美洲国家联盟、非洲统一组织等区域组织在联合国国际争端解决机制中处于相对辅助性的地位，但鉴于其与争端国在区域历史文化和经济往来上具有的天然密切关系，他们常能说服当事国政府走向谈判协商或者接受司法仲裁解决，使得其在争端解决实践中发挥着越来越重要的作用。[1]

一、联合国争端解决机制中的区域组织和区域办法

（一）联合国和区域组织的关系

尽管区域组织在联合国成立前即已出现，但是当时区域组织在国际争端解决中的作用并没有得到重视。例如《国际联盟盟约》中仅规定了"国际协议，如仲裁条款或门罗主义之类的区域协定，均属维持和平，本盟约之任何规定不得被认为影响其效力"。"二战"后，在旧金山会议上，英国前首相丘吉尔提出应有几个令人敬畏但又是从属性的地区理事会作为建立这一世界组织（联合国）的坚实支柱。此后区域组织在绝大多数国家的支持下被纳入联合国争端解决体系。

冷战时期，受民族解放运动和区域主义思想影响，出现了许多区域性国际组织，但是区域组织在争端解决上的作用并没有得到预期发挥。在此背景下，《和平纲领》中强调了联合国与区域组织构建良好合作关系的重要性："联合国同区域安排或区域机构的协商，可以大大有助于国际社会对一个问题的性质及解决问题所需要的措施达成协商一致意见"。[2] 如果放任区域组织自由活动，那么很有可能会与联合国的行动及和平解决争端原则相冲突，最终不利于世界范围内的和平稳定。因此，在争端解决中起辅助作用的区域组织和联合国需要联合行动。为了提高争端的解决效率、维护国际社会秩序，区域组织需要在《联合国宪章》的规范下介入和平解决争端的程序。

---

[1] 孙世彦主编：《国际法学的新发展》，中国社会科学出版社2010年版，第347页。
[2] "和平纲领——预防性外交、建立和平和维持和平"，载 http://www.un.org/chinese/aboutun/sg/report/hpgl.htm. 2019-3-31。

多年来，区域组织作为国际法上维护国际和平的重要机构在和平解决国际争端中的地位和作用得到了国际社会的普遍认可。《和平纲领》中指出，显然区域安排或区域机构在很多情况下都具有潜力，应该利用这种潜力来发挥其在预防性外交、维持和平、建立和平、在冲突后缔造和平方面的功能和作用。根据《联合国宪章》的规定，安理会负有并继续负有维持国际和平与安全的主要责任，但是，以区域机构作为一种分权、授权和配合联合国努力的方式，不仅可以减轻安理会的负担，还可以有助于加深国际事务方面一种参与、协商一致和民主化的意识。①

此外，加强联合国与区域组织之间的合作以促进国际争端解决的观念也得到了国际社会的广泛承认，1994年联合国大会发表了题为《增进联合国与区域安排或机构之间合作的声明》，2001年联合国和欧盟缔结了《深化合作纲领》，2003年安理会召开了"安全理事会与国际组织：面对国际和平与安全的新挑战"论谈会，2006年联合国和非洲国家联盟之间签署了《加强联合国－非盟行动框架》和《非洲联盟十年能力建设计划》，2017年联合国和非洲国家联盟之间签订了《联合国－非洲联盟加强和平与安全伙伴关系框架》等等。

（二）《联合国宪章》第8章——区域办法

和平解决国际争端是《联合国宪章》中明确规定的处理国际关系的基本准则，宪章第33条第2款中明确将区域组织和区域办法作为解决争端的和平办法之一，并在宪章第8章对区域办法进行了详细规定。

其中《联合国宪章》第52条对区域办法的适用进行了原则性解读。该条第1款明确规定区域安排、区域机关和区域行动应符合联合国的宗旨和原则。而根据第52条第2、3款的规定，联合国会员国在将争端提交安理会之前，应优先利用区域组织或区域办法谋求争端的解决，区域组织可以自行采取符合《联合国宪章》的原则性规定的措施解决区域争端，履行维护区域稳定和平的职能并尽可能降低安理会处置紧急事态的压力，安理会也相应地鼓励成员国首先将地区争端提交至区域组织层面予以解决。但是第4款又规定了："本条不妨碍第34条及第35条之适用"。而根据《联合国宪章》第34、35条的规定，安理会得对争端进行调查，会员国得将任何争端提请安理会或大会注意。1960年古巴要求安理会审议美国对其进行的威胁、报复和侵略行为造成的严重后果，安理会根据第2项的规定认为古巴应先将争端提交美洲国家组织处理，不能直接提交安理会。而在1961年美国雇佣军入侵古巴猪湾事件中，联合国大会根据

---

① "和平纲领——预防性外交、建立和平和维持和平"，载 http://www.un.org/chinese/aboutun/sg/report/hpgl.htm. 2019–3–31。

第 4 款通过决议要求"所有会员国采取所有其所能利用的和平行为消除现存紧张局势",在实质上承认了无需通过区域组织,联合国也可以直接采取行动。由此可见,第 52 条第 2 款和第 4 款,在理论和实践上都存在较大冲突。

而《联合国宪章》第 53 条则是关于区域组织"执行问题"的规定,其指出当安理会依据职权采取必要的执行行动时,有权要求区域办法或区域机关采取积极行动进行配合,通过合作促进区域争端的有效解决。但是如果没有安理会的明确授权,区域组织不得采取任何执行行动,除非是为了应对敌国入侵的需要。此外,根据《联合国宪章》第 54 条的规定,区域办法或由区域机关所已采取的或正在考虑的行动,不论何时都应向安理会充分报告。

《联合国》第八章从区域办法适用、限制和要求对区域办法在实践中的适用进行了具体规定,为区域办法从理论设计发展到争端解决实践奠定了法律基础,提供了法律支撑。但是由于联合国集体安全机制的潜在缺陷和安理会决议中的大国否决权的使用,在实践中,也曾经出现过区域组织在国际争端中擅自诉诸武力的情况,不仅无助于既有争端的解决还可能引发新的争端。进入 21 世纪后,联合国更为重视对区域性国际组织争端解决行为的监督和制约,防止区域办法的违法性滥用以维护其现实合法性,并在此基础上提升联合国争端解决能力。

(三)安理会与区域组织在国际争端解决上的关系

安理会是联合国中承担维护和平与安全主要职责的机构,在争端解决中发挥着重要作用。而区域组织在争端解决机制中所表现出的突出价值也是有目共睹。如何协调两者间的关系对于国际安全的维护和治理具有重要意义。

首先,在《联合国宪章》第 52 条第 2 款和第 4 款的冲突上,即国家能否将区域争端跨越区域组织直接诉诸安理会问题一直都有着争议。这一问题在美洲国家组织实践中曾经引发过广泛讨论。根据《美洲国家组织宪章》第 20 条和《联合国宪章》第 52 条第 2 款的规定,美洲国家的争端解决需要经过美洲国家组织组织规定的争端解决途径后才能进入安理会程序。但根据《联合国宪章》第 52 条第 4 款的规定,不经过区域组织直接将争端提交安理会也符合国际法。面对区域组织和安理会在职权上潜在的冲突,如果区域组织成员国执意将争端移交安理会讨论时,安理会可以在是否接受该争端前设置先决程序对争端进行定性,如果此争端根据区域组织相关立法应当先由区域办法解决或区域组织先行处理效果更好时应当将其先交由区域组织处理,如果区域组织无法解决争端或者不能在一定期间内解决,则应当允许安理会介入。

其次,针对区域范围内出现的国家间争端,区域组织可通过适用区域办法介入争端,当情势危急并履行向安理会的报告义务后,区域组织还可以采取集体自卫行为以维护区域和平稳定。安理会也可以授权区域办法或区域机关以符合宪章宗旨的形式采取执行行动以维护和平。但是,如果允许区域组织通过武力手段解决区域争端则存在诸多问题:第一,区域内大国可能会凭借其影响力利用区域组织为其自身的国家利益服务而使用武力。第二,区域组织在区域行动中存在干涉一国国家内政的情形。根据《联合国宪章》的规定,任何一项足以危及国际和平与安全的争端都必须接受安理会的介入。区域组织的执行行动,尤其是武力措施必经经过安理会的授权,在实施的过程中也必须遵守《联合国宪章》和安理会的相关要求,不能违反国际法的基本原则。

总而言之,在安理会和区域组织在国际争端解决中的关系上,安理会充分尊重并鼓励区域组织参与解决区域争端,一般情况下区域组织成员国将争端提交安理会解决之前应先依照区域办法或区域机关寻求解决。但是在涉及执行问题时,安理会应当严格限制武力在国际争端解决中的使用,除非面对敌国的入侵或者出于集体自卫的目的,区域组织在实施执行行为时,尤其是采取武力行动时,必须以取得安理会的授权为前提,同时区域组织应当积极配合安理会的行动。例如根据《联合国宪章》第47条的规定,"军事参谋团,经安全理事会之授权,并与区域内有关机关商议后,得设立区域分团",区域组织也应尽力配合安理会实施的或者授权实施的军事行动。

二、主要区域组织及其在解决国际争端中的职能

正如前文所述,区域组织在维护国际和平与安全,解决国际争端上发挥着重要作用。下文将结合几个主要的区域组织实践,对国际争端解决中的区域办法进行介绍。

(一) 美洲国家组织

美洲国家组织于1948年随着《美洲国家组织宪章》的生效而成立。常设理事会和和平解决争端委员会是美洲国家组织中行使维护和平职权的主要机构,其中常设理事会可以应争端方斡旋请求协助提出合适的和平解决争端的程序,美洲和平解决争端委员会则有权在争端方领土范围内以任何方式查明案件相关事实真相。根据《美洲国家组织宪章》第20~22条的规定,美洲国家间发生的国际争端在提交安理会之前,必须通过本宪章规定的直接谈判、斡旋、调查与和解、司法解决、仲裁以及争端当事国在任何时期所特别同意的其他和平程序处理。如果美洲国家之间发生争端,而其中一方当事国认为通过外交途径不能解决这一争端,另一当事国应同意通过其他和平程序解决争端。

（二）非洲统一组织和非洲联盟

非洲统一组织依据1963年的《非洲统一组织宪章》成立。调停、调解和仲裁委员会是非洲统一组织中承担和平解决国际争端职责的主要机构，并通过《关于调停、调解和仲裁委员会的决议书》对调停、调解、仲裁这三种和平解决方式的内容及程序进行了基本规定。但是在实践中，由于调停、调解和仲裁委员会只能基于当事国的同意来实行管辖，其实际发挥的作用相当有限。非洲统一组织往往通过首脑会议和部长理事会设立临时调解机构的形式来解决争端。

2002年非洲联盟正式成立，并取代了非洲统一组织。非洲联盟在非洲统一组织解决国际争端实践的经验基础上，设立了"非洲联盟和平与安全理事会"以履行建设、缔造和维持区域和平方面以及预防冲突领域进行核心决策的职能。《非洲联盟盟约》第3条第4款将通过谈判、协调、和解或仲裁等手段来和平解决争端作为联盟的目标之一，并在第4条指出为实现联盟目标，各会员国应遵循以和平方法解决彼此之间的冲突、禁止在成员国之间使用武力或武力威胁、联盟有权对涉及战争罪、灭绝种族罪和危害人类罪的行为进行干涉等原则。

（三）欧洲联盟

欧洲联盟成立于1993年，是欧洲最重要的国际组织，也是迄今为止一体化程度最高的区域性组织。在1994年科隆会议上，欧盟成员国确立要以可信的军事力量来支撑欧洲安全与防务政策，并且在1999年经欧盟首脑会议批准后欧盟建立了包含政治与安全委员会、军事委员会和军事参谋部的欧洲快速反应部队，在《联合国宪章》第33条和第六、七章相关规定的授权下参与国际争端解决，维护区域和平和稳定。"安全外交和安全政策"是《欧洲联盟条约》的重要内容，指出欧洲联盟应构建防务政策的共同外交和安全政策，以增强欧洲在国际舞台上的同一性和影响力，进而维护欧洲乃至世界和平。此后，欧盟通过1997年的《阿姆斯特丹条约》、2003年的《尼斯条约》、2009年的《里斯本条约》进一步完善了有关共同安全与防务政策。

（四）欧洲合作与安全组织

欧洲安全与合作组织成立于1995年，欧洲安全和合作会议通过了一系列和平解决争端方面的文件，为相关国家预防军事冲突的发生提供了具有较强操作性和可行性的规则建议。冷战结束后，欧洲合作与安全会议向组织化转型，于是成立了欧洲安全与合作组织。欧洲安全与合作组织的成员国包括所有欧洲国家和美国、加拿大、蒙古，其主要作用在于为成员国就欧洲事务、特别是安全事务进行磋商提供平台。在该组织中，成员国可采用一切可行方式和平、迅速且平等的解决成员国之间的争端，在特定情况下还可以设立专门机构对争端本身提出一般性评论意见。

（五）东南亚国家联盟

1967 年的《东南亚国家联盟成立宣言》标志着东南亚国家联盟的成立。东南亚国家联盟设立高级委员会以负责关注和处理可能危及区域和平和国家间关系和睦的局势或事件。在具体的职权行使上，委员会可以向争端各方建议采取斡旋、调查、调解等措施解决争端，也可以直接参与斡旋或成立专业委员会以就该争端形成最后决议。东南亚国家联盟在 1976 年《东南亚友好合作条约》中就将和平解决分歧、反对诉诸武力规定为缔约国的义务。在 2007 年通过的《东南亚国家联盟宪章》中也明确规定，成员国应尽可能通过对话、磋商、谈判的方式，快速和平地解决所有争端；成员国应在盟约规定的合作领域内保持、建立争端解决机制。

（六）阿拉伯国家联盟

阿拉伯国家联盟根据 1945 年的《阿拉伯国家联盟盟约》成立。1950 年，阿拉伯联盟根据《共同防御与经济合作条约》建立了联合防御理事会以和平解决国际争端，维持阿拉伯地区的和平与稳定。《阿拉伯联盟盟约》第 2 条规定联盟的宗旨包括协调成员国之间的政治活动，保卫彼此的独立和主权以及全面考虑阿拉伯国家的事务和利益，并在第 5 条规定和平解决争端，不得诉诸武力，如果该争端不涉及成员国的独立、主权或者领土完整，而争端方又请求理事会解决此争端时，则必须遵守理事会作出的决议。

综上所述，区域办法的制定及实施现状具有以下特点：首先，《联合国宪章》所规定的和平解决国际争端原则和方法为各区域组织所承袭和发展；其次，上述区域组织均指出在《联合国宪章》规范下采取区域办法解决争端，充分显示了联合国在争端解决上的权威性[①]；最后，从整体的发展历程看，为了更好地履行和平解决国际争端的职能，这些区域组织都走向组织化和法制化，选择通过规范性宪章文件设立常设性组织机构，完善组织内规章制度，以规范化地稳定地履行和平解决国际争端的职能。

---

① 《美洲国家组织宪章》第 1 条规定，在联合国中，美洲国家组织属于区域性办法或机构。《非洲统一组织宪章》第 2 条规定（本组织）在对联合国宪章与世界人权宣言给予应有尊重的情况下促进国际合作。《欧安会 1992 年赫尔辛基文件》第 4 章第 2 条规定各会员国重申了其对《联合国宪章》的承诺，指出本组织属于《宪章》下第 8 章下的区域性组织。《东南亚国家联盟成立宣言》第 1 条：坚持联合国宪章原则，促进区域和平与稳定。

三、区域办法争端解决的实践分析

（一）区域办法争端解决实例

1. 马岛争端

马岛（即马尔维纳斯群岛，英国称其为福克兰群岛），位于阿根廷南端以东的大西洋水域中。1816 年阿根廷摆脱西班牙统治宣告独立后继承了西班牙对马岛的主权，而英国以该岛最先由英国人发现为由在 19 世纪初期就占领了该岛并进行军事管理，两国在马岛的主权归属上存在冲突。1965 年联合国大会通过第 2065 号决议呼吁英阿两国政府和平解决争端。1982 年，英国采取武力手段占领了马岛，且一直拒绝与阿根廷在国际法框架内进行谈判协商，马岛争端的解决至今仍未取得实质性进展。

2. 奥祖争端

利比亚和乍得在脱离殖民统治后的相当长时间内对奥祖地区存在着领土争议，利比亚在 1970 年将奥祖地区划入本国版图，并于 1973 年出兵该地区，1975 年乍得向利比亚提出返还奥祖地区的要求被拒绝，奥祖争端一再升级，并于 1986 年爆发了激烈的武装冲突。非洲统一组织主张非洲自己解决边界争端，反对任何外来干预，在奥祖争端的解决中做出了很大努力，并于 1977 年非统首脑会议上对利、乍领土争端进行了激烈讨论。1987 年，面对双方武装冲突的升级，为利于直接斡旋行动的展开，非统首脑峰会将 1978 年组建调解委员会升格为元首级别。经过非统组织的努力，1989 年利比亚和乍得缔结了和平解决争端的原则协议，保证在一年内如果未通过政治途径解决争端，提交国际法院仲裁。1990 年乍得向国际法院提起诉讼程序。1994 年法院作出判决划定两国边界，裁定有争议区域属于乍得领土，奥祖争端最终以和平方式得到解决。

（二）区域办法争端解决的分析

区域办法是联合国争端解决机制中的重要组成部分，虽有一定的局限性，但仍为防止地区冲突的扩大和维护国际和平做出了重要贡献。

区域办法作为争端解决方式自有其优势所在。第一，由于地域关联性，区域组织内部的国家之间往往具有较为相似的地理状况、历史背景和发展模式，由这些国家组成的区域组织往往对于特定争端方的真实要求、客观需要乃至争端的本质有着更为明确的认知，更容易找到合适可行的解决方案，从而更有效地促进争端的和平解决。第二，区域组织利用区域办法可以更好地保证和平解决争端效果的持续性和有效性。第三，区域组织所体现出来的集体力量使区域办法具有威慑性。对于区域内的国家而言，如果为了一己之利而采取的行为与组织的集体利益之间存在冲突，可能遭受组织孤立、谴责甚至开除的威胁会促使其接受组织决议；对于区域外国家而言，区域组织对某一争端所采取的共同立场会对区域外国家产生威慑。总之，区域办法具有独特的制度优势和地域优势，它既具有组织化的形式保证程序的完整性和充分的对话解决途径，又因为集体利益的存在而有着争端解决的现实作用，还可以配合联合国的行动以进一步促成争端解决。

虽然区域办法拥有其他争端解决办法所难以比拟的特殊优势，但是区域办法的效力在实践中也会受到许多因素的影响。首先，区域组织是由区域国家建立的，其权力来源于成员国对该组织的认可和授权，因此，区域组织成员国是否愿意参与联合行动和提供自身资源对区域办法的效果影响重大。其次，区域组织内部有重大影响力的国家对区域办法的实际效果也存在影响。如果该国家将区域组织作为推行其国家政策的工具，不仅不能促进争端的和平解决，还可能会激化冲突。再次，区域办法适用过程中，域外国家的干涉也可能会影响区域办法在争端解决中的适用，域外国家通过对域内国家施加影响使得区域组织不能就国际争端达成一致意见或者损害区域组织就特定争端开展的解决行动的效果。最后，区域办法的效力与争端主体是否是同一组织的成员国息息相关，因为区域办法只能对成员国之间争端采取行动，而不能对非成员国进行干涉，否则就可能会违反不干涉内政原则。

从国际实践看，区域组织的内部意见分歧、区域内外大国的干涉、跨区域争端的出现等情况的存在使得区域办法面临窘境，而这也充分显示了区域办法的局限性。区域组织通过的决议、实施的行为虽然都是成员国集体意志的体现，但是当区域办法符合成员国的国家利益时会得到其参与和支持，反之，则往往采取不配合态度。由于国际关系的复杂性和国家利益的冲突，以及域内域外大国对争端的干涉也会使得区域办法成效甚微。此外，区域组织是一定区域范围内的国际组织，因此其争端解决的优势主要存在于对特定区域内国际争端的解决，但是这也反映了区域办法在范围上的局限性——区域组织在争端解决上的职权和成效都会到地理范围的严格限制。马岛争端中阿根廷和英国分别是美洲国家组织和欧洲共同体的成员国，两国在区域组织上并不存在重叠，这种情况下区域组织的效用就会受到限制，甚至可能无法发挥作用，此类争端就只能提交给具有更广协调范围的联合国进行处理。

综上，联合国作为当今国际组织的中枢机构在国际争端的和平解决中始终扮演着核心角色，安理会因为其有权采取强制性措施而对维护国际和平与安全负有主要责任，国际法院作为联合国的主要司法机构在和平解决争端、维护国际和平方面做出了重要贡献，同时，世界各主要区域性国际组织独具特色的区域办法在和平解决国际争端上所发挥的作用也不容忽视。

附录 《联合国宪章》

序　言

我联合国人民同兹决心

欲免后世再遭今代人类两度身历惨不堪言之战祸，重申基本人权，人格尊严与价值，以及男女与大小各国平等权利之信念，创造适当环境，俾克维持正义，尊重由条约与国际法其他渊源而起之义务，久而弗懈，促成大自由中之社会进步及较善之民生，并为达此目的，力行容恕，彼此以善邻之道，和睦相处，集中力量，以维持国际和平及安全，接受原则，确立方法，以保证非为公共利益，不得使用武力，运用国际机构，以促成全球人民经济及社会之进展，用是发愤立志，务当同心协力，以竟厥功。

爰由我各本国政府，经齐集金山市之代表各将所奉全权证书，互相校阅，均属妥善，议定本联合国宪章，并设立国际组织，定名联合国。

第一章　宗旨及原则

第一条

联合国之宗旨为：

一、维持国际和平及安全；并为此目的：采取有效集体办法，以防止且消除对于和平之威胁，制止侵略行为或其他和平之破坏；并以和平方法且依正义及国际法之原则，调整或解决足以破坏和平之国际争端或情势。

二、发展国际以尊重人民平等权利及自决原则为根据之友好关系，并采取其他适当办法，以增强普遍和平。

三、促成国际合作，以解决国际属于经济、社会、文化及人类福利性质之国际问题，且不分种族、性别、语言或宗教，增进并激励对于全体人类之人权及基本自由之尊重。

四、构成一协调各国行动之中心，以达成上述共同目的。

第二条

为求实现第一条所述各宗旨起见，本组织及其会员国应遵行下列原则：

一、本组织系基于各会员国主权平等之原则。

二、各会员国应一秉善意，履行其依本宪章所担负之义务，以保证全体会员国由加入本组织而发生之权益。

三、各会员国应以和平方法解决其国际争端，避免危及国际和平、安全及正义。

四、各会员国在其国际关系上不得使用威胁或武力，或以与联合国宗旨不符之任何其他方法，侵害任何会员国或国家之领土完整或政治独立。

五、各会员国对于联合国依本宪章规定而采取之行动，应尽力予以协助，联合国对于任何国家正在采取防止或执行行动时，各会员国对该国不得给予协助。

六、本组织在维持国际和平及安全之必要范围内，应保证非联合国会员国遵行上述原则。

七、本宪章不得认为授权联合国干涉在本质上属于任何国家国内管辖之事件，且并不要求会员国将该项事件依本宪章提请解决；但此项原则不妨碍第七章内执行办法之适用。

第二章 会 员

第三条

凡曾经参加金山联合国国际组织会议或前此曾签字于一九四二年一月一日联合国宣言之国家，签订本宪章，且依宪章第一百一十条规定而予以批准者，均为联合国之创始会员国。

第四条

一、凡其他爱好和平之国家，接受本宪章所载之义务，经本组织认为确能并愿意履行该项义务者，得为联合国会员国。

二、准许上述国家为联合国会员国，将由大会经安全理事会之推荐以决议行之。

第五条

联合国会员国，业经安全理事会对其采取防止或执行行动者，大会经安全理事会之建议，得停止其会员权利及特权之行使。此项权利及特权之行使，得由安全理事会恢复之。

第六条

联合国之会员国中，有屡次违犯本宪章所载之原则者，大会经安全理事会之建议，得将其由本组织除名。

第三章 机　　关

第七条

一、兹设联合国之主要机关如下：大会、安全理事会、经济及社会理事会、托管理事会、国际法院、及秘书处。

二、联合国得依本宪章设立认为必需之辅助机关。

第八条

联合国对于男女均得在其主要及辅助机关在平等条件之下，充任任何职务，不得加以限制。

第四章 大　　会

组　织

第九条

一、大会由联合国所有会员国组织之。

二、每一会员国在大会之代表，不得超过五人。

职　权

第十条

大会得讨论本宪章范围内之任何问题或事项，或关于本宪章所规定任何大会之职权；并除第十二条所规定外，得向联合国会员国或安全理事会或兼向两者，提出对各该问题或事项之建议。

第十一条

一、大会得考虑关于维持国际和平及安全之合作之普通原则，包括军缩及军备管制之原则；并得向会员国或安全理事会或兼向两者提出对于该项原则之建议。

二、大会得讨论联合国任何会员国或安全理事会或非联合国会员国依第三十五条第二项之规定向大会所提关于维持国际和平及安全之任何问题；除第十二条所规定外，并得向会员国或安全理事会或兼向两者提出对于各该项问题之建议。凡对于需要行动之各该项问题，应由大会于讨论前或讨论后提交安全理事会。

三、大会对于足以危及国际和平与安全之情势，得提请安全理事会注意。

四、本条所载之大会权力并不限制第十条之概括范围。

第十二条

一、当安全理事会对于任何争端或情势，正在执行本宪章所授予该会之职务时，大会非经安全理事会请求，对于该项争端或情势，不得提出任何建议。

二、秘书长经安全理事会之同意，应于大会每次会议时，将安全理事会正在处理中关于维持国际和平及安全之任何事件，通知大会；于安全理事会停止处理该项事件时，亦应立即通知大会，或在大会闭会期内通知联合国会员国。

第十三条

一、大会应发动研究，并作成建议：

（子）以促进政治上之国际合作，并提倡国际法之逐渐发展与编纂。

（丑）以促进经济、社会、文化、教育及卫生各部门之国际合作，且不分种族、性别、语言或宗教，助成全体人类之人权及基本自由之实现。

二、大会关于本条第一项（丑）款所列事项之其他责任及职权，于第九章及第十章中规定之。

第十四条

大会对于其所认为足以妨害国际间公共福利或友好关系之任何情势，不论其起源如何，包括由违反本宪章所载联合国之宗旨及原则而起之情势，得建议和平调整办法，但以不违背第十二条之规定为限。

第十五条

一、大会应收受并审查安全理事会所送之常年及特别报告；该项报告应载有安全理事会对于维持国际和平及安全所已决定或施行之办法之陈述。

二、大会应收受并审查联合国其他大会所送之报告。

第十六条

大会应执行第十二章及第十三章所授予关于国际托管制度之职务，包括关于非战略防区托管协定之核准。

第十七条

一、大会应审核本组织之预算。

二、本组织之经费应由各会员国依照大会分配限额担负之。

三、大会应审核经与第五十七条所指各种专门大会订定之任何财政及预算办法，并应审查该项专门大会之行政预算，以便向关系大会提出建议。

投　票

第十八条

一、大会之每一会员国，应有一个投票权。

二、大会对于重要问题之决议应以到会及投票之会员国三分之二多数决定之。此项问题应包括：关于维持国际和平及安全之建议，安全理事会非常任理事国之选举，经济及社会理事会理事国之选举，依第八十六条第一项（寅）款所规定托管理事会理事国之选举，对于新会员国加入联合国之准许，会员国权利及特权之停止，会员国之除名，关于施行托管制度之问题，以及预算问题。

三、关于其他问题之决议，包括另有何种事项应以三分之二多数决定之问题，应以到会及投票之会员国过半数决定之。

第十九条

凡拖欠本组织财政款项之会员国，其拖欠数目如等于或超过前两年所应缴纳之数目时，即丧失其在大会投票权。大会如认拖欠原因，确由于该会员国无法控制之情形者，得准许该会员国投票。

程　　序

第二十条

大会每年应举行常会，并于必要时，举行特别会议。特别会议应由秘书长经安全理事会或联合国会员国过半数之请求召集之。

第二十一条

大会应自行制定其议事规则。大会应选举每次会议之主席。

第二十二条

大会得设立其认为于行使职务所必需之辅助大会。

第五章　安全理事会

组　　织

第二十三条

一、安全理事会以联合国十五会员国组织之。中华民国、法兰西、苏维埃社会主义共和国联盟、大不列颠及北爱尔兰联合王国及美利坚合众国应为安全理事会常任理事国。大会应选举联合国其他十会员国为安全理事会非常任理事国，选举时首宜充分斟酌联合国各会员国于维持国际和平与安全及本组织其余各宗旨上之贡献，并宜充分斟酌地域上之公匀分配。

二、安全理事会非常任理事国任期定为二年。安全理事会理事国自十一国增至十五国后第一次选举非常任理事国时，所增四国中两国之任期应为一年。任满之理事国不得即行连选。

三、安全理事会每一理事国应有代表一人。

职　权

第二十四条

一、为保证联合国行动迅速有效起见，各会员国将维持国际和平及安全之主要责任，授予安全理事会，并同意安全理事会于履行此项责任下之职务时，即系代表各会员国。

二、安全理事会于履行此项职务时，应遵照联合国之宗旨及原则。为履行此项职务而授予安全理事会之特定权力，于本宪章第六章、第七章、第八章及第十二章内规定之。

三、安全理事会应将常年报告、并于必要时将特别报告，提送大会审查。

第二十五条

联合国会员国同意依宪章之规定接受并履行安全理事会之决议。

第二十六条

为促进国际和平及安全之建立及维持，以尽量减少世界人力及经济资源之消耗于军备起见，安全理事会借第四十七条所指之军事参谋团之协助，应负责拟具方案，提交联合国会员国，以建立军备管制制度。

投　票

第二十七条

一、安全理事会每一理事国应有一个投票权。

二、安全理事会关于程序事项之决议，应以九理事国之可决票表决之。

三、安全理事会对于其他一切事项之决议，应以九理事国之可决票包括全体常任理事国之同意票表决之；但对于第六章及第五十二条第三项内各事项之决议，争端当事国不得投票。

程　序

第二十八条

一、安全理事会之组织，应以使其能继续不断行使职务为要件。为此目的，安全理事会之各理事国应有常驻本组织会所之代表。

二、安全理事会应举行定期会议，每一理事国认为合宜时得派政府大员或其他特别指定之代表出席。

三、在本组织会所以外，安全理事会得在认为最能便利其工作之其他地点举行会议。

第二十九条

安全理事会得设立其认为于行使职务所必需之辅助机关。

第三十条

安全理事会应自行制定其议事规则，包括其推选主席之方法。

第三十一条

在安全理事会提出之任何问题，经其认为对于非安全理事会理事国之联合国任何会员国之利益有特别关系时，该会员国得参加讨论，但无投票权。

第三十二条

联合国会员国而非为安全理事会之理事国，或非联合国会员国之国家，如于安全理事会考虑中之争端为当事国者，应被邀参加关于该项争端之讨论，但无投票权。安全理事会应规定其所认为公平之条件，以便非联合国会员国之国家参加。

第六章　争端之和平解决

第三十三条

一、任何争端之当事国，于争端之继续存在足以危及国际和平与安全之维持时，应尽先以谈判、调查、调停、和解、公断、司法解决、区域机关或区域办法之利用，或各该国自行选择之其他和平方法，求得解决。

二、安全理事会认为必要时，应促请各当事国以此项方法，解决其争端。

第三十四条

安全理事会得调查任何争端或可能引起国际磨擦或惹起争端之任何情势，以断定该项争端或情势之继续存在是否足以危及国际和平与安全之维持。

第三十五条

一、联合国任何会员国得将属于第三十四条所指之性质之任何争端或情势，提请安全理事会或大会注意。

二、非联合国会员国之国家如为任何争端之当事国时，经预先声明就该争端而言接受本宪章所规定和平解决之义务后，得将该项争端，提请大会或安全理事会注意。

三、大会关于按照本条所提请注意事项之进行步骤，应遵守第十一条及第十二条之规定。

第三十六条

一、属于第三十三条所指之性质之争端或相似之情势，安全理事会在任何阶段，得建议适当程序或调整方法。

二、安全理事会对于当事国为解决争端业经采取之任何程序，理应予以考虑。

三、安全理事会按照本条作成建议时，同时理应注意凡具有法律性质之争端，在原则上，理应由当事国依国际法院规约之规定提交国际法院。

第三十七条

一、属于第三十三条所指之性质之争端，当事国如未能依该条所示方法解决时，应将该项争端提交安全理事会。

二、安全理事会如认为该项争端之继续存在，在事实上足以危及国际和平与安全之维持时，应决定是否当依第三十六条采取行动或建议其所认为适当之解决条件。

第三十八条

安全理事会如经所有争端当事国之请求，得向各当事国作成建议，以求争端之和平解决，但以不妨碍第三十三条至第三十七条之规定为限。

第七章　对于和平之威胁、和平之破坏及侵略行为之应付办法

第三十九条

安全理事会应断定任何和平之威胁、和平之破坏或侵略行为之是否存在，并应作成建议或抉择依第四十一条及第四十二条规定之办法，以维持或恢复国际和平及安全。

第四十条

为防止情势之恶化，安全理事会在依第三十九条规定作成建议或决定办法以前，得促请关系当事国遵行安全理事会所认为必要或合宜之临时办法。此项临时办法并不妨碍关系当事国之权利、要求或立场。安全理事会对于不遵行此项临时办法之情形，应予适当注意。

第四十一条

安全理事会得决定所应采武力以外之办法，以实施其决议，并得促请联合国会员国执行此项办法。此项办法得包括经济关系、铁路、海运、航空、邮、电、无线电及其他交通工具之局部或全部停止，以及外交关系之断绝。

第四十二条

安全理事会如认第四十一条所规定之办法为不足或已经证明为不足时，得采取必要之空海陆军行动，以维持或恢复国际和平及安全。此项行动得包括联合国会员国之空海陆军示威、封锁及其他军事举动。

第四十三条

一、联合国各会员国为求对于维持国际和平及安全有所贡献起见，担任于安全理事会发令时，并依特别协定，供给为维持国际和平及安全所必需之军队、

协助及便利，包括过境权。

二、此项特别协定应规定军队之数目及种类，其准备程度及一般驻扎地点，以及所供便利及协助之性质。

三、此项特别协定应以安全理事会之主动，尽速议订。此项协定应由安全理事会与会员国或由安全理事会与若干会员国之集团缔结之，并由签字国各依其宪法程序批准之。

第四十四条

安全理事会决定使用武力时，于要求非安全理事会会员国依第四十三条供给军队以履行其义务之前，如经该会员国请求，应请其遣派代表，参加安全理事会关于使用其军事部队之决议。

第四十五条

为使联合国能采取紧急军事办法起见，会员国应将其本国空军部队为国际共同执行行动随时供给调遣。此项部队之实力与准备之程度，及其共同行动之计划，应由安全理事会以军事参谋团之协助，在第四十三条所指之特别协定范围内决定之。

第四十六条

武力使用之计划应由安全理事会以军事参谋团之协助决定之。

第四十七条

一、兹设立军事参谋团，以便对于安全理事会维持国际和平及安全之军事需要问题，对于受该会所支配军队之使用及统率问题，对于军备之管制及可能之军缩问题，向该会贡献意见并予以协助。

二、军事参谋团应由安全理事会各常任理事国之参谋总长或其代表组织之。联合国任何会员国在该团未有常任代表者，如于该团责任之履行在效率上必需该国参加其工作时，应由该团邀请参加。

三、军事参谋团在安全理事会权力之下，对于受该会所支配之任何军队，负战略上之指挥责任；关于该项军队之统率问题，应待以后处理。

四、军事参谋团，经安全理事会之授权，并与区域内有关机关商议后、得设立区域分团。

第四十八条

一、执行安全理事会为维持国际和平及安全之决议所必要之行动，应由联合国全体会员国或由若干会员国担任之，一依安全理事会之决定。

二、此项决议应由联合国会员国以其直接行动及经其加入为会员之有关国际机关之行动履行之。

第四十九条

联合国会员国应通力合作，彼此协助，以执行安全理事会所决定之办法。

第五十条

安全理事会对于任何国家采取防止或执行办法时，其他国家，不论其是否为联合国会员国，遇有因此项办法之执行而引起之特殊经济问题者，应有权与安全理事会会商解决此项问题。

第五十一条

联合国任何会员国受武力攻击时，在安全理事会采取必要办法，以维持国际和平及安全以前，本宪章不得认为禁止行使单独或集体自卫之自然权利。会员国因行使此项自卫权而采取之办法，应立向安全理事会报告，此项办法于任何方面不得影响该会按照本宪章随时采取其所认为必要行动之权责，以维持或恢复国际和平及安全。

第八章 区域办法

第五十二条

一、本宪章不得认为排除区域办法或区域机关、用以应付关于维持国际和平及安全而宜于区域行动之事件者；但以此项办法或机关及其工作与联合国之宗旨及原则符合者为限。

二、缔结此项办法或设立此项机关之联合国会员国，将地方争端提交安全理事会以前，应依该项区域办法，或由该项区域机关，力求和平解决。

三、安全理事会对于依区域办法或由区域机关而求地方争端之和平解决，不论其系由关系国主动，或由安全理事会提交者，应鼓励其发展。

四、本条绝不妨碍第三十四条及第三十五条之适用。

第五十三条

一、安全理事会对于职权内之执行行动，在适当情形下，应利用此项区域办法或区域机关。如无安全理事会之授权，不得依区域办法或由区域机关采取任何执行行动；但关于依第一百零七条之规定对付本条第二项所指之任何敌国之步骤，或在区域办法内所取防备此等国家再施其侵略政策之步骤，截至本组织经各关系政府之请求，对于此等国家之再次侵略，能担负防止责任时为止，不在此限。

二、本条第一项所称敌国系指第二次世界大战中为本宪章任何签字国之敌国而言。

第五十四条

关于为维持国际和平及安全起见，依区域办法或由区域机关所已采取或正在考虑之行动，不论何时应向安全理事会充分报告之。

第九章　国际经济及社会

第五十五条

为造成国际间以尊重人民平等权利及自决原则为根据之和平友好关系所必要之安定及福利条件起见，联合国应促进：

（子）较高之生活程度，全民就业，及经济与社会进展。

（丑）国际间经济、社会、卫生及有关问题之解决；国际间文化及教育合作。

（寅）全体人类之人权及基本自由之普遍尊重与遵守，不分种族、性别、语言或宗教。

第五十六条

各会员国担允采取共同及个别行动与本组织合作，以达成第五十五条所载之宗旨。

第五十七条

一、由各国政府间协定所成立之各种专门机关，依其组织约章之规定，于经济、社会、文化、教育、卫生及其他有关部门负有广大国际责任者，应依第六十三条之规定使与联合国发生关系。

二、上述与联合国发生关系之各专门机关，以下简称专门机关。

第五十八条

本组织应作成建议，以调整各专门机关之政策及工作。

第五十九条

本组织应于适当情形下，发动各关系国间之谈判，以创设为达成第五十五条规定宗旨所必要之新专门机关。

第六十条

履行本章所载本组织职务之责任，属于大会及大会权力下之经济及社会理事会。为此目的，该理事会应有第十章所载之权力。

第十章　经济及社会理事会

组　织

第六十一条

一、经济及社会理事会由大会选举联合国五十四会员国组织之。

二、除第三项所规定外，经济及社会理事会每年选举理事十八国，任期三年。任满之理事国得即行连选。

三、经济及社会理事会理事国自二十七国增至五十四国后第一次选举时，除选举理事九国接替任期在该年年终届满之理事国外，应另增选理事二十七国。增选之理事二十七国中，九国任期一年，另九国任期二年，一依大会所定办法。

四、经济及社会理事会之每一理事国应有代表一人。

职　权

第六十二条

一、经济及社会理事会得作成或发动关于国际经济、社会、文化、教育、卫生及其他有关事项之研究及报告；并得向大会、联合国会员国及关系专门机关提出关于此种事项之建议案。

二、本理事会为增进全体人类之人权及基本自由之尊重及维护起见，得作成建议案。

三、本理事会得拟具关于其职权范围内事项之协约草案，提交大会。

四、本理事会得依联合国所定之规则召集本理事会职务范围以内事项之国际会议。

第六十三条

一、经济及社会理事会得与第五十七条所指之任何专门机关订立协定，订明关系专门机关与联合国发生关系之条件。该项协定须经大会之核准。

二、本理事会，为调整各种专门机关之工作，得与此种机关会商并得向其提出建议，并得向大会及联合国会员国建议。

第六十四条

一、经济及社会理事会得取适当步骤，以取得专门机关之经常报告。本理事会得与联合国会员国及专门机关商定办法，俾就实施本理事会之建议及大会对于本理事会职权范围内事项之建议所采之步骤，取得报告。

二、本理事会得将对于此项报告之意见提送大会。

第六十五条

经济及社会理事会得向安全理事会供给情报，并因安全理事会之邀请，予以协助。

第六十六条

一、经济及社会理事会应履行其职权范围内关于执行大会建议之职务。

二、经大会之许可，本理事会得应联合国会员国或专门机关之请求，供其服务。

三、本理事会应履行本宪章他章所特定之其他职务，以及大会所授予之职务。

投　票

第六十七条

一、经济及社会理事会每一理事国应有一个投票权。

二、本理事会之决议，应以到会及投票之理事国过半数表决之。

程　序

第六十八条

经济及社会理事会应设立经济与社会部门及以提倡人权为目的之各种委员会，并得设立于行使职务所必需之其他委员会。

第六十九条

经济及社会理事会应请联合国会员国参加讨论本理事会对于该国有特别关系之任何事件，但无投票权。

第七十条

经济及社会理事会得商定办法使专门机关之代表无投票权而参加本理事会及本理事会所设各委员会之讨论，或使本理事会之代表参加此项专门机关之讨论。

第七十一条

经济及社会理事会得采取适当办法，俾与各种非政府组织会商有关于本理事会职权范围内之事件。此项办法得与国际组织商定之，关于适当情形下，经与关系联合国会员国会商后，得与该国国内组织商定之。

第七十二条

一、经济及社会理事会应自行制定其议事规则，包括其推选主席之方法。

二、经济及社会理事会应依其规则举行必要之会议。此项规则应包括因理事国过半数之请求而召集会议之条款。

第十一章　关于非自治领土之宣言

第七十三条

联合国各会员国，于其所负有或担承管理责任之领土，其人民尚未臻自治之充分程度者，承认以领土居民之福利为至上之原则，并接受在本宪章所建立之国际和平及安全制度下，以充分增进领土居民福利之义务为神圣之信托，且为此目的：

（子）于充分尊重关系人民之文化下，保证其政治、经济、社会及教育之进展，予以公平待遇，且保障其不受虐待。

（丑）按各领土及其人民特殊之环境、及其进化之阶段，发展自治；对各该人民之政治愿望，予以适当之注意；并助其自由政治制度之逐渐发展。

（寅）促进国际和平及安全。

（卯）提倡建设计划，以求进步；奖励研究；各国彼此合作，并于适当之时间及场合与专门国际团体合作，以求本条所载社会、经济及科学目的之实现。

（辰）在不违背安全及宪法之限制下，按时将关于各会员国分别负责管理领土内之经济、社会及教育情形之统计及具有专门性质之情报，递送秘书长，以供参考。本宪章第十二章及第十三章所规定之领土，不在此限。

第七十四条

联合国各会员国共同承诺对于本章规定之领土，一如对于本国区域，其政策必须以善邻之道奉为圭臬；并于社会、经济及商业上，对世界各国之利益及幸福，予以充分之注意。

第十二章　国际托管制度

第七十五条

联合国在其权力下，应设立国际托管制度，以管理并监督凭此后个别协定而置于该制度下之领土。此项领土以下简称托管领土。

第七十六条

按据本宪章第一条所载联合国之宗旨，托管制度之基本目的应为：

（子）促进国际和平及安全。

（丑）增进托管领土居民之政治、经济、社会及教育之进展；并以适合各领土及其人民之特殊情形及关系人民自由表示之愿望为原则，且按照各托管协定之条款，增进其趋向自治或独立之逐渐发展。

（寅）不分种族、性别、语言或宗教，提倡全体人类之人权及基本自由之尊重，并激发世界人民互相维系之意识。

（卯）于社会、经济及商业事件上，保证联合国全体会员国及其国民之平等待遇，及各该国民于司法裁判上之平等待遇，但以不妨碍上述目的之达成，且不违背第八十条之规定为限。

第七十七条

一、托管制度适用于依托管协定所置于该制度下之下列各种类之领土：

（子）现在委任统治下之领土。

（丑）因第二次世界大战结果或将自敌国割离之领土。

（寅）负管理责任之国家自愿置于该制度下之领土。

二、关于上列种类中之何种领土将置于托管制度之下，及其条件，为此后协定所当规定之事项。

第七十八条

凡领土已成为联合国之会员国者，不适用托管制度；联合国会员国间之关系，应基于尊重主权平等之原则。

第七十九条

置于托管制度下之每一领土之托管条款，及其更改或修正，应由直接关系各国、包括联合国之会员国而为委任统治地之受托国者，予以议定，其核准应依第八十三条及第八十五条之规定。

第八十条

一、除依第七十七条、第七十九条及第八十一条所订置各领土于托管制度下之个别托管协定另有议定外，并在该项协定未经缔结以前，本章任何规定绝对不得解释为以任何方式变更任何国家或人民之权利、或联合国会员国个别签订之现有国际约章之条款。

二、本条第一项不得解释为对于依第七十七条之规定而订置委任统治地或其他领土于托管制度下之协定，授以延展商订之理由。

第八十一条

凡托管协定均应载有管理领土之条款，并指定管理托管领土之当局。该项当局，以下简称管理当局，得为一个或数个国家，或为联合国本身。

第八十二条

于任何托管协定内，得指定一个或数个战略防区，包括该项协定下之托管领土之一部或全部，但该项协定并不妨碍依第四十三条而订立之任何特别协定。

第八十三条

一、联合国关于战略防区之各项职务，包括此项托管协定条款之核准、及其更改或修正，应由安全理事会行使之。

二、第七十六条所规定之基本目的，适用于每一战略防区之人民。

三、安全理事会以不违背托管协定之规定且不妨碍安全之考虑为限，应利用托管理事会之协助，以履行联合国托管制度下关于战略防区内之政治、经济、社会及教育事件之职务。

第八十四条

管理当局有保证托管领土对于维持国际和平及安全尽其本分之义务。该当局为此目的得利用托管领土之志愿军、便利及协助，以履行该当局对于安全理事会所负关于此点之义务，并以实行地方自卫，且在托管领土内维持法律与秩序。

第八十五条

一、联合国关于一切非战略防区托管协定之职务，包括此项托管协定条款之核准及其更改或修正，应由大会行使之。

二、托管理事会于大会权力下，应协助大会履行上述之职务。

第十三章　托管理事会

组　织

第八十六条

一、托管理事会应由下列联合国会员国组织之：

（子）管理托管领土之会员国。

（丑）第二十三条所列名之国家而现非管理托管领土者。

（寅）大会选举必要数额之其他会员国，任期三年，俾使托管理事会理事国之总数，于联合国会员国中之管理托管领土者及不管理者之间，得以平均分配。

二、托管理事会之每一理事国应指定一特别合格之人员，以代表之。

职　权

第八十七条

大会及在其权力下之托管理事会于履行职务时得：

（子）审查管理当局所送之报告。

（丑）会同管理当局接受并审查请愿书。

（寅）与管理当局商定时间，按期视察各托管领土。

（卯）依托管协定之条款，采取上述其他行动。

第八十八条

托管理事会应拟定关于各托管领土居民之政治、经济、社会及教育进展之问题单；就大会职权范围内，各托管领土之管理当局应根据该项问题单向大会提出常年报告。

投　票

第八十九条

一、托管理事会之每一理事国应有一个投票权。

二、托管理事会之决议应以到会及投票之理事国过半数表决之。

程　序

第九十条

一、托管理事会应自行制定其议事规则，包括其推选主席之方法。

二、托管理事会应依其所定规则，举行必要之会议。此项规则应包括关于经该会理事国过半数之请求而召集会议之规定。

第九十一条

托管理事会于适当时，应利用经济及社会理事会之协助，并对于各关系事项，利用专门机关之协助。

第十四章　国际法院

第九十二条

国际法院为联合国之主要司法机关，应依所附规约执行其职务。该项规约系以国际常设法院之规约为根据并为本宪章之构成部分。

第九十三条

一、联合国各会员国为国际法院规约之当然当事国

二、非联合国会员国之国家得为国际法院规约当事国之条件，应由大会经安全理事会之建议就各别情形决定之。

第九十四条

一、联合国每一会员国为任何案件之当事国者，承诺遵行国际法院之判决。

二、遇有一造不履行依法院判决应负之义务时，他造得向安全理事会申诉。安全理事会如认为必要时，得作成建议或决定应采办法，以执行判决。

第九十五条

本宪章不得认为禁止联合国会员国依据现有或以后缔结之协定，将其争端托付其他法院解决。

第九十六条

一、大会或安全理事会对于任何法律问题得请国际法院发表咨询意见。

二、联合国其他机关及各种专门机关，对于其工作范围内之任何法律问题，得随时以大会之授权，请求国际法院发表咨询意见。

第十五章　秘书处

第九十七条

秘书处置秘书长一人及本组织所需之办事人员若干人。秘书长应由大会经安全理事会之推荐委派之。秘书长为本组织之行政首长。

第九十八条

秘书长在大会、安全理事会、经济及社会理事会、及托管理事会之一切会议，应以秘书长资格行使职务，并应执行各该机关所托付之其他职务。秘书长应向大会提送关于本组织工作之常年报告。

第九十九条

秘书长得将其所认为可能威胁国际和平及安全之任何事件，提请安全理事会注意。

第一百条

一、秘书长及办事人员于执行职务时，不得请求或接受本组织以外任何政府或其他当局之训示，并应避免足以妨碍其国际官员地位之行动。秘书长及办事人员专对本组织负责。

二、联合国各会员国承诺尊重秘书长及办事人员责任之专属国际性，决不设法影响其责任之履行。

第一百零一条

一、办事人员由秘书长依大会所定章程委派之。

二、适当之办事人员应长期分配于经济及社会理事会、托管理事会，并于必要时，分配于联合国其他之机关。此项办事人员构成秘书处之一部。

三、办事人员之雇用及其服务条件之决定，应以求达效率、才干及忠诚之最高标准为首要考虑。征聘办事人员时，于可能范围内，应充分注意地域上之普及。

第十六章　杂项条款

第一百零二条

一、本宪章发生效力后，联合国任何会员国所缔结之一切条约及国际协定应尽速在秘书处登记，并由秘书处公布之。

二、当事国对于未经依本条第一项规定登记之条约或国际协定，不得向联合国任何机关援引之。

第一百零三条

联合国会员国在本宪章下之义务与其依任何其他国际协定所负之义务有冲突时，其在本宪章下之义务应居优先。

第一百零四条

本组织于每一会员国之领土内，应享受于执行其职务及达成其宗旨所必需之法律行为能力。

第一百零五条

一、本组织于每一会员国之领土内，应享受于达成其宗旨所必需之特权及豁免。

二、联合国会员国之代表及本组织之职员，亦应同样享受于其独立行使关于本组织之职务所必需之特权及豁免。

三、为明定本条第一项及第二项之施行细则起见，大会得作成建议，或为此目的向联合国会员国提议协约。

第十七章　过渡安全办法

第一百零六条

在第四十三条所称之特别协定尚未生效，因而安全理事会认为尚不得开始履行第四十二条所规定之责任前，一九四三年十月三十日在莫斯科签订四国宣言之当事国及法兰西应依该宣言第五项之规定，互相洽商，并于必要时，与联合国其他会员国洽商，以代表本组织采取为维持国际和平及安全宗旨所必要之联合行动。

第一百零七条

本宪章并不取消或禁止负行动责任之政府对于在第二次世界大战中本宪章任何签字国之敌国因该次战争而采取或受权执行之行动。

第十八章　修　　正

第一百零八条

本宪章之修正案经大会会员国三分之二表决并由联合国会员国三分之二、包括安全理事会全体常任理事国，各依其宪法程序批准后，对于联合国所有会员国发生效力。

第一百零九条

一、联合国会员国，为检讨本宪章，得以大会会员国三分之二表决，经安全理事会任何九理事国之表决，确定日期及地点举行全体会议。联合国每一会员国在全体会议中应有一个投票权。

二、全体会议以三分之二表决所建议对于宪章之任何更改，应经联合国会员国三分之二、包括安全理事会全体常任理事国，各依其宪法程序批准后，发生效力。

三、如于本宪章生效后大会第十届年会前，此项全体会议尚未举行时，应将召集全体会议之提议列入大会该届年会之议事日程；如得大会会员国过半数及安全理事会任何七理事国之表决，此项会议应即举行。

第十九章　批准及签字

第一百一十条

一、本宪章应由签字国各依其宪法程序批准之。

二、批准书应交存美利坚合众国政府。该国政府应于每一批准书交存时通知各签字国，如本组织秘书长业经委派时，并应通知秘书长。

三、一俟美利坚合众国政府通知已有中华民国、法兰西、苏维埃社会主义共和国联盟、大不列颠及北爱尔兰联合王国、与美利坚合众国、以及其他签字国之过半数将批准书交存时，本宪章即发生效力。美利坚合众国政府应拟就此项交存批准之议定书并将副本分送所有签字国。

四、本宪章签字国于宪章发生效力后批准者，应自其各将批准书交存之日起为联合国之创始会员国。

第一百一十一条

本宪章应留存美利坚合众国政府之档库，其中、法、俄、英、及西文各本同一作准。该国政府应将正式副本分送其他签字国政府。

为此联合国各会员国政府之代表谨签字于本宪章，以昭信守。

公历一千九百四十五年六月二十六日签订于旧金山市。